미인 만들기

미인 만들기
근대 동아시아가 제조한 미인상과 미의식

아시아의 미 25

초판 1쇄 발행 2025년 8월 28일

지은이	김지혜
펴낸이	이영선
책임편집	김종훈
편집	이일규 김선정 김문정 김종훈 이민재 이현정 조유진
디자인	김회량 위수연
독자본부	김일신 손미경 정혜영 김연수 김민수 박정래 김인환

펴낸곳 서해문집 | 출판등록 1989년 3월 16일(제406-2005-000047호)
주소 경기도 파주시 광인사길 217(파주출판도시)
전화 (031)955-7470 | 팩스 (031)955-7469
홈페이지 www.booksea.co.kr | 이메일 shmj21@hanmail.net

ⓒ 김지혜, 2025
ISBN 979-11-94413-60-8 94600
ISBN 978-89-7483-667-2 (세트)

《아시아의 미Asian beauty》는 아모레퍼시픽재단의 지원으로 출간합니다.

아시아의미 25
Asian beauty

미인 만들기

근대 동아시아가 제조한
미인상과
미의식

김지혜
지음

서해문집

006 prologue

1 미인 탄생

015 근대 이전의 미와 미인
048 근대 미와 미인의 등장

2 미인 조건

089 부국강병의 미인
099 이상적 근대 미인 신여성
131 소비문화의 미인 모던걸

차례

3 미인 제조

- 171 식민지적 미인 제조
- 202 서구화된 미인 제조
- 241 미인의 신체 제조
- 293 미인의 표정 제조

4 미인 대회

- 322 미인 대회의 탄생
- 335 근대 미인 대회와 미인들
- 352 대표 미인과 근대 미인관

- 372 epilogue

- 380 주
- 423 참고문헌

prologue

미인 제조 시대의
미인

"미인이란 인공적으로 제조할 수 있는 것인가."

1928년 잡지 『별건곤』에 실린 「미인 제조 비법 공개」는 이런 질문을 던지며 시작한다. 1931년 『신여성』 「미인 제조 교과서」에서도 동일한 의문을 표했다. "미인이라는 것은 창조되는 것이냐 또는 인공을 가하여 비로소 탄생되는 것이냐."

화장과 미용을 통해 일상적으로 외모를 가꾸고 나아가 미용 성형도 보편화된 오늘날에는 별로 새롭지 않은 물음일지 모른다. 하지만 1920년대의 이 질문이 생소한 까닭은 근대 이전까지는 '미인 제조', 즉 미인을 만들어 낸다는 개념이 없었기 때문이다.

「미인 제조 교과서」는 "문화와 미인은 평행 관계"에 있으며 "문화가 진보됨에 따라 미인도 많아진다"라고 했다. "새로운 미가 새 시대와 함께 창조"되므로, 화장과 미용을 통해 "새로운 시대의 인간" 즉 미인으로 제조될 수 있음을 강조했다. 「미인 제조 비법 공개」는 서양의 8등신 미인관을 "세계 공통 미인 표준"으로 소개하며 균형에 맞춰 신체를 제조하는 방법으로 미용 체조를 장려했다.

근대는 이처럼 미인 제조 시대가 되었다. 심신 일원론에 따라 신체가 정신과 분리되지 않으며 "신체발부 수지부모"로서 그 변화를 금기시했던 전근대 사회와 달리, 미인은 이제 태어나는 것이 아니라 당대의 기준과 기호, 필요성 등에 의해 적극적으로 제조되는 존재가 되었다. 근대 이전까지 수신과 부용이라는 명분 아래 억제되었던 화장 역시 미인 제조 시대에는 "자기가 가진 바 미를 발휘하는 방책"이자 "여인이 가질 미덕"으로 부상했다. 또한 신체가 미인의 요건에 포함되지 않았던 과거에는 만들어질 수 없던 8등신 미인관이 전해지며 신체에 관한 미의식과 함께 과학적이고 수치화된 서구적 미의 개념을 알렸다.

미인 제조 시대에는 "어떤 것이 미인이냐" 즉 미인을 어떻게 제조할 것인가가 문제로 떠올랐는데, 이는 곧 '미'는 무엇인가를 묻는 말과 다르지 않았다. 근대 조선의 목표는 어느 시대보다 적극적으로 근대화에 맞춰져 있었으며, 그 흐름 속에서 당대 이상으로 상정된 '미'는 곧 '문명'이자 '근대'를 의미했다. "그 시대의 어여쁜 여자를 보아 그 시대의 문명의 형편을 짐작"할 수 있다고 했듯이, "현대 문명이 요구하는 미인"은 "그 시대의 문명을 누구보다도 온전히 가지고" 있는 존재로 요청되었다. 이처럼 미인으로 문명화 정도를 진단할 수 있다고 생각한 까닭은 미인이 문명, 즉 조선이 지향했던 당대 이상과 근대화 이념을 체현한 인물상이었기 때문이다. 어여쁜 여자, 미인은 조선이 성취해야 할 문명의 조건이자 '근대' 자체로 간주되었다.

또한 "미인의 표준은 시대에 따라 변하는 것"이므로 미인은 끊임없이 제조되고 관리되어야 한다는 인식이 소비 사회의 미인 만능주의 속에서 강화되었다. "미인만 되면 일신(一身)의 영달(榮達)이 마음대로" 되며, "일생을 행복으로 종(終)"한다는 미의 능력은 현재에도 유효한 것으로, 이러한 외모 만능주의는 자본주의 사회가 만들어 낸 근대의 산물이었다. 근대에 대중 매체가 보급되면서 특히 화장품 광고와 미용법을 소개하는 기사들은 미인은 '태어나는 것'이라는 전통적 인식에서 벗어나 상품 소비와 관리를 통해 '만들어지는 것'으로 변모했음을 선전했다. 이는 일본의 미디어 정책과 일본제 상품의 광고 문구를 통해 공모되었다는 점에서 식민지 상황에서 구상된 한국의 근대화 양상을 반영하기도 했다.

이처럼 미인은 조선의 근대를 표상하는 하나의 관념이자 이미지였다. 근대 동아시아의 목표는 어느 시대보다 적극적으로 근대화에 맞춰져 있었으며, 그 흐름 속에서 당대 이상으로 상정된 '미'는 곧 '힘'이자 '능력'으로 대치되기도 했다. 남성 주체의 사회에서 근대화를 위한 개조 대상이 된 여성들은 그 미의 기준을 학습하고 체화하여 미인이 됨으로써 근대인으로 포섭될 수 있었다. 미인은 이처럼 당대 최고의 가치, 즉 근대를 가장 아름다운 방식으로 체현한 존재로, 그 시대상을 읽을 수 있는 얼굴이며 시각화된 이상적 인간상이었다.

이 책은 근대화와 문명화라는 시대적 이상 속에서 만들어진 '미'와 이를 표상하는 이미지로서 '미인' 그리고 전통적 가치관에서 벗어나 적극적으로 '미인'을 '제조'하기 시작한 '근대' 조선의 시대상을 담고 있다. 대중 매체가 출현하며 근대화의 가치관과 함께 미와 미인 담론이 형성되기 시작한 19세기 후반부터 2차 세계대전으로 대부분의 매체가 폐간된 1940년대 전반까지 조선을 중심으로 동아시아에서 공유되었던 미인관을 살펴보고자 한다. 또한 일상과 문화 전반에 공유되었던 보편적 미의식과 시대적 이념을 재구성하기 위해 신문과 잡지, 삽화, 사진, 영화, 광고 등 다양한 근대 매체를 통해 대중적 미인상을 구현할 것이다.

근대의 미인은 단지 아름다운 인물만을 의미하는 것이 아니라, 근대의 이상과 시대적 요청을 함축한 구상물이었으며, 이는 그 이전 시기뿐만 아니라 현대와도 구분되는 근대의 독특한 기획이었다. 미가 근대의 가치와 결부되어 구상되었듯이 미의식의 변화는 그 사회상, 나아가 근대성의 변화를 가져왔으며, 그것이 체현되고 형상화된 미인은 근대의 가장 시원적이고 근본적인 구상과 설계가 각인된 표상이었다. 따라서 제조할 수 있는 대상으로 변모된 '미'와 '미인'을 통해 '근대'를 읽고자 한다.

이 책은 아모레퍼시픽재단의 '아시아의 미' 기획의 후원을 받아 저술되었다. 연구 기회를 주신 선생님들과 재단의 너그러운 지원에 감사드린다. 아울러 근대 미인 연구를 격려해 주신 홍선표 교수님과 한국미술연구소 선생님들, 그리고 곁에서 늘 힘이 되어준 가족들에게도 감사의 마음을 전한다.

근대 미인의 계보를 밝히는 일은 근대가 추구했던 이상과 문명화의 기준을 밝히고, 나아가 한국 근대화 양상을 파악하는 가장 미적인 작업이라고 할 수 있다. 또한 전통 시대의 미의식과 마찬가지로 근대 미인상 역시 미의 서구화 속에서 제조되고 공유되었다는 점에서 한국, 나아가 동아시아의 근대를 시현하는 문화적 지표가 될 것이다. 시대에 따라 변모하는 이상과 미의식을 추적하며 이를 통해 제조된 근대의 미인들을 만나 보자.

I

미인 탄생

근대 이전의 미와 미인

근대 미와 미인의 등장

근대 이전의
미와
미인

미를 체현한 인물상으로서 미인을 고찰하기 위해서는 미의 개념이 어떤 시대 속에서 또한 어떤 사상적 문맥에서 논의되었는지 살펴봐야 한다. 미인은 미적 가치 기준을 체화한 인물상이자 당대의 관념적이고 추상적 미의 개념을 시각화한 실물로서 시대와 장소에 따라 다양한 모습으로 변화되어 왔기 때문이다.

근대에 서구적 미의 패러다임이 전해지기 전까지 동아시아에서는 어떠한 미의식과 미인관이 공유되고 있었을까. 후한(後漢)의 허신(許愼, 30~124)은 『설문해자(說問解字)』에서 "미는 단 것(甘)으로, 양(羊) 자와 대(大) 자를 합한 것이다. 양은 여섯 가지 가축 중에서도 주된 음식"이라며, '미'를 오감과 결부된 '맛'으로 설명했다.[1] 글자의 기원과 같이 '미'와 '미감', 즉 객관 사물의 미와 주체의 체험적 미가 서로 결부된 개념으로 인식되고 있었음을 알 수 있다.

절대적 미를 상정하고 그 본질이 인간 관념 속에 존재하는 이데아의 세계에 있다고 생각했던 서양과 달리, 동아시아에서는 유교와 도교, 불교 등 상대성을 강조하는 사상적 조류 속에서 절대나 객관이라는 개념이 사유 체계 내에서 성립되기 어려웠다.[2] 끊임없이 변화하는 관계 속에서 미 역시 유동적이고 불연속적 방식으로 서술되었다. 미의 개념과 범주는 존재론과 인성론, 수양론, 인식론 등 동양의 모든 의식 영역에서 감지되며, 의경(意境)과 전신(傳神), 중화(中和), 품격(品格), 동정(動靜), 신운(神韻), 조화(調和)로 해석되는 등 명확하게 정의하기 어려운 성격을 지닌다. 이처럼 미를 파악하거나 체험하면서도 그 본질을 추구하지 않고, 언어를 사용한 공리나 정의를 구현하지 않으며, 미를 핵심으로 하는 '미학'을 정립하지 않은 전통 시대의 미의식은 동양의 미학이 서구적, 근대적 체계 안에서 서술하기 어려움을 방증하는 요인으로 지적되기도 한다.[3]

미인에 관한 전통적 개념 또한 동일한 난제에 직면한다. 동아시아를 지배했던 유교적 인식의 틀에서 미가 '선(善)'이나 '도(道)'와 같은 가치 개념 혹은 윤리적 측면과 미분화된 상태로 존재했으며, 그 체현자로서 미인의 개념은 심신 일원론(心身一元論)의 전통에서 내면과 외면이 분화되지 않은 채로 감식되었기 때문이다. 봉건적 신분제와 예교의 규범에서 미인의 신체는 내면의 발현체로서 '예(禮)'와 '선'을 실천하는 주체이자 수신(修身)의 대상으로 상정되었고, '인의예지(仁義禮智)'와 같은 유교적 가치를 숭상하고 '덕(德)'을 갖추며 유교적 사회 질서의 모범이 되는 성인(聖人)과 군자(君子), 현인(賢人) 등을 이상적 인간상으로 상찬했다. 반면 외면의 미를 의미하는 미색(美色), 미모(美貌)는 주로 아름다운 용모의 여성을 일컬었다. 여색(女色)을 불온시한 유교 사회에서도 "윤리는 성인이 만든 것이고 정욕은 하늘이 내린 것이니 비록 성인을 어길지라도 하늘을 어길 수 없다"라고 했듯이, 미인은 가부장적 위계질서 속에서 남성의 정욕(情慾)을 위한 대상이 된 아름다운 여성의 자태를 의미하기도 했다.[4] 그 표현에서 인물의 비례와 조화를 통해 형식미를 구현하고자 했던 서구의 예와 달리, 동양에서는 인체의 사실적 재현이 아닌 의경, 전신과 같은 대상의 정신과 주체의 감정을 담고자 했으며 이를 미로서 향유했다.

전통 시대의 미인들

미인은 시대에 따라 다양한 대상을 호칭하며 용례에 따라 여러 의미로 해석되었다. 근대 이전까지 미인으로 지칭된 대상들과 그 미인관을 살펴보자.

유교적 미인들

『설문해자』에서는 "미와 선은 같은 뜻이다(美與善同意)"라며 미와 선을 동등한 개념으로 풀이했다. 이처럼 전통적으로 미와 선의 개념은 서로 연결되어 아름다움은 선함이라는 가치에 따라 판단되었다. 『논어(論語)』「팔일(八佾)」에서도 "공자가 소(韶)에 관해 말했다. 지극히 아름답고 지극히 선하다"라고 했는데, 소는 성군이었던 순임금이 제작한 음악이었으므로 그의 무악(舞樂)도 "진선진미(盡善盡美)" 즉 내용과 형식 모두 극치에 이르러 나무랄 데 없이 완벽함을 말한 것이다.[5]

미인 역시 이러한 가치의 연장선상에서 서술되었다. 『맹자(孟子)』「진심장구하(盡心章句下)」에서 인간의 경지에 관해 "도(道)가 바랄 만한 것임을 아는 것을 일컬어 착하다(善)고 하고, 그 도를 자기 몸에 가지고 있는 것을 일컬어 믿음직하다(信)고 하며, 그 도를 충실하게 갖춘 것을 일컬어 아름답다(美)"라고 한 것은 유가의 윤리적 미인관을 명시했다고 볼 수 있다.[6]

이처럼 선(善)이나 신(信)과 같은 가치 개념과 내면의 미덕을 갖춘 인물을 미(美)로 판단하고 미인으로 호명한 예는 조선왕조실록에서도 볼 수 있다. 세종 21년(1439) 12월 28일 기록에 등장하는 미인은 바로 효자 순손(孝子順孫)과 명신(名臣)을 일컫는 용어였다.

일리(一里)에도 미인이 있다고 하는데, 우리나라의 많은 사람 중에 어찌 그런 사람이 없겠소, 좋은 인간이 없다고 말할 수 없는 것이오. 비록 거짓인 자가 있더라도 그 풍속을 권려하는 데에 무익하다고 할 수 없고, 또 다음날에 그것이 풍화되어, 참된 효자 순손이 그간에 배출할는지 어찌 알 수 있겠소.[7]

미인은 또한 도덕적 수양으로 높은 경지에 오른 현인 혹은 성군을 은유적으로 표현하는 데 사용되었다. 『시경(詩經)』 「패풍(邶風)」편 「간혜(簡兮)」에서는 "산에는 개암나무, 습지에는 감초 풀. 그 누구를 그리는가? 서방의 미인. 그 미인은, 서방에 사는 사람이라네"라며 성군을 미인에 빗대어 읊기도 했다.[8] 『초사(楚辞)』와 「이소(離騷)」에서도 현인으로서 미인을 그리고 있으며, 이러한 전통은 당의 시인인 유종원(柳宗元, 773~819)의 글과 북송의 소식(蘇軾, 1036~1101)이 지은 「적벽부(赤壁賦)」 등으로 이어지며 많은 문학적 전례가 되었다.[9] 우리나라에서도 고려 김부식(金富軾, 1075~1151)이 「임진유감(臨津有感)」에서 "슬프구나. 미인은 천 리를 떨어져 있는데, 강변의 난초는 누굴 위해 향기롭게 피었는가"라며 임금을 그리운 미인에 빗대어 노래했다.[10] 또한 정철(鄭澈, 1536~1593)은 「사미인곡(思美人曲)」에서 선조를 향한 간절한 충성심을 한 여인이 지아비를 사모하는 마음에 비유하기도 했다.[11]

궁인 미인들

미인은 궁인의 관직명이자 비빈(妃嬪), 즉 후궁의 작호로 신분과 직위를 의미하기도 했다. 『주례(周禮)』에 따르면 "제왕은 오직 한 명의 정처를 후(后)로 삼고, 그 외 세 명의 부인(夫人), 아홉 명의 빈(嬪), 스물일곱 명의 세부(世婦), 여든한 명의 어처(御妻)를 둔다"라고 규정했다. 이러한 기록은 『예기(禮記)』「곡례편(曲禮篇)」「혼의(婚儀)」에도 등장하며, 『사기(史記)』「진시황본기(秦始皇本紀)」에는 "후궁(后宮)과 열녀(列女)가 만여 명"으로 조(趙)의 혜문왕(惠文王) 때 이르러 이들을 왕후(王后), 부인, 미인, 양인(良人) 등으로 호칭했다고 적었다.[12] 한(漢)은 진의 제도를 계승했는데, 무제(武帝)와 원제(元帝) 때는 첩여(婕女), 소의(昭儀) 등을 포함하여 14등급으로 관직을 나누었으며 이외에도 무수히 많은 궁녀가 있었다.

미인은 한대에 이르러 14등급 여관 중 1등급인 소의와 2등급의 첩여, 3등급 형아, 4등급 용화에 이어 5등급으로 분류되었다. 위진 남북조 시기에도 미인은 정6품의 품계를 받았으며, 당대에도 첩여, 재인(才人)과 함께 대세부(大世夫)로서 정4품에 봉직되었다. 명(明)대에는 비와 함께 하위 등급인 서비(庶妃)를 두었는데, 미인은 첩여, 소의, 귀인(貴人), 답응(答應) 등과 함께 서비에 속하는 작호였다. 이처럼 미인은 중국 궁중에서 제도화되어 이

한(漢)의 후비 제도

1등급	소의(昭儀)	8등급	칠자(七子)
2등급	첩여(婕妤)	9등급	양인(良人)
3등급	형아(娙娥)	10등급	장사(長使)
4등급	용화(傛華)	11등급	소사(少使)
5등급	미인(美人)	12등급	오관(五官)
6등급	팔자(八子)	13등급	순상(順常)
7등급	충의(充依)	14등급	공화(共和)·오령(娛靈)·보림(保林)·양사(良使) 등

어진 후비 관직으로서 명대까지 존속했다.

이처럼 미인이 궁인의 관직명으로 사용된 예는 조선에서도 찾아볼 수 있다. 연산군 시기 궁인에게 내려진 칭호 '미인'은 궁인 135명 중 네 번째 등급으로 기록되었다.[13] 그러나 실록에서 관직으로서 미인에 관한 기술을 그 이상 찾아보기 어려우며 이러한 궁인 칭호 체제 역시 연산군 시기에만 존재했던 듯하다.[14]

유교적 가치관과 미인

전통 사회의 유교적 가치관에서 미란 겉으로 드러나지 않는 내면적 성품이라는 의식이 주를 이루었다. 아름다움이 곧 선이었으므로 미인은 미덕의 은유적 표현으로 상용되었다. 남성을 중심으로 한 가부장적 질서 속에서 그 대상이 되는 미인은 여성으로 한정되는 양상을 띤다.

유교적 여성관은 가부장 제도 속에서 남성에 대한 순종과 '부덕(婦德)'을 강조하며 부인으로서 필요한 덕목을 '부례(婦禮)'로서 규범화했다. 조선 성종의 생모인 소혜 왕후(昭惠王后, 1437~1504)가 저술한 여성 수신서 『내훈(內訓)』(1475)에서는 "『여교(女敎)』에 이르기를 여자에게 네 가지 행적이 있으니, 첫째는 여자의 덕이며, 둘째는 여자의 언어요, 셋째는 여자의 용모요, 넷째는 여자의 일이다"라며, 부녀들이 반드시 갖춰야 할 덕행으로 부덕, 부언(婦言), 부용(婦容), 부공(婦功)의 사행(四行)을 꼽았으며, 이는 이황(李滉, 1501~1570)의 『규중요람(閨中要覽)』(1544)을 통해서도 부녀자의 도리로 훈육되었다.

중국 전통 여성 교훈서였던 반소(班昭, 45~117?)의 『여계(女誡)』는 사행 중 여성의 용모를 의미하는 부용에 관해 "부용이란 얼굴이 아름답고 고운 것을 말하지는 않는다. 세수를 깨끗이 하고, 의복을 정결하게 하며, 정기적으로 목욕하여 몸에 때를 없게 하는 것, 이것을 부용이라 한다"라며 이상적 부녀자의 용모를 아름다운 외모가 아닌 예로서 청결을 갖춘 것이라 명시했다. 『내훈』 역시 "얼굴의 아름다움을 부용이라 함이 아니요(婦容者不必顏色美

麗)", "먼지와 때를 씻고 의복이나 치장을 청결히 하며 수시로 목욕하여 몸을 더럽게 하지 않는 것"이라며 『여계』의 실천 사항을 계승했다.[15]

이처럼 부용은 수신의 차원에서 외모보다는 내면의 마음가짐에서 오는 정숙한 자태와 몸가짐으로 설명되었다. 유교적 가치관 속에서 미인으로 표상된 것은 화려하게 치장된 겉모습이 아니라 청결한 신체 즉 내면의 '선'과 '덕'을 갖춘 부용이었으며, 이는 곧 부녀자가 추구해야 할 미인의 기준이 되었다.

당의 송약소(宋若昭, 761~828)는 『여논어(女論語)』에서 "여자가 되려면 먼저 자신을 바로 세우는 것을 배워야 한다. 자신을 바로 세우는 방법은 오직 깨끗하고 올곧게 처신하는 것이다. 깨끗하다는 것은 몸을 청결하게 하는 일이요, 올곧다는 것은 몸을 영예롭게 하는 일이다"라고 했다.[16] 이처럼 부용으로 끊임없이 강조된 신체의 청결은 수신을 위한 것이고, 이는 곧 수절의 개념과도 이어졌다. "몸을 더럽히고자(欲汚)" 하는 남성의 위협 속에서 수절하기 위해 죽음을 택한 여성의 이야기는 『동국신속상감행실도(東國新續三綱行實圖)』(1617)의 「연이불오(燕伊不污)」나 「송씨견해(宋氏見害)」 외에도 수많은 열녀 고사에서 미화되었다. 이처럼 지아비 한 명을 섬기며 삶을 마치는 것이 부인의 대절(大節)이었던 유교 사회에서 정조를 잃는 것은 몸을 더럽히는 일로 치부되었다.

 청결이 외양이 아닌 내적 가치를 가꾸기 위한 것으로 강조되면서 여성의 단장과 화장도 그 연장선상에서 서술되었다. 이덕무(李德懋, 1741~1793)는 "부인이 단정하고 정결함을 귀하게 여기는 일은 얼굴을 화장하여 남편을 기쁘게 함을 말하는 것이 아니다"라며 오히려 화장하고 화려한 옷을 입어 외모를 꾸미는 여성은 부덕을 갖추지 못했다고 여겼고, "여자가 예쁘게 보이려 꾸미고 투기하는 일은 부끄러운 행동"으로 치부하기도 했다.[17]

 이러한 부용의 여성상은 동아시아 유교 문화권에서 공유되었던 부녀자의 미의식이다. 일본 에도 시대의 여성 수신서 『여대학(女大學)』이나 『화속동자훈(和俗童子訓)』, 『여대학보적(女大學寶籍)』, 『도풍속화장전(都風俗化粧傳)』 등도 "여자의 덕이란 마음이 바르고 선함"을 의미하며, "여자는 외모보다는 마음 좋은 것이 마땅히 더 낫다"라는 인식을 설파했다. "머리 모양이 좋지 않거나 흐트러져 있으면 그 사람의 마음씨가 드러나 무척 꼴불견"이므로, 여성의 단장은 "자태를 바르게" 하기 위해 "몸의 불결함이나 더러움을 청결히 하고 예를 바르게 하는 것"으로 한정되었다.[18] 이처럼 유교적 인식 속에서 여성의 아름다움은 외모가 아니라 여성의 덕성과 기품, 정갈한 옷차림과 예의 바른 태도로 평가되었다.

그림 1-1. 〈김씨사적〉, 〈임씨단족〉, 《삼강행실도》(초간본) 열녀편,
1434, 37.5×23.5cm, 국립중앙박물관

부녀자의 부덕을 상찬한 봉건적 예교의 여성상은 권선징악과 충효 사상 등 유교적 내용을 그림으로 나타낸 권계도(勸戒圖)에서 열녀로 형상화되었다.[19] 중국 남북조 시대에 그려진 〈여사잠도권(女史箴圖卷)〉과 〈열녀인지도권(烈女仁智圖卷)〉에서도 부용의 덕목과 가치 규범에 관한 훈육을 묘사한 교훈도 성격의 여성 인물상을 만날 수 있다.

　『삼강행실도』에서는 여성이 개가하지 않도록 강요받거나 강간의 위협에서 목숨을 희생하면서까지 저항한 고사들을 소개하면서, 이를 여성의 미덕으로 기리며 정절을 강조한다. 이러한 『삼강행실도』의 열녀들은 유교적 가치를 함의한 부용적 미인관의 표상이라고 할 수 있다(그림 1-1). 여성의 수신을 강조한 열녀도나 교훈서의 미인상은 인물의 정신을 강조하기 위해 신체의 부피감을 최대한 없애는 방식으로 그려졌다. 열녀도에서 여성의 용모와 덕은 정절과 효심으로 구체화되며 이상적 여성상으로 상정되고 미인화되었다.

미인, 미모와 미색의 여성

유교 사회에서는 "여자는 외모를 자랑하지 말고 덕에 기준해 행동해야 한다"라는 훈육이 강조되며 내면의 부덕이 여성의 예이자 규범으로 통용되었다. 그러나 이러한 유교 사회에서도 "빼어난 여색은 반찬이 된다는 말은 천년을 두고 내려오는 아름다운 말이다"라고 했듯이, 미인은 남성에 의해 향유되는 미모와 미색을 갖춘 여성을 의미했다.[20] 미녀나 국색(國色), 가인(佳人), 려인(麗人) 역시 고래로 아름다운 여성을 일컫는 용어였다.[21]

미인의 자태와 미모는 『시경』뿐만 아니라 전국 시대 말 초(楚)의 시인이었던 송옥(宋玉)의 「신녀부(神女賦)」와 여신과 이루어질 수 없는 사랑을 노래한 조식(曹植, 192~232)의 「낙신부(洛神賦)」, 전한의 문인 사마상여(司馬相如, 179~117)의 「미인부(美人賦)」, 당 현종과 양귀비의 사랑 이야기를 담은 백락천(白樂天, 772~846)의 「장한가(長恨歌)」 등 수많은 고전 문학 속에서 묘사되었다.[22] 미인을 수사하는 자연 경물 중에서도 꽃은 전통적으로 여성의 아름다움에 비유되며, 꽃과 같은 얼굴을 의미하는 화용(花容)은 여성의 미색, 미모에 관한 상징적 은유로 사용되었다.[23] 「낙신부」는 낙신의 미모를 연꽃과 국화꽃으로 형용했고, 「장한가」에서는 양귀비의 아름다움을 화안(花顏)과 화모(花貌)로 묘사했다. 이외에도 모란꽃과 함박꽃, 접시꽃과 같이 크고 부귀를 뜻하는 꽃이나 복숭아꽃과 살구꽃처럼 작고 화사한 봄꽃 등이 미인에 비유되었다.[24]

『시경』「위풍(衛風)」의 「석인(碩人)」은 위(衛)의 장공(莊公)에게재(齋)나라 태자 득신(得臣)의 누이인 장강(莊姜)이 시집갈 때 정경을 노래한 것으로, 장강의 미모를 다음과 같이 찬미했다.

> 손은 부드러운 어린싹 같고, 피부는 하얗게 언 기름 같고,
> 목은 나무굼벵이 같고 치아는 박속의 살과 씨 같고, 매미 이마에 나방 눈썹이니
> 귀여운 웃음에 보조개 예쁘며 아름다운 눈에 눈동자 선명하도다![25]

수여유이(手如柔荑)와 부여응지(膚如凝脂), 영여추제(領如蝤蠐), 치여호서(齒如瓠犀), 진수아미(螓首蛾眉) 등 미인의 용모를 자연물에 빗대어 형용했다. 이처럼 미모를 은유적으로 표현하는 방식은 대상에 관한 직접적 묘사가 미를 제한하는 부적절한 기술이라고 간주했던 전통에서 기인했다. 이처럼 자연 경물에 비유하는 추상적 표현 방식은 이상적 미가 형상화될 수 없도록 현실적 묘사를 회피한 표현법으로, 미인을 묘사하는 용어로 전형화되어 후대에도 답습되었다.

> 여신의 그 아름다운 자태를 무슨 말로 찬양할 수 있겠는가!
> 처음 드러낸 여신의 모습은 이제 막 떠오른 태양처럼 온 집 안을 환

하게 비추고

조금 더 다가서면 쏟아지는 명월인 듯 밝은 달빛이로구나.

삽시간에 아름다운 모습 이리저리 나타나는데

꽃망울 터지듯 피어오르네.

옥처럼 맑고 밝은 그 모습, 오색을 늘어놓은들 온전히 형용할 수 있으랴.

유심히 들여다보려 하면 보는 이의 눈동자를 빼앗아 버리네.[26]

송옥의 「신녀부」에서 여신의 "아름다운 자태", "아름다운 모습"은 "온전히 형용"하기 어렵다고 했으며, "유심히 들여다보려 하면 보는 이의 눈동자를 빼앗아 버리네"와 같이 추상적으로 서술되었다. 이러한 은유와 주관적 감상은 "입으로는 말할 수 없고 그 마음속에 비결이 들어 있다" 또는 "말로 표현할 수 있는 도는 참된 도가 아니다"라고 했듯이, 전술한 동양 사상의 전통적 맥락에서 미와 미감, 즉 미인과 그에 관한 작자의 미적 감정이 합치된 서술 방식을 보여 준다. 이는 마음으로 알 수는 있지만 말로는 표현할 수 없고, 정신으로 깨달을 수는 있지만 분명한 형체로 나타날 수 없다는 뜻이다.[27]

이와 같은 미인 묘사는 서구 고대 그리스에서 나타났던 수학적 비례에 따른 규범적 미의식과는 큰 차이가 있다. 서양에서는 이미 그리스 시대부터 정확한 비례와 균형이 아름다운 형상의 첫 요건으로 꼽히며, 인체에서도 각부의 가장 이상적 비례를 수적으로 산출한 폴리클레이토스(Polykleitos, 기원전 5세기)의 『카논(Canon)』이 저술되고 있었다. 이처럼 객관적이고 수치화된 서구의 미의식과 달리 동아시아에서는 추상적이고 주관적 감상을 통해 미와 미인을 서술했으며, 그 은유 방식 또한 관용화되는 모습이 나타난다.

미인을 읊다

전통적으로 동아시아에서는 미인의 미모를 꽃과 같은 자연물에 비유하며 은유적으로 표현해 왔다. 이외에도 미인은 무엇에 비유되며 어떻게 표현되었을까. 그 묘사를 통해 드러나는 미인의 조건도 함께 살펴보겠다.

우선 미인의 얼굴부터 보면, 미인의 흰 피부는 예로부터 강조되어 눈 같은 피부인 설부(雪膚)와 옥 같은 얼굴 옥안(玉顔), 옥용(玉容)으로 묘사했다. 조선 문인인 서거정(徐居正, 1420~1488)도 "미인은 천하에 희다(美人天下白)"라고 서술했다.[28] 흰 피부는 노동할 필요가 없는 높은 신분을 상징하는 표상으로, 이른 시기부터 여성뿐만 아니라 남성에게도 선망되었다. 백분(白粉)을 바르는 화장 문화가 일찍부터 발달한 것도 이러한 미의식에 기인한다.

흰 피부와 함께 발그레한 뺨은 홍검(紅臉)과 홍협(紅頰), 화검(花臉)으로 표현되며 미인을 수식하는 성어로 사용되었다. 복사꽃같이 붉고 아름다운 뺨을 뜻하는 도검(桃臉)과 도화검(桃花臉) 역시 미인을 일컫는 용어로, 미인의 화려한 화장을 도화장(桃花粧)이라고도 했다. 조선의 시인 이옥(李鈺, 1760~1812)은 『이언(俚諺)』「염조(艶調)」에서 복숭아꽃은 천한 듯하여 연지와 분을 적당히 발라 살구꽃 같은 화장을 한다고 했듯이, 부녀자들은 복숭아꽃 같은 짙고 화려한 화장보다는 살구꽃처럼 엷게 화장하는 행화장(杏花粧)을 더 선호했던 듯하다.[29]

미인의 얼굴에서는 눈썹 모양도 매우 중시되었다. 누에나방의 눈썹을 뜻하는 아미(蛾眉)는 『시경』의 예와 같이 남북조 시대부터 미인을 통칭하는 용어로 사용되었다.[30] 나아가 『열자(列子)』「주목왕(周穆王)」에서도 미인을 아미라 칭했듯이 눈썹 형태는 신분의 표식과도 결부되었다. 초승달처럼 얇고 가는 눈썹을 뜻하는 아미월(蛾眉月)과 곡미(曲眉), 세미(細眉), 봄날의 산처럼 부드럽고 아름다운 곡선을 뜻하는 팔자춘산(八字春山) 등도 미인의 눈썹을 형용하는 성어로 쓰였다.

미인의 눈은 명모(明眸), 성모(星眸)와 같이 별처럼 맑고 밝으며, 가을의 맑은 물과 같은 눈동자를 일컫는 추모(秋眸), 추수(秋水) 등으로 묘사되었다. 미인의 맑은 눈과 시원한 이마를 뜻하는 청양(淸揚) 역시 미인을 수식하는 관용어로 사용되었다. 반짝이는 눈에 머금은 미인의 눈웃음을 이르는 명모유반(明眸流盼)과 가을날에 일렁이며 빛을 내는 물결의 아름다움을 뜻하는 추파(秋波)는 미인의 은밀한 눈길과 유혹으로 해석되기도 했다.

앵두(櫻桃)와 같이 작고 도톰하고 붉은 입술과 함께 흰 치아는 단순호치(丹脣皓齒), 주순호치(朱脣皓齒)라 하며 미인의 아름다운 얼굴을 의미했다.

이처럼 미인의 볼과 눈썹, 눈, 입, 이마 등 얼굴 각 부분을 뜻하는 다양한 성어가 만들어졌으나, 유독 미인의 코에 관해 읊은 예를 찾아볼 수 없는 일은 의문이다. 근대 이전에는 미인에게 코의 모양은 중요한 조건이 아니었을지도 모른다. 다만 일본 헤이안 시대에 오타후쿠(お多福) 즉 코가 납작한 여자가 추녀의 표본으로 여겨졌던 점을 볼 때, 미인은 콧날이 낮지 않아야 했음을 추정할 뿐이다.

미인의 머리는 구름같이 풍성한 운발(雲髮)과 까마귀처럼 검은 오발(烏髮)로 표현되었다. 오발선빈(烏髮蟬嬪)은 까마귀처럼 검은 머리와 매미 날개같이 하늘거리고 윤기 나는 귀밑머리를 의미하며, 구름처럼 높게 틀어 얹어 풍성하게 꾸민 머리를 뜻하는 운계무환(雲髻霧環) 역시 미인을 일컫는 관용어로 사용되었다.

이처럼 미인의 얼굴과 머리는 구체적으로 묘사되는 데 반해 미인의 신체는 상대적으로 적게 서술되었으므로, 미인의 요건은 대개 얼굴에 맞춰져 있었음을 알 수 있다. 사실 미인의 신체는 의복에 가려져 직접 볼 수 없었기 때문에 아름다운 복식이 신체를 대신하는 미인의 조건으로 여겨지기도 했다.

다만 저고리 위로 드러난 미인의 목은 나무 벌레처럼 희고 길며 가는 것을 뜻하는 영어추제(領如蝤蠐)로 표현되었으며, 연경수항(延頸秀項) 역시 미인의 긴 목과 아름다운 목덜미를 의미했다. 미인의 어깨로는 넓지 않고 처진 어깨(削肩)가 선호되기도 했다.

미인의 가는 허리(細腰)는 유연한 버드나무 가지(柳腰)와 벌의 잘록한 허리(蜂腰)로 비유되었으며, 가냘프고 연약한 허리를 뜻하는 섬요(纖腰)도 미인을 나타내는 관용어가 되었다. 미인의 허리가 바람에 나부끼는 버들가지처럼 가냘프고 어여쁘다는 임풍양류(臨風楊柳)와 가는 허리와 흰 피부를 뜻하는 세요설부(細腰雪膚) 역시 미인을 수식하는 성어였다.

옷소매 끝에 드러나는 미인의 손은 섬수(纖手)나 옥수(玉水)와 같이 가늘고 옥처럼 고운 흰 손으로 표현되며, 섬섬옥수(纖纖玉手)와 옥지소완(玉指素腕) 역시 길고 가는 아름다운 손을 의미했다. 또한 치마 밑으로 보이는 미인의 발로는 연보소말(蓮步小襪) 즉 작고 아담한 발이 선호되었다.

신윤복의 〈미인도〉

구름처럼 풍성한 머리를 올리고 수줍은 듯 살짝 고개를 숙인 미인의 하얀 얼굴에는 가는 눈썹과 까만 두 눈, 붉은 입술이 선명하다. 길고 흰 목덜미 아래로 이어지는 좁은 어깨와 가는 팔을 연미색 삼회장저고리가 감싸고 있다. 짧은 저고리 아래로는 가냘픈 허리가 드러난다. 고운 두 손은 화려한 구슬 노리개를 잡고 있으며, 풍성하게 부풀어 곡선을 그리는 옥색 치마 밑으로는 작고 고운 발이 살짝 보인다.

> 그린 사람의 가슴에 춘정(春情)이 서려 있어 붓으로 실물의 참모습을 나타냈다.[31]

신윤복(申潤福)의 〈미인도〉는 구름 같은 머리채(鬢髮如雲)와 흰 피부, 아미, 명모, 단순 등 전통 시대 미인관을 화폭에 옮긴 듯하다(그림 1-2). 그림 속 화제처럼 형사(形似)적 전신(傳神)의 진수를 표현하고자 한 전통적 심미관도 전수되었다.

이처럼 미인을 그린 그림은 중국 남북조 시대 왕족이 총애하던 희첩(姬妾)과 귀족 부녀자를 다룬 그림에서 발전한 사녀화(仕女畵)가 당대에 이르러 궁녀도로 지칭되면서 독립적 장르로 그려지기 시작했다.[32] 풍만한 미인상이 유행했던 당대를 제외하고

그림 1-2. 신윤복, 〈미인도〉, 조선 18세기 말~19세기 초, 비단에 채색, 113.9×45.6cm, 간송미술관

는 유요라고 불리는 가는 허리에 가냘픈 미인상을 선호했던 듯하다. 동진(東晉)의 고개지(顧愷之)가 그린 〈낙신부도〉 속 여신 이미지는 풍만함과는 거리가 멀었고, 오대 시기 그려진 고굉중(顧閎中)의 〈한희재야연도(韓熙載夜宴圖)〉에 등장하는 여성상 역시 당대와 같은 신체의 풍만함이 사라지고 갸름한 체형으로 회귀하고 있다. 나아가 명대에 이르면 병태미(病胎美)로 불릴 정도로 유약하고 섬세한 여성상이 선호되기도 했다.

신윤복의 〈미인도〉는 임란 후 명 말기 호색 풍조와 결부되어 기녀를 모델로 한 궁정 취향의 미인상들이 즐겨 그려지던 가운데 등장했다. 그에 앞서 기록으로만 남아 있는 강희안(姜希顏, 1417~1464)의 〈여인도(麗人圖)〉와 이정(李楨, 1512~1571)의 〈채녀도(彩女圖)〉 역시 이러한 화풍의 미인상이었으리라고 추정된다. 조선 후기에는 향락적 유흥 풍조가 확산하면서 《혜원전신첩(蕙園傳神帖)》으로 대표되는 기녀 풍속도 제재가 유행했다. 미인상은 남성의 성정(性情)을 즐겁게 하는 감상의 대상으로, 미인의 곱고 아름다운 자태를 즐기며 정욕을 충족하기 위한 춘정의 풍류물로서 향유되고 애호되었다.[33]

신윤복 〈미인도〉의 가는 몸매와 갸름한 얼굴, 이목구비 표현 등이 청대 장정언(張廷彦, 1735~1794)의 〈청녀소아(靑女小娥)〉에서 영향을 받았듯이 동아시아의 미인관은 서로 공유되고 있었다.[34]

이러한 현상은 방고(倣古)의 개념에 따라 이전 시기의 서화를 의식적으로 모방한 제작 경향도 있겠으나, 미인의 미모를 수식하는 표현이 몇몇 자연물로 한정된 것처럼 전형화된 미인관을 따라 그 이미지 역시 양식화되었으리라고 여겨진다. 또한 실물을 사실적으로 묘사하기보다는 고전 속 인물을 대상으로 하거나 그 전신을 담음으로써 주관적 감상을 함께 전달하려고 했던 동아시아 서화와 추상적 미의 개념이 반영된 결과로도 생각된다.

> 새 옷을 시험 삼아 입어 보면, 소매에 팔을 꿰기가 아주 어렵다. 팔을 한번 굽히면 솔기가 터진다. 심지어 어렵사리 입었다 하더라도 그리고 나면 팔에 혈기가 돌지 않아 부풀어 오르고 벗기가 어렵다. 소매를 찢고 팔을 빼내기까지 하니, 어찌 그리도 요망한가?[35]

미인의 미모에 관한 서술이 주로 얼굴을 중심으로 이뤄졌듯이, 미인의 신체를 그릴 때는 의복의 화려함과 장식이 신체의 미의식을 대신했다. 신윤복의 〈미인도〉 속 미인이 입은 옷깃을 좁힌 적삼과 폭을 짧게 줄인 치마는 당대 유행을 반영한 것으로, 예와 질서를 어지럽히는 혼란스러운 복장으로 비판받았으나 "세속 남자들은 그 자태에 매혹되어 그 요사스러움을 깨닫지 못한다"라고 했듯이 당시 성행한 옷차림이었음을 알 수 있다.[36]

그림 1-3. 〈미인도〉, 종이에 채색, 121.5×65.5cm, 온양민속박물관
그림 1-4. 〈미인도〉, 종이에 채색, 114.2×56.5cm, 일본 도쿄국립박물관
그림 1-5. 〈미인도〉, 종이에 채색, 117×49cm, 해남 녹우당

가체를 널찍하게 옆으로 돌려 감아 마치 말이 떨어지는 형태로 만들고, 웅황판(雄黃版), 법랑잠(法琅簪), 진주수(眞珠繡)로 꾸미는데, 그 무게는 거의 감당할 수 없을 정도다. 가장이 그것을 금할 수 없으니, 부녀자들은 갈수록 더 사치스럽게 하고 갈수록 그것을 더 크게 만들지 못할까 걱정이다.

근래 어떤 부잣집의 열세 살 난 며느리가 가체를 높고 무겁게 만들었다. 시아버지가 방 안에 들어오자 며느리가 갑자기 일어서는 바람에 가체에 눌려 목뼈가 부러졌다고 한다. 사치가 사람을 죽일 수 있으니, 아아 슬픈 일이다.37

구름처럼 풍성한 머리가 선호되면서 여성의 기호품이던 가체는 더 높아지고 무거워졌다. 당시 가체 가격은 7~8만 전(錢)으로 초가집 예닐곱 채를 살 수 있을 정도였다. 머리에 사치를 부리느라 가산을 탕진하고 가체 무게 때문에 신부가 혼례 중에 혼절하기도 하는 등 가체로 인한 사회적 문제가 발생하자 영·정조 대에 이르러서는 가체 금지령이 내려졌다. 하지만 여성들은 운계무환을 한 미인이 되고자 하는 열망이 높았으므로, 가체가 일반에서 완전히 사라지기까지는 시간이 걸렸던 듯하다.

신윤복의 〈미인도〉는 현전하는 조선 시대 미인도 중에서 가장 이른 시기에 제작된 것으로 평가된다. 탐스러운 가체를 얹고 삼회장저고리와 풍성한 치마를 입은 무배경 여성 전신상은 조선 후기 미인도 양식으로 자리 잡으며, 이후 발견된 미인도들의 평가 기준이 되었다. 1977년 동방화랑 전시에서 처음 소개된 온양민속박물관 소장 〈미인도〉 역시 신윤복의 〈미인도〉와 유사해 '미인도'로 이름이 붙었으며, 오구라 컬렉션의 일부로 1981년 일본 도쿄국립박물관에 기증된 〈미인도〉도 신윤복의 〈미인도〉와 화풍이 비슷해 신윤복의 작품으로 전해지기도 했다(그림 1-3, 그림 1-4). 1982년에 발견된 해남 녹우당의 〈미인도〉는 윤두서(尹斗緖, 1668~1715) 혹은 손자인 윤용(尹愹, 1708~1740)의 작품으로 발표되며 큰 관심을 불러일으켰지만, 화풍이나 복식으로 보아 그보다는 늦은 시기에 제작되었으리라고 추정한다(그림 1-5). 머리에 얹은 커다란 가체를 두 손으로 받친 미인의 짧은 저고리와 풍성한 치마는 신윤복의 〈미인도〉와 비슷한 시기의 미인상을 반영한 듯한데, 더욱 농염하게 표현된 미인의 자태는 오히려 신윤복보다 늦은 시기에 제작되었을 가능성을 보여 준다.

미인도 감상법

미인과 그 작품에 관한 인식과 감상 방식은 유교적 관습 속에서 이중적 면모를 드러내기도 했다. 전통적으로 미는 곧 선이라는 관념 속에서 미인은 미덕의 은유적 표현으로 상찬의 대상이 되었으나, 다른 한편에서는 여성의 미모를 불온시하고 부정적으로 평가했다. 이러한 대척적 양상은 미인의 아름다움이 사회 주체인 남성을 유혹할 수 있다는 우려에서 기인했다. 그렇다면 전통시대에는 미인도를 어떻게 감상했을까.

> 인군(仁君)이 경계할 것으로는 여색보다 더한 것이 없다. 내가 도화(圖畵)를 보건대, 명신(名臣)이 곁에 있는 사람은 모두 현군(賢君)이었고 미인(尤物)이 곁에 있는 사람은 모두 나라를 망친 군주였으니, 어찌 경계하지 않을 수 있겠는가?[38]

윗글에서도 볼 수 있듯이 미인도는 여색을 경계하기 위한 감계의 목적으로 제작되었음을 강조함으로써 감상에 정당성을 부여할 수 있었다. 이러한 감상 방식은 조선 초 세종이 "여색에 빠져 패망"하기에 이른 명황, 즉 당 현종의 "전철(前轍)을 거울삼아 스스로 경계"하기 위해 "개원천보(開元天寶)의 성패한 사적을 채집하여 그림을 그려 두고 보려 한다"라는 언술에서도 알 수 있다.[39] 유순(柳洵, 1441~1517)이 미인도의 시 끝에 "임금이 스스로 여색을 멀리하여 그림을 펴 보고도 오히려 한 번 눈살을 찌푸린다"라고 써서 성종이 감동했다는 기록 역시 동일한 맥락에서 설명된다.[40] 성현(成俔, 1439~1504)은 『허백당집(虛白堂集)』 「제여인도후(題麗人圖後)」에서 성종 12년(1481) 왕이 세화(歲畵) 여섯 폭을 승정원에 하사한 이야기를 썼다. 이때 성현이 〈채녀도(綵女圖)〉, 즉 아름다운 궁녀 그림을 받고 "임금이 이 그림을 내려 준 까닭은 보고 즐기라는 것이 아니라 성색(聲色)에 오도(誤導)되지 않도록 경계하는 것을 위함"이라고 했던 바탕에도 미인에 관한 부정적 인식이 있었다.[41]

이처럼 "의기(義氣) 없는 사내가 경계"하도록 하기 위해 "여인을 그릴 때는 대개 감계하는 뜻"을 담아 그려야 한다는 서술은 근본적으로 유교의 부정적 여성관인 여화론(女禍論)을 반영한 것이다.[42] 여화론은 여성이 화의 근원이고 사회의 혼란이 여성으로부터 비롯된다는 여성관으로, 중국 전한(前漢)의 유향(劉向, 기원전 77~6)이 집필한 『열녀전』의 「얼폐전(孽嬖傳)」을 통해 정립되었다. 「얼폐전」에는 『시경』과 『서경』 속 악녀들이 등장한다. "암탉은 새벽에 울지 않으니, 암탉이 울면 집안이 망한다"라는 구절은 주(周)의 무왕(武王)이 은(殷)의 주왕(紂王)을 정벌하기 전에 군사들을 고무하기 위해 한 말로, 무왕은 당시 은을 정벌해야 하는 이유로 주왕이 아름다운 왕비 달기(妲己)에게 빠져 백성들을 도탄에 빠트렸다는 점을 들었다.[43] 암탉은 바로 달기를 의미했다.

달기 외에도 중국 4대 미인인 서시와 왕소군, 초선, 양귀비를 일컫는 경국지색(傾國之色) 즉 나라를 기울게 할 만큼 아름다운 용모는 절대 미인에 관한 호의적 표현이 아니었다. 포사나 여희, 달기와 같은 여성들의 고사는 왕을 미혹해 나라를 위태롭게 한 미인의 전거로 자주 인용되었다. 일본 에도 시대에는 『여계회입여실어교(女誡繪入女實語敎)』나 『여대학보적』을 통해서 미모가 죄악으로 이어진다는 미인에 관한 불길한 이미지가 유포되기도 했다.[44]

이처럼 부정적 여성관이 공유되었던 전통 시대에는 미인도를 감상하되 여색, 즉 성적 욕망에 몰입하지 않음을 적극적으로 표명함으로써 미인도가 유교 사회에서 "문방의 완호물로 적합지 않다"라는 비난을 피하고 감상의 대상이 될 수 있었다.[45] 그러나 허균(許筠, 1569~1618)은 화첩 속 미인의 요염한 피부와 자태에 밤잠을 설칠까 우려해 그림을 접어 두었다고 썼으며, 서직수(徐直修, 1735~1811)는 미인도를 보면서 "밤마다 양대(陽臺)에서 운우지정(雲雨之情)을 꿈꾼다"라고 시를 썼다. 이는 욕정과 정교(情交)에 관한 직접적 고백으로, 미인도를 감상한 문인들의 솔직한 심정을 보여 준다.[46] 이처럼 조선 문인들에게 "여색을 경계하는 일은 가장 말단의 일"이었으나 심히 어려웠으며, 미인도는 일차적으로 미인 감상을 전제한다는 점에서 감계의 시구가 오히려 화폭 속 여성의 관능성을 더욱 강조하는 장치로 작용했다.[47]

이러한 미인도 제작과 감상의 역사는 신윤복의 〈미인도〉에서

그림 1-6. 「해외전시 고미술 지상전」, 『조선일보』, 1957년 5월 18일

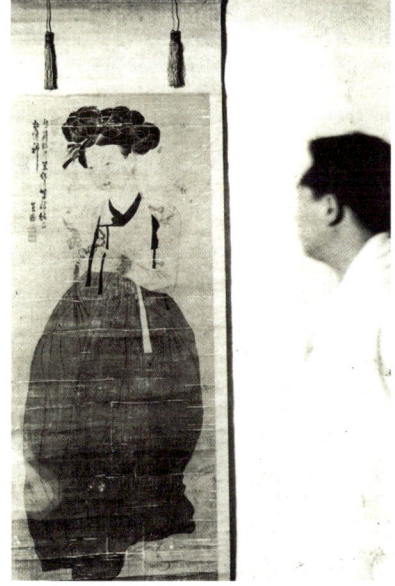

그림 1-7. 〈미인도〉를 감상하는 전형필, 1940년경, 간송미술관

도 나타난다. 오늘날 조선의 명작이자 미인의 전형을 그린 작품으로 평가받는 신윤복의 〈미인도〉가 일반에 공개된 시기는 1957년으로 비교적 최근이다. 18세기 말에서 19세기 초에 제작된 것으로 추정되는 이 작품이 1940년대 전형필(全鎣弼, 1906~1962)의 소장품으로 입수될 때까지 모든 기록이 전무하다 싶을 정도로 남아 있지 않다(그림 1-6, 그림 1-7). 〈미인도〉가 이처럼 현대에 와서 공개되고 부상하게 된 배경 역시 미인도라는 화목의 특수성에서 기인했다고 할 수 있다.

신윤복의 〈미인도〉는 아마도 당시 누군가가 개인적으로 주문하여 제작된 뒤 문방에 소장되고 감상되었을 것이다.[48] 조선 문인들에게 미인도는 경계해야 할 대상이었으므로 제작이나 유통에 관한 기록 역시 남기기 어려웠다. 선인들의 전적을 정리하다가 우연히 발견한 해남 녹우당 소장 〈미인도〉의 예에서도 볼 수 있듯이, 미인도는 사대부가 문인들이 은밀히 감상하고 수장하여 전하던 완상물이었다. 특히 신윤복의 〈미인도〉는 반쯤 풀린 치마끈에 이어 막 옷고름을 푸는 듯한 순간을 그려 춘의를 불러일으킨다. 따라서 그림에 관한 기록은 이러한 감상 역사 속에서 더욱이 전해지기 어려웠을 터다. 이 〈미인도〉는 1940년대까지 보화각에 진열되어 전형필과 지인들만 열람하는 전통적 방식으로만 감상되었으나, 1957년 《해외전시 국보전》을 통해 대중에게

소개되면서 한국 미술을 대표하는 미술품으로 재발견될 수 있었다.[49]

근대 미와
미인의
등장

1876년 개항을 통해 조선을 지배했던 중화주의적 세계 질서와 유교적 가치 체계는 빠르게 붕괴했다. 서구 신문물과 함께 수용된 근대 사상은 일상의 변화와 신구 가치관의 혼용을 가져오며 전통적 지식 체계에 구조적 변동을 일으켰다. 서구에서 전해진 학문과 새로운 개념들은 동아시아에서 처음으로 서구적 근대화를 추진한 일본을 통해 수용되고 번역되었는데, 근대적 '미'의 개념 역시 이러한 시대적 배경 속에서 도입되었다.

동아시아에서 근대의 미가 어떻게 구상되었으며 새로운 미의식이 어떠한 근대의 미인상을 만들어 냈는지 알아보기 위해서, 우선 근대적 미의 성격부터 살펴보겠다.

'미'의 변화

서구를 통해 전해진 새로운 미의 개념은 동아시아에서 근대의 중요한 가치로 받아들여졌으며, '미육(美育)'을 강조한 초기 교육령과 '미술', '미학'과 같은 근대 학문이 성립되었다. 서구의 근대 미학은 일본에서 '미의 학문'으로 인식되며 니시 아마네(西周)의 『백일신론(百一新論)』(1867)을 통해 '선미학(善美學)'으로 소개되었는데, 이는 '진선진미'라는 전통적 개념 속에서 미를 이해했던 결과인 듯하다. 미술 역시 1872년 일본에서 만들어진 관제 조어로, '공업 예술' 또는 '공예 미술'이라는 의미의 독일어 '쿤스트게베르베(Kunstgewerbe)'와 '조형 미술'이라는 뜻을 지닌 '빌던데쿤스트(Bildende Kunst)'를 번역한 것이었다.[50] 당시 빈 박람회 출품을 독려하는 공문에 등장한 '미술'은 회화와 조각, 음악, 시를 포괄한 '예술'과 같은 개념이었다. 그러나 1886년 편찬된 일영 사전 『화영어림집성(和英語林集成)』에 예술이 미적 가치의 표현이라는 서구 미학의 근대적 이념을 내포한 '아트'의 번역어로 기술되면서, 미술은 조형 예술을 의미하는 것으로 한정되었다.[51]

미는 당시 근대 일본이 정책적으로 추구했던 문명개화를 위한 수단이자 목표로 상정되어 국가적 차원에서 훈육되고 제도화되었다. 이러한 미의 제도화는 19세기 후반 서구를 석권했던 자포니즘을 근간으로 했으며, 일본은 근대화를 위해 서구 세계 시장에 편입할 수 있는 기술이자 상품인 '공예품(미술)' 수출과, 근대 국가로 재편하면서 '근대인'을 조형하기 위한 '지식(미학)'이 필요했다.[52] 일본은 1881년 유럽보다 앞서 '심미학(審美學)'이라는 이름으로 미학 교육을 학제화 했으며, 국가가 주관하는 미술 교육 기관인 고부미술학교(工部美術學校)를 1876년에 설립했다.[53] 일본에서 일찍부터 제도화되었던 미의 가치는 이러한 과정을 거쳐 실천적 기반을 마련할 수 있었다.

일본에서 성립된 근대적 미의 개념과 미술, 미학이라는 조어는 조선에도 전해져 공유되었다.[54] 미술이라는 용어는 1881년 이헌영(李𣞗永)의 『일사집략(日槎集略)』에 처음 등장한 이래, "학술적 눈(眼)으로써 보(見)면 일대 진리의 현현(顯現)이오, 심미적 눈으로써 보면 일대 미술이오, 도덕적 눈으로써 보면 최상 선(善)의 표창이라"와 같이 '학술=진리', '도덕=선', '심미=미술'이라는 진·선·미의 도식과 함께 소개되었다.[55] 이는 미술을 미와 동일한 의미로 해석했음을 보여 준다. 또한 "어떠한 나라도 미술이 발달된 후에야 문명에 진보할 터"라고 했듯이 미술, 즉 미를 문명의 요건으로 인식했다.[56]

따라서 '미육(美育)'은 조선에서도 근대인이 되기 위한 필수 교육으로 전해졌다.[57] 1895년 제정된 소학교교칙대강의 도화(圖

畵) 교육은 "눈(眼)과 손(手)을 연습하여 통상(通常)의 형체를 간취하고 바르게 그리는 능력을 기르고 겸하여 의장(意匠)을 다듬(練)고 형체의 미를 변지(辨知)케 함"이 요지로, 이는 1891년 일본의 2차 소학교교칙대강 따른 것이었다.[58] 1906년 보통교육령에서는 "도화는 통상의 형체를 간취하여 진상(眞像)을 그리는 능력을 얻게 하고 겸하여 미감(美感)을 양성함을 요지로 한다"라고 했다. 이는 서구의 사실적 회화 양식과 결부된 것이었다. 『신정심상소학(新訂尋常小學)』(1896) 역시 "그림은 아무것이나 눈에 보이는 대로 그리는 것"이라고 설명했듯이, 그림은 '사생(寫生)'으로 규정되었다.[59]

이처럼 근대의 미육은 눈에 보이지 않는 정신을 그려 내고자 한 전통, 즉 형사보다는 사의(寫意)를 표현하며 의경(意境)과 전신(傳神)의 개념에서 대상을 형상했던 동아시아 서화 양식에서 벗어나, 실제 모습을 눈에 보이는 그대로 그리는 것이 목표였다. 인간 중심의 단일 시점으로 수렴된 선원근법과 묘사법은 미의 원리를 과학적 비례에 두었던 서구의 미의식을 반영한 것으로, 이를 통해 '시각'은 근대의 핵심적 지각 기능으로 교화되었다.

국가적 차원에서 제도화되고 훈육되며 문명의 요건으로 인식된 근대의 미는 역시 근대에 만들어진 대중 매체를 통해 공공에 전해질 수 있었다. 대중 매체의 탄생이 가져온 시각의 균질화는 곧 지식의 보편화를 의미했다. 신문과 잡지, 서적이 보급되면서 독자로 호명되는 대중이 탄생했고, 대중 매체는 이들에게 근대적 미의 개념과 가치를 유포하는 동시에 담론의 장으로서 기능했다.[60]

미인, '문명'의 상징

근대의 미는 이처럼 문명화라는 근대의 가치와 결부되어 구상되었다. 근대 초기 조선에서 미술은 시각을 중심으로 한 미육의 교화와 함께 식산흥업적 차원에서 "실업으로 국가의 부원(富源)을 증식"하며 "국가 부강과 인민의 이익을 증진"하는 역할을 했다. 그리고 1910년대에 이르면 "정신을 사물로 나타낸 것"으로 평가되며 국가의 질서와 혼란, 흥망과도 직결되는 가치로 부상했다.[61] "미술의 여하를 보면 능히 그 나라의 영락(榮落)을 추측할 지오"라고 했듯이, 미술은 문명의 상징이자 최상의 정신 활동이 되었다. 경성서화미술원과 서화협회와 같은 미술 단체가 창립되며 이들 또한 미술을 통한 문명개화를 설파하면서 미술은 "문명의 진수"이자 "근대 지식인의 필수 교양"으로 보편화되었다.[62]

　사람의 얼굴을 보아 그 사람의 마음이 어떠한 것을 대강 짐작할 수 있는 바와 같이 그 시대의 어여쁜 여자를 보아 그 시대의 문명의 형편을 짐작할 수가 있다 합니다. (중략) 여자란 귀한 것이외다. 그 시대의 문명을 누구보다도 온전히 가지고 있는 그 점에서 별로 귀한 것이외다. 그러므로 오늘의 우리가 어떠한 옛날의 문명을 알고자 하면 사진으로나 혹은 그림으로 나타난 그때의 미인을 보면 그만이외다.[63]

미술, 즉 미가 문명을 상징하는 시대에 미인은 과연 어떻게 표현되었을까. 유교 사회에서는 심신 일원론의 전통에 따라 효자와 현군, 열녀와 같은 유교적 미인관이 통용되었다면, 근대에는 문명화라는 큰 이념 속에서 근대화가 곧 시대적 이상이자 미로 부상하여 미를 형상화한 미인 역시 문명을 대표하게 되었다. 문명화 정도를 미인을 통해 진단할 수 있다고 생각한 까닭은 미인이 문명, 즉 조선이 지향했던 당대의 이상과 근대화의 이념을 체현한 인물상이었기 때문이다.

이처럼 근대화의 이상은 '문명'으로 치환된 '미인'인 '어여쁜 여성'으로 표상되었다. 근대의 미인은 이처럼 조선의 근대화와 문명화가 근대 사회의 주체였던 남성에 의해 추진되면서 남성을 제외한 여성으로 한정되었다. 근대 문명 곧 미인을 제조하는 일은 남성의 역할이었으며 미인은 그들의 이상과 시대적 요청을

그림 1-8. 「관기표(Beauty) 담배 광고」, 『매일신보』 1915년 9월 9일
그림 1-9. 「양화의 선구, 모델의 선편: 공진회에 진열될 미인화의 은반면」, 『매일신보』 1915년 7월 22일

함축한 구상물이었다. 또한 시각이 감각의 중심이 된 근대 사회에서 눈에 보이지 않는 내면의 가치보다는 외모와 외양에 집중하게 되면서 어여쁜 여성, 미인은 조선이 성취해야 할 문명의 조건이자 근대 자체가 되었다.

이처럼 미인이 문명을 상징하는 이미지가 된 것은 새 시대의 아이콘으로 등장한 여학생, 신여성의 존재와도 관련이 있다. 미인은 그 시대의 문명을 누구보다도 온전히 지닌 존재라고 했듯이, 1920년대에 출현한 이들은 근대적 교육을 받아 문명을 체화한 여성들로 곧 이상적 미인상으로 부상했다. 문명은 "그가 몸에 감은 옷에서나 몸짓, 눈짓에서나 또는 그의 얼굴이며 온몸의 피부와 골격"을 통해 구현되는 것으로, 이들은 "그때의 여러 가지 형편이며 조화하는 바"를 그대로 가진 미인으로 표상되었다.

'문명' 이전의 미인들

문명화된 미인들, 즉 근대기 여학생과 신여성이 등장하기 전에는 어떤 여성들이 미인으로 불렸을까.

1910년대는 대중 매체를 통해 '미인'이 대중에게 호출되고 시현되기 시작한 시기였다. 근대 이전까지는 사적 공간에서 미인을 감상하고 평하는 개인적 측면이 강했다면, 1910년대에는 신문과 잡지, 영화 등 시각 매체가 발달하여 이를 통해 미인에 관한 이야기가 대중화되고 미인 담론이 공론화될 수 있었다. 미인은 대중의 관심과 더불어 시각화된 근대 논점 가운데 가장 주목받는 이미지였다.

1915년 담배 광고에서 상표명 'Beauty'를 '관기(官妓)'로 번역했듯이, 당시 미인을 다룬 기사에서 가장 적극적으로 호명된 이들은 조선 시대 '화용'의 미인으로 대표되던 기생들이었다(그림 1-8). 궁중 정재 차림의 기생을 담은 담뱃갑 디자인은 1915년 조선물산공진회 광고 포스터를 차용한 것으로, 상표명 'Beauty'는 춤추는 관기와 동일한 의미로 사용되었다.

또한 「양화(洋畵)의 선구, 모델의 선편(先鞭)」 기사는 "서양 화가의 효시"인 고희동(高羲東, 1886~1965)이 공진회에 진열할 유화 〈가야금〉(1915)을 제작하며 미인 모델을 구하자, "전국 미인들이 부러워하는 표적이 되기 위해" 신창조합의 기생 채경(採瓊)이 자청했다는 소식을 전했다(그림 1-9).[64] 신문에 실린 고희동의 작품과 포즈를 취한 채경의 사진은 기사와 더불어 '미인=기생'이라는 기표를 대중에게 전달했다.

1918년 간행된 『조선미인보감』은 "조선 전도 미인의 사진과 기예와 이력을 수집"하고 "조선 언문과 한문으로 저술한" 사진첩으로, 조선 미인을 대표하는 전국 기생 611명의 사진과 소개를 담았다.[65] 서문에서 『조선미인보감』의 미인은 규중 여성이나

인가의 부인, "신지식이 충만하여 교육계에 모범되는 여교사"와 같은 신여성이 아니라, "길가 버들과 감위 꽃의 신분으로 장삼이사(張三李四)의 완호물이 되어 만종 풍류와 천반정한으로 화조월석(花朝月夕)에 질탕한 홍치를 도우주는 청루미인(靑樓美人)을 이름"이라 하며 기생을 호칭함을 강조했다.

 기생은 그들의 특수한 신분만으로도 관심의 대상이 되었던 계층으로, 『매일신보』와 『경성일보』는 이들의 사진과 미모를 적극적으로 기사화했다. 1914년 『매일신보』는 "조선 전도의 남녀를 물론하고 가무음곡 등 예술이 우월한 인물 일백 인을 수집"한 「예단일백인(藝壇一百人)」을 연재했는데, 여덟 명을 제외한 모든 인물이 기생이었다.[66] 이를 통해 아름다운 기생의 얼굴과 몸이 대중에게 널리 알려지고 이에 관한 구체적 서술이 표면화되면서 미인과 미모의 기준이 공론화되는 사회적 분위기가 형성될 수 있었다. "단순옥치(丹脣玉齒)"나 "연연한 옥 같은 빛"의 "동탕한 얼굴", "가는 허리", "꽃도 같고 달도 같은 자태", "화용월태" 등 미모에 관한 다양한 묘사가 사진과 함께 게재된 「예단일백인」은 대중적 미인상을 형성하고 공유할 수 있게 했다.

 『조선미인보감』의 구성은 「예단일백인」을 통해 구축된 것으로, 「예단일백인」은 지면 구성상 얼굴 사진을 작게 게재할 수밖에 없었으나 『조선미인보감』은 화면의 반을 차지하는 크기의 상반신 사진을 실었다.⁶⁷ 독자는 직접적으로 미인으로 호명된 기생의 사진 속 용모와 설명을 보며 미인 이미지를 시각적으로 확인할 수 있었다.

한성권번의 김춘외춘(金春外春)은 "조선 신문 주최 조선 미인 투표에서 2등으로 뽑히며 조선 안에 있는 수 삼백 명 미인 중에서도 둘째 자리를 점령하여 그 아리따운 얼굴이 조선 신문상에 밝히어 모르는 사람이 없을" 정도로 이름 높았던 기생이었던 만큼 『조선미인보감』에서도 "묘하고 고운 눈과 목, 둥근 얼굴" 등 그 미모가 우선적으로 서술되었다(그림 1-10).⁶⁸ 「예단일백인」의 기사에서도 김춘외춘은 한성에서 "첫째로 꼽는 기생"으로, "동글납작한 얼굴"에 "쌍꺼풀진 듯한" 애교가 가득한 눈을 가졌다고 소개되었다(그림 1-11).

미모는 『조선미인보감』에서도 미인(기생)의 가장 중요한 덕목이었다. 그 서술 방식은 「예단일백인」과 마찬가지로 아미나 부용(芙蓉), 운빈, 단순호치, 옥안, 유요 등 전통 시대 미인을 수식하던 표현이 답습되기도 했다. 그러나 이러한 표현이 사진과 함께 제시되면서 자연물에 비유되던 추상적 묘사 대신 외모에 관한 보다 구체적이고 사실적 설명이 부가되기 시작했다. 코와 쌍꺼풀에 관한 언급도 새롭게 등장했다. "비단미염색(鼻端美艷色)"이나 "비두묘소(鼻頭妙小)"와 같이 코끝이 아름답고 절묘하다거나,

그림 1-10. 김춘외춘, 『조선미인보감』, 1918
그림 1-11. 「예단일백인(18): 춘외춘」, 『매일신보』 1914년 2월 19일

"분비의경요(粉鼻依瓊瑤)" 즉 분을 바른 흰 코가 옥구슬같이 아름답다는 표현은 미인 묘사에 등장한 새로운 미감이었다. 김춘외춘의 "쌍꺼풀진 듯한 눈" 역시 "쌍안피묘난대(雙眼皮妙蘭臺)"나 "자태 있는 쌍꺼풀은 격에 맞노라"라고 언급되기도 했다.[69] 이처럼 구체적이고 사실적 미모 묘사는 사진이 보급되면서 창안되고 유통될 수 있었다.

인쇄 매체뿐만 아니라 공진회와 박람회 등 대중의 관심이 필요한 각종 행사에 기생이 동원되면서 대중은 미인으로 호명되던 기생들을 직접 만날 수 있었다. 매일신보사와 경성일보사가 주최한 1915년 가정박람회에서는 '미인 명첩 교환 경쟁' 행사가 열렸다. 이는 기생 30명이 자신의 이름이 적힌 명함과 수첩을 들고 있다가 신호를 불면 입장객들에게 명함을 건넨 뒤 수첩에 그들의 이름을 적어 오는 것으로, 가장 많은 이름을 적어 온 기생이 우승하는 경기였다.[70]

이처럼 '미인'이라는 이름으로 기획된 행사들은 대부분 기생을 대상으로 했는데, 이러한 양상은 1920년대 중반까지 이어지며, '변장 미인 탐색'이나 '미인 투표' 등의 행사가 인기리에 개최되기도 했다. 주로 일간지가 주최했던 미인 투표는 '기생'이라는 단서가 붙지 않아도 "화류계에 있는 여류 미인과 매소부"를 대상으로 한 행사였다.[71] '변장 미인 찾기' 또한 미인 투표만큼 자주 열렸는데, 지면에 찾아야 할 미인의 얼굴 사진이 공개되었고 대부분은 기생이 대상이 되었다.

이처럼 근대 초기 대중 매체와 대중이 탄생하면서 미인으로 호명되고 시현되던 대상은 주로 기생이었다. 전통적 관습에서 화용으로 일컬어지던 기생이 계승되어 미인이 되었고 이 지표는 1920년대 신여성, 여학생의 탄생과 함께 문명의 여성상으로 옮겨 갔다.

인종주의와 미인

문명화된 미인은 어떻게 제조되고 선망되기 시작했을까.

1900년대에는 식산흥업과 교육이 문명화를 실현할 길로 역설되었다. 문명개화에 관한 자각과 식산흥업을 통해 부국강병을 이루고자 했던 시대적 인식 속에서 민족 자강을 위한 근대 국민을 목표로 하는 새로운 미인관이 제조되었다. 조선이 추구한 문명개화 미인관의 요지는 국가를 부강하게 할 국가 구성원으로서 민중을 새롭게 발견하고 이들을 건강한 '신체'로 개량하는 일이었다. 병인양요와 신미양요를 겪으며 조선이 발견한 것은 조선인과는 다른 서구인들의 '몸'이었다. 서양의 "무쇠 골격과 돌 근육을 지닌 충렬사의 더운 피로 살아가는 소년 남자"는 문명을 창출하는 원동력이자 나라를 부강하게 하는 국가 구성원으로 인식

되었다.[72]

『효경(孝經)』의 "신체발부수지부모(身體髮膚受之父母)" 즉, "사람의 신체와 터럭과 살갗은 부모에게서 받은 것이니 이를 손상하지 않는 것이 효의 시작이다"라는 어구가 말해 주듯 전근대 사회에서는 신체 변화가 금기시되었으며, 심신 일원론에 따라 신체는 정신과 분리되지 않은 채 존재해 왔다. 그러나 근대에 이르면 신체는 문명개화의 기치 아래 적극적으로 개량되고 발현되어야 하는 민족 자강의 가치로 자각되기 시작한다.

"인간의 온갖 사물이 가장 아름다운 경지에 이른 것"을 문명개화로 파악한 조선은, 문명화를 곧 서구화로 받아들여 "서양 인종의 석대함과 장대한 근골 그리고 혈기 왕성하고 기질이 견확한" 모습을 동경하는 인종주의적 미의식을 형성했으며, 이와 같은 맥락에서 근대를 아우르는 '미인=문명'이라는 기표가 만들어졌다.[73]

대개 구라파 사람들은 가죽이 희고 털이 명주실같이 곱고 얼굴이 분명하게 생겼으며 코가 바르고 눈이 크고 확실하게 박혔으며 동양 인종은 가죽이 누르고 털이 검고 뻣뻣하며 눈이 기울어지게 박혔으며 이가 밖으로 두드러지게 났으며 흑인들은 가죽이 검으며 털이 양의 털같이 곱슬곱슬하며 턱이 내밀며 코가 넓적한 고로 동양 인종들보다도 미련하고 흰 인종보다는 매우 천한지라 미국에 토종은 얼굴빛이 붉으며 생긴 것이 동양 사람과 비스름하나 더 크고 개화된 것이 동양 인종만도 못한지라 그 외에 다른 인종이 많이 있으나 수효가 얼마 안 되는 고로 우리가 말 아니하노라. 백인종은 오늘날 세계 인종 중에 제일 영민하고 부지런하고 담대한 고로 온 천하 각국에 모두 퍼져 차차 하등 인종들을 이기고 토지와 초목을 차지하는 고로 하등 인종 중에 백인종과 섞여 백인종의 학문과 풍속을 배워 그 사람들과 같이 문명 진보 못 하는 종자들은 차차 멸종이 되어 (후략)[74]

'하얀 피부'를 동경하는 성향은 신분과 관련해 동양과 서양에서 모두 전통적으로 공유되던 미의식이었다. 흰 피부는 노동하지 않는 높은 신분임을 뜻했고, 이를 '호상(好尙)'하며 얼굴이 희어야 귀티가 난다고 여겼다.[75] 그러나 서구적 근대화를 추진했던 근대에는 '백색'이 인종주의적 미의식을 함의한 색으로 변화했다. 근대에 확립된 사회 진화론에서는 인종의 위계를 구분했는데, 백색은 우등 인종과 문명을 표상했다. '백인종'이라는 용어에서도 알 수 있듯이, 그들은 가죽이 희고 세계 인종 중에 제일 영민한 종족으로, 하등 인종들을 이기고 토지와 초목을 차지하므로 그들의 학문과 풍속을 배워 그들과 같이 문명 진보해야 한다는 인식이 개화기부터 구축되고 있었다.

이처럼 피부색이 인종주의적 의미와 결합하면서 이를 기준으로 백인과 유색인, 서구와 비서구, 문명과 야만, 우성과 열성으로 나누는 이분법이 생겨났으며 그 주도권은 언제나 흰 피부의 유럽인들이 장악했다. 백인만이 계몽되었다는 유럽 중심주의는 문명을 일으킬 수 없는 열등한 신체, 혹은 결핍을 지닌 존재에 관한 개념을 이처럼 피부색을 기준으로 규정했다.[76]

백색 피부를 선호하는 현상은 근대 서구적 미의 기준이 된 백인의 피부색으로서 더욱 부상했다. 광고는 이러한 백색 피부를 향한 열망을 그대로 보여 준다. 화장품은 상표를 '백색미안수'라고 했으며, 많은 '백분' 광고가 범람했다. 문명화 추구는 이처럼 흰 피부를 선망하는 미의식과 결합하며 소비문화 속에서 상품화되었다.

화장품 광고는 대부분 "소안(素顔)의 미인"이나 "백안의 미", "미한 자는 필히 백", "천성의 백색"을 강조했고, 1920년대 이전부터 "소안의 미한 것이 참말 미인"이라는 인식이 통용되었다. 광고에서 "전 세계를 거하여 백화(白化)코자 함"은 "아세아 대륙"을 넘어 "서구의 문명국"에까지 진출하고자 한 상품 판매 전략일 뿐만 아니라, '백화'는 곧 '문명화'로 치환되며 지구본에 흐르는 백색 화장수로 '백화=문명화'라는 기표를 완성했다(그림

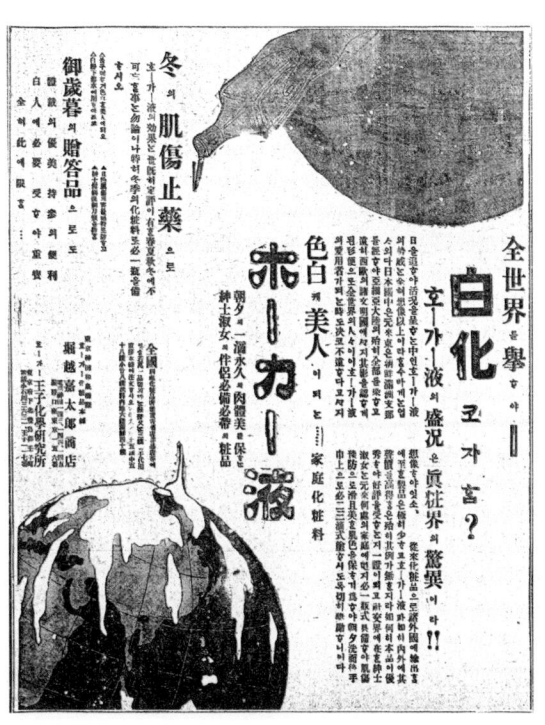

그림 1-12. 호카(ホーカー)액 광고, 『매일신보』 1920년 12월 21일
그림 1-13. 하루나(ハルナ) 비누 광고, 『매일신보』 1926년 11월 30일

1-12). 이는 여성들이 화장품을 통해 "색백(色白)케 미인"이 됨으로써 문명화, 문명인이 될 수 있다는 암시를 담았다. 하루나(ハル ナ) 비누는 "껌둥이가 미인이 됨"이라는 문구를 넣어 백색 미의식의 열망을 표출했다(그림 1-13).

광고는 우생학적 우등 인종이자 '미인'인 백인종과 그 대척점에 있는 '껌둥이', 흑인종을 대비함으로써 인종학적 미의식을 표출하며, '흑=추'와 '백=미'라는 도식을 만들어 냈다. '문명'과 '야만'의 이분법 속에서 화장을 통해 얻을 수 있는 '백색미'는 곧 '문명인'이자 '미인'이 될 수 있는 진화의 매개체로 정착하며, '백색'은 곧 "문화적 색채"이자 서구화된 문명을 상징하는 기표로서 유통되었다.[77]

더 나아가 미활석감(美活石鹼)은 "피부의 색을 희게 하는 유일무이의 석감"으로 비누를 사용한 동양 여성의 흰 피부를 백인 여성이 부러운 눈으로 바라보는 이미지를 실으며 흰 피부에 관한 미의식을 극단적으로 표현했다.[78] 인종을 피부색으로 대비한 광고 이미지는 문자 해독력이 없는 여성에게도 응축된 메시지를 전달하며, 텍스트보다도 흡입력 있게 독자에게 유포될 수 있었다.

이처럼 흰 피부를 향한 선망은 '문명'이라는 기호와 결합하여 근대 미인의 자격으로 고착되었다. 서구화된 미인의 기준은 피부색뿐만 아니라 얼굴과 신체로 확산하여 문명과 야만을 구분하는 표식이 되면서 '미인=문명'이라는 기표를 확인하게 했다. 또한 이는 신체를 꾸미는 의상과 머리, 장식에도 서구화를 가져오며 유행이라는 소비 사회의 미의식으로 표상되었고, 광고 도안과 사진, 회화 속 서구 여성 이미지를 통해 형상화되며 근대적 미의식으로 통용되었다.

미인 만능주의

'미인 만능'을 강조한 1920년대 초 화장품 광고는 일단 "미인만 되면 일신(一身)의 영달(榮達)이 마음대로" 되며, "일생을 행복으로 종(終)"하게 된다는 미의 능력을 설파했다(그림 1-14). 이와 같은 미인 만능의 외모 지상주의, 외모 만능주의는 1920년대 소비문화가 확산하면서 함께 만들어진 것이었다.

근대는 엄격한 신분제를 구축했던 봉건 사회가 해체되고 자본주의 사회로 전환됨에 따라 사회적 계층과 관계없이 모든 여성에게 평등하게 미가 유통되고 소비될 수 있는 시대였다. 외모는 사유 재산이 되었으며, 사회적 지위를 표시하는 중요한 수단이자 자기만족의 대상이 되었다. 그리고 외모에 관한 관심은 외양을 치장하는 신문물 소비로 이어졌다. 그 대표적 품목은 화장품과 같은 미용 상품으로, 신문에는 누구든 바르기만 하면 "천인(千人)이면 천인, 만인(萬人)이면 만인" 모두 미인이 된다는 화장품 광고로 넘쳐 났다.[79] 광고에 등장하는 미인 모델의 이미지는 외양의 아름다움과 함께 이를 통해 얻게 될 성공과 행복의 상징이 되었다.

신분제에서 자본 사회로 전환되면서 소비는 평등화되었고, 이는 신문과 같이 대량으로 인쇄되어 다수에게 보급되는 대중 매체와 그에 실리는 광고를 통해 본격화되었다. 근대 광고는 그 자체가 신문화였다. 또한 신문물을 소개하고 정보를 제공함으로써 소비를 촉진할 뿐만 아니라, 사회의 새로운 의식과 가치, 이념을 반영·창출하는 매체로 기능했다. 광고는 제한된 지면 속에서 문구와 도안을 통해 소비자를 설득하고 욕망을 생산했기에 당시 소

그림 1-14. 호카팟토(ホ_カ_パット) 광고, 『매일신보』 1920년 1월 29일

비문화를 함축한다고 할 수 있다.

> 이 아름다운 테스트를 읽으시려는 아름다운 영양(令孃) 여러분이시여, (중략) 당신의 사명은 아름다움이올시다. 살풍경한 이 세상을 아름답게 단장할 당신입니다. 그러니까 당신은 모양을 내셔야 합니다. 힘을 다하여 아름다움을 발군하기에 노력하십쇼. 몰래몰래라도 좋습니다. 가을꽃과 같이 가녀스러워 더욱 아름다울 것입니다. 그러지 않아 봅니다. 집에 와서는 발등에 끌리는 남치마에 노랑 저고리를 입고 어여쁘게 화장하고 석경을 바라보는 당신네들. 말은 그것은 못씁니다. 그대는 온실 속의 꽃보다는 빛나는 태양 아래 피어나는 저 달리아나 칸나와 같이 씩씩하면서도 아름다워야 할 것입니다. 시클라멘이나 양란(洋蘭) 같아서는 그것은 당대적(當代的)이 아니외다. 그대여 아름다워라.[80]

누구나 미인이 될 수 있는 시대에 사회는 여성에게 '아름다울 것'을 '사명'으로 부과했다. 힘을 다하여 아름다움을 발군하는 것은 여학생의 의무이므로, "여학생과 화장은 대체로 금지"된 상황에서도 여학생들은 세상을 아름답게 단장하기 위해 치장하고 모양을 낼 것을 종용받았다. 그러나 남치마에 노랑 저고리를 입거나 화장하는 등 아름다워지려면 상품을 소비해야만 했다. 누구나 미인이 될 수 있다는 '미모 민주주의'는 형식적 민주주의로, 외양을 단장하는 상품의 사용 가치 앞에서는 평등하나 교환 가치 앞에서는 자본이 허락해야만 가능하므로 불평등했다.[81]

화장품 광고, 소비 시대의 미인화

미인 만능 이미지를 가장 일상적이고 대중적으로 담아낸 것은 미와 관련된 상품, 미용과 화장품 광고였다. 근대 이전까지 미용과 화장은 수신이라는 함의를 지닌 행위이자 계급적 표식의 수단이었으며, 여성의 치장은 부용이라는 명분 아래 억제되고 금기시되었다. 하지만 미인 만능주의 시대에 화장을 통한 미모 관리와 치장은 여성의 '예의'이자 '필수' 요건으로 자리 잡게 되었다.

화장품은 1910년 한일 병합 이후 『매일신보』에 실린 한양상회(漢陽商會) 광고에 수입 판매품 중 하나로 등장한다. 초기에는 비누(石鹼)와 치약(齒磨)이 화장품 개념으로 등장하나 이후 백분과 크림, 향수와 미안수(美顏水) 등 종류가 세분화되고 다양해졌다.[82] 근대 신문 광고 중 화장품 비중이 의약품 다음으로 많았다는 사실은 외모와 미에 관심이 높았음을 방증한다.

미인 도상이 실린 화장품 광고는 근대 미인상을 일상화하며 미인 만능주의 미의식 속에서 여성에게 광고 속 미인처럼 되고자 하는 열망을 불러일으켰다. 화장품의 효능과 이상을 시각화한 광고 속 미인은 당대 미인상과 미의식을 대표하는 이상형으로 설정되며 욕망과 감상의 대상이 된다는 점에서 소비 시대의 대중적 미인화나 다름 없었다.

광고가 상품 가치와 기능을 홍보하는 데 목적을 두듯이, 화장품을 살 때 여성이 구매하는 것은 단순한 상품이 아니라 상품이 담고 있는 의미와 그 이미지였다. "화장품 광고의 강력한 요지는 광고를 아름다움을 향한 여성의 욕망, 그리고 그들의 열망과 갈망에 응답하는 분위기로 밀어 넣는 것이다. 여성들은 광고를 '읽지' 않는다. 여성들은 그들 내부에 있는 미에 대한 환상을 느낀다"라고 했듯이, 화장품 광고는 시대적 미의식과 그 비전을 대표하며 광고 형식에도 새롭고 다양한 시도가 요구되었다.[83]

1910년대 중반부터 본격적으로 신문 지면에 등장한 미인 광고 도안은 독자들의 관심을 불러일으키며, 화장품뿐만 아니라 다양한 상품 광고에 삽입되었다. 미인 이미지를 가장 많이 활용한 광고는 약품과 화장품으로, 이는 문자 해독률이 남성에 비해 낮았던 여성 소비자를 의식한 결과였을 뿐만 아니라 동시에 남성 독자들에게도 흥미로운 감상의 대상이 되었다.

초기에 문안을 중심으로 제작되었던 설명형 광고는 1920년대부터 이미지 중심의 광고로 변화했다. 광고 문구가 간략해지고 대신 다양한 삽화와 화려한 도안으로 장식된 이미지가 부각되었으며 사진을 사용한 광고도 보편화되었다. 미안백분 광고는 상품명만을 상단에 표기한 채 지면 전면을 사진으로 채우며 광고가 '읽는 것'에서 '보는 것'으로 전환되었음을 보여 준다.[84] 여성 이미지 역시 다양한 도안으로 표현되며, 전통적 우키요에 미인상에서부터 아르누보나 모던풍의 일러스트레이션, 입체파적 화면 분할에 이르기까지 다른 품목의 광고와 차별화되는 세련된 구도와 양식을 보여 준다.

이처럼 대중에게 당대 미인을 소개하고 학습하게 한 화장품 광고 속 미인 도상은 근대 조선의 대중적 미인화 역할을 했다. 매일 일간지를 장식한 수많은 미용품 광고는 미를 개인 자본으로 평가한 소비문화의 미의식을 보여 주며, 또한 외모의 근대화를 곧 시대의 근대화로 본 사회적 요청을 반영한 것이었다.

광고 속 미인과 환상

소비문화 속에서 제조된 미인 만능주의는 광고를 통해 확산하며 미에 관한 환상과 욕망을 불러일으켰다. "전등과 와사(瓦斯)의 광(光)에 황념(恍念)케 할 만큼" 근대에 밝아진 램프 빛과 늘어난 외출 기회 속에서 여성은 자신의 외모를 재발견했다.[85] 광고는 미에 관한 구체적 이미지와 정보를 제공하며 근대 미의식을 조형하고 유포했으며, 여성은 광고 속 미인을 흠모하고 모방하며 아름다움을 학습할 수 있었다.

> 여성이 훌륭하게 생존하여 이 세상에 적합한 사람이 될 수 있으려면 무엇을 힘으로 삼아야 할까요? 무엇이 여성을 뛰어난 자라는 지위에서 생존할 수 있도록 하는 힘일까요? 말할 것도 없이 미의 힘, 바로 이것입니다. 미는 여성에게만 허용된 유일한 힘일 겁니다.[86]

위 글은 "여성에게 아름답게 화장하는 것이 왜 필요한가"라는 질문에 여성에게 허용된 유일한 힘인 아름다움을 얻기 위함이라고 했다. 이런 미의식을 시각화하기 위해 화장품 광고는 여성과 화장, 아름다움, 미인이 자연스럽게 연결되도록 구성하며, 화장품 사용법과 화장 순서에 관한 정보를 제공하고 화장하면 최종적으로 미인에 이르게 된다는 도표를 그려 놓기도 했다.[87]

이처럼 화장하거나 미용 상품을 사용함으로써 광고 속 미인 같은 미모를 얻게 된다는 환상을 장 보드리야르는 파노플리 효과(effet de panoplie)로 설명했다. 상품을 소비함으로써 그 상품을 소비하는 계층 및 집단과 동일시되는 현상을 가리키는 것으로, 신체는 소비의 파노플리 중 가장 많은 의미를 함축하는 대상이었다. 화장품 광고가 담은 미에 관한 환상은 근대 미인은 더 이상 타고난 결과도 아니고 정신적 자질에 덧붙는 것도 아니며, 용모와 몸매가 자본화되는 소비 사회에서 자본이자 힘으로 인식되고 있었음을 보여 준다.[88]

화장은 이상적 얼굴에 접근하기 위해 인공적으로 미모를 만들어 내는 가장 일상적 방법으로, 화장품은 상품화된 미의 대표적 소비품이었다. 전통 시대 여성의 치장이 수신 차원에서 청결과 옷매무새를 정돈하는 정도에 그치며 호사스러운 풍조를 지양했다면, 소비 사회로 진입한 후부터는 아름다운 외모가 여성에게 최고의 가치로 부상하면서 화장 또한 적극적으로 장려되기에 이른다. 전통 사회에서 여성이 남편 혹은 시부모, 즉 가정의 구성원이라는 한정적 대상을 위해 화장했다면, 근대에는 화장이 여성의 사회 진출과 변화된 위상 속에서 대중의 시선을 고려하며 사회적 의례를 나타내기 위한 기호로 변모했다.

> 첫째는 미인이 되어야 하겠다. 남자라도 미남자가 된다면 그 누가 싫다고 하랴. 그러나 남자보다도 여자로서는 특히 미인이 되지 않으면 아니 될 것이다. 아무리 학식이 우월하고 인격이 고상한 여자라도 만일에 미가 없다면 일생에 그 같은 불행은 없을 것이다.[89]

여자로서 특히 미인이 되지 않으면 안 되리라는 인식은 이미만연해 있었다. 1920년대 중반부터 "남자가 도덕으로 살려고 하는 것보다 여자가 미로써 살려고 하는 것"이 더 자연스러우며, "아름다운 여자와 같이 행복된 사람은 없다"라는 인식은 미가 여성의 특질로 공유되고 있었음을 보여 준다.[90] 아무리 학식이 우월하고 인격이 고상한 여자, 즉 남성 지식인들이 신가정의 배우자로 동경했던 신식 교육을 받은 여학생이라고 하더라도 미인이 아니라면 그의 일생에 그 같은 불행은 없을 것이라고 했으며, 반대로 미를 얻는 것은 그 무엇보다도 여성의 "무한한 행복"이라고 기술했다. 미인 만능주의는 이처럼 미를 구성하는 상품들의 홍보와 여성의 소비 풍조 속에서 걷잡을 수 없을 만큼 확산하고 있었다. '미인=행복'이라는 도식은 여성들에게 선망의 대상인 동시에 강박의 기표로 작용했다.

여성의 미는 '능력'이자 '힘'이라는 인식은 시대적 가치와 병합하며, 근대화의 조류 속에서 '문명'과 '문화'로 치환되기도 했다.[91] 미용 광고에는 이러한 인식을 바탕으로 '미개'한 전통과 대비되는 '문명'의 여성상인 신여성이 등장했다. 광고에서는 "세계 각국 여자 대학에 대환영"인 화장품으로, "어부인(御婦人) 중에서 최고 지식 계급"인 "여자 대학생 제양(諸孃)"은 화장하는 일이 "학교에 나가기 전 우선 일과"라고 소개했고, 학사모를 쓴 여학생들의 이미지나 여교사와 같은 직업여성의 모습이 시각화되었다(그림 1-15). 근대 신문물을 향유하고 개화와 문명을 체득했던 신여성은 화장품 광고에서도 '하이칼라', '여학생' 등으로 호명되며 선망의 대상이 되었다.

문화와 미인과는 평행 관계에 있다고 하는 것이다. 왜 그러냐 하면 문화가 진보되면 그 사회에 생존하여 있는 사람은 누구나 향락 능력이 진보되고 그리고 모든 속박 관념에서 해방되어 자유롭게 객관적으로 자기와 아울러 상대자를 보는 힘이 생기는 데서 오는 것이다. 사실로 미는 시대를 따라 움직이고 있다. 옛날의 미는 시대의 진전과 함께

그림 1-15. 호카액 광고, 『매일신보』 1919년 10월 9일

깨어져 버리고 새로운 미가 새 시대와 함께 창조된다. 새로운 시대의 미는 새로운 시대의 인간으로부터 새로 건설되는 것이다. 따라 화장이니 미용이니 또는 몸치장이니 하는 것도 시대의 진전과 함께 그 역시 평행하여 진전한다. 자기가 가진 미를 발휘시키는 방책이

즉 화장이요 미용이며 또한 몸치장이니 이것은 결코 사치와 혼동시킬 것이 아니다.[92]

「미인 제조 교과서」는 문화와 미인은 평행 관계에 있고, 미는 문화의 진보에 따라 변하며 새로운 미가 새 시대와 함께 창조된다고 했다. 또한 새로운 시대의 인간이 되기 위해서 화장과 미용, 몸치장을 해야 함을 강조했다. 이처럼 '미'의 기준이 이전 시기의 부국강병이나 식산흥업, 근대적 교육 수준과 같은 내적 가치에서 벗어나 여성의 외적 아름다움에 맞춰지면서, 화장과 미용 등 소비 사회의 다양한 상품을 통해 누구든 "자기가 가진 미"를 발휘하면 미인이 될 수 있음을 표출했다.

우리 여성계에 있어서 미라는 미묘한 것을 부인할 수는 없습니다. 미는 물론 근본적 미 즉 심적미를 제일로 존중히 할 것이지만 현하 문화 사회에 있어서는 오히려 외형미를 숭상하는 것도 일반의 경향입니다.[93]

이는 나아가 "문화가 진보하면 진보할수록 미를 사랑하게 되는 것은 인간성에 진보성이 무한히 있다는 것"으로, "동서를 물론하고 어느 문화 사회를 보든지 화장이란 것이 여성계에 있어서 상용적이 된 동시에 일대 소비품이 되어 있는 것은 드러난 사실"이라는 논지로 발전했다. 문화 사회, 즉 소비 사회의 미의식은 심적미의 가치보다는 오히려 외형미를 숭상함이 일반 경향이라고 했듯이, 그것은 문화 또는 진보된 미라는 가치 속에서 외모를 관리하는 상품 소비로 이어졌으며, 이는 곧 문화 사회에서 외모 또한 일상적 소비품이 되었음을 의미했다.

권미징추의 시대

미인 만능인 소비 사회에서 내면의 미덕과 같은 '심적미'의 가치는 시각적으로 확인할 수 있으며 상품을 통해 획득 가능한 '외형미'로 전환되었다. 이에 따라 변화된 미인의 위상은 1924년 김정필 사건에서도 살펴볼 수 있다.

남편을 독살한 혐의로 구속된 김정필은 "무식하고 얼굴이 못난 남편을 없이 하던 터에 주먹밥과 엿에 쥐 잡는 약을 섞어 먹인 이십 세의 청춘 여자"로 소개되며, '절세미인' 혹은 '독살 미인', '사형 미인' 등으로 호명되었다. 이 사건이 세간의 주목을 받은 이유는 김정필이 미인인 까닭이라고 했다(그림 1-16).[94]

논란은 기사에 그녀의 사진이 실리면서 더욱 증폭되었다. "김정필은 그 아름다운 얼굴이 한번 경성복심법원 공판정에 나타나자 세상의 동정은 그의 일신에 모이게 되어 저렇게 어여쁘고 얌

그림 1-16. 「재개된 미인 공판」, 『동아일보』 1924년 10월 11일

전한 여자가 본남편을 죽일 리가 있나, 시부모의 모함에 빠진 것이라고 도처에 이야깃거리가 될뿐더러 동정심을 억제하다 못 하는 이는 그 사건을 맡아서 심리하는 요시다(吉田) 재판장에게로 무죄 판결을 하라는 등 증인을 다시 문초하라는 등 하는 투서가 산더미같이 쌓이게 됨에 꽃다운 청춘의 생명에 관한 일이요, 또

미인 탄생 79

그때의 사정을 철저하게 조사하기 위하여 잠깐 판결 언도를 중지"했다.[95] 사건의 본질은 김정필이 남편을 죽인 '살인범'이라는 사실이었지만, 그녀가 '미인'으로 호명되면서 관심은 그의 외모로 옮겨 갔고, 미인이 이런 흉악한 범죄를 저지를 수 없다는 투서와 동정 여론이 일기 시작했다.

> 모든 미는 각 개인의 심성의 아름다움을 표하는 것이 되고 심성의 아름다움을 용모에서 찾는 것은 만인의 공통된 사실일 것이다. 그러고 얼굴 중에도 어느 한 부분보다도 눈, 코, 입 할 것 없이 모두가 정돈되고 조화되어야 할 것이 미인의 중요한 조건이라면 그 정돈과 조화를 한층 더 원만히 지배할 심성의 표현일 표정이야말로 미인되는 조건 중에 중요한 조건의 하나가 아니 될 수 없을 것이다.[96]

이처럼 당시에는 미인의 용모가 심성의 아름다움을 표한다는 인식이 있었고, 김정필이 미인이기 때문에 살인범일 리 없다는 대중의 변호 역시 이러한 맥락에서 나왔다. 이는 내면의 아름다움이 외면에 발현된다고 했던 전통과는 반대되며, 외모와 심성의 가치가 역전되었음을 보여 준다. 심성의 아름다움이 얼굴과 육체에 예외 없이 분포된다는 믿음 속에서 권선징악이라는 윤리적 가치는 권미징추라는 외면적 판단으로 변모했다. 이에 따라

"장안 사람의 호기심을 끄느니 만치 버들잎 형으로 길게 생긴 그 얼굴 바탕은 세상에서 보기 드문 아름다운 얼굴"이라고 묘사된 김정필은 살인자가 아닌 "그저 착하고 아름다운 맛과 그래서 가련한 여성"으로 변호되었다.[97]

이처럼 김정필에 관한 기사는 모든 일간지와 잡지에 경쟁적으로 실렸다. 그러나 공판이 열리고 김정필이 출두하자 "그의 얼굴을 보고 사람들은 모조리 실망을 하였다"라고 전한다.[98] "정말 얼굴을 본 사람은 신문을 비웃기도 하겠으며 신문 기자의 장난을 웃기도 하겠으나", 신문만 본 사람들은 이를 알 수 없었다. 김정필은 매체의 보도만큼 미인이 아니었다는 뜻이다. '김정필 미인 만들기'는 이처럼 신문과 잡지의 기획이었으며 "일세를 흔동(掀動)"한 '독살 미인'은 결국 사형을 면하고 '옥중 가인'으로 30년대까지 매체 지면에 오르내렸다.

미인이 윤리성을 초월하며 문명과 문화를 상징하는 절대적 가치로 부상하고 매체를 통해 대중적으로 유행함에 따라, 강박을 느끼게 된 여성들은 자연히 소비로 구현할 수 있는 외형미에 주목했다. 외모 관리는 필수적이고 당연하게 여겨지기 시작했다. 이러한 사회적 분위기 속에서 "시대가 바뀌고 세상이 문명할수록 미인의 표준이 높아 가는 것만은 사실"일 뿐 아니라, "이것은 단순히 사치만을 말하는 것이 아니고 적어도 물질생활의 고

하간에 생활의 문화적 향상을 요구하는 근대인의 당연한 상식으로 또 정당하고 자연된 성격의 표현으로 화장미와 의상미는 누구나 생각하여야 할 것"이라는 인식이 통용되었다.[99] '문화생활의 필수품'이자 '화장은 예의'라는 문구가 화장품 광고에 등장할 정도로 여성의 화장은 점차 자연스럽고 당연하게 인식되었으며, "현대 여성의 취미"로 권장되기도 했다.[100] 따라서 아름다움을 위한 외모 관리는 "생활의 문화적 향상을 요구하는 근대인의 당연한 상식"이자 "여성의 교양"이 되었다.[101]

대중화된 미인들

미인에 관한 관심은 사회 전반으로 확장되어 1920~1930년대 일간지와 잡지들은 더욱 적극적으로 미인과 관련된 기사를 실었다. 미인 기사와 사진은 매체의 판매 부수에도 큰 영향을 미쳤으므로, 이는 저널리즘의 고도화된 상업주의와 맞물려 사회적 현상으로 확대되었다.

> 어째서 신문사에서는 얼굴은 밉든 곱든 이십 세 내외 되는 여자가 죽기만 하면 미인이라고 하나. 추부라도 미인으로 만드는 요술은 대체 누가 피우는 것인가? (중략) 미인을 제조하는 사람들은 신문사에 있는 사회부 기자 제군들이다. (중략) 이왕 죽은 여자이니 밉든

곰보이든 까뒤집을 것은 없다. (중략) 신문을 읽는 독자에게도 "작일 오후 열한 시경에 한강 인도교 우에서 꽃같이 고운 여학생이 한 장의 애달픈 유언장을 남기고 한강에 몸을 던져 죽었는데 (중략)" 이런 기사가 취미를 꺼러 "작일 오후 열한 시경에 키 크고 낯빛 검고 얼근 여자 하나이 나타나 한강에 투신을 하여 버렸는데 (중략)" 하여서는 독자들이 읽을 재미라고는 한 푼어치도 없을 것이나 미인이 죽었데야 인정상 아깝기도 하고 자세히 알고도 싶지 인물이 못생겼다고 해 놓으면 아무라도 몇 줄 보다가는 집어던지기가 쉽다. 그러함으로 언제 어느 때 누가 시작을 했는지는 모르나 어쨋든 젊은 여자가 죽었다고만 하면 으레이 묘령 미인으로 삼아 버린다.[102]

미인은 이처럼 매체와 공모하며 범죄와 사기, 자살 등의 사건 기사를 더 흥미로운 이야기로 윤색했다. 미인이라는 제목만 달면 판매 부수가 늘어났으므로, 신문사 기자들은 "미인을 제조"하는 데 주력했다. "조선 제일 미인이 누구요"라는 독자의 질문에, 기자가 일반 여성들도 "자살만 하면 모두 미인이라더군요"라고 대답할 정도로 지면을 가득 채운 미인 기사들은 독자들의 흥미를 자극하며 미인을 대중 속으로 불러냈다.[103]

미인이 대중적으로 유행하게 된 풍조는 당시 '예술을 위한 예술'이라는 예술 지상주의와 유미주의적 경향이 확산하며 더욱 강해졌다. 유미주의는 미를 가장 지고한 가치로 보고 모든 것을 미의 견지에서 파악하는 태도 혹은 미의 창조를 예술의 목적으로 삼는 사조로, 예술이나 미가 예술과 인생에서 어떻게 표현되고 어떠한 중요성을 띠는지에 관한 신념을 의미한다. 당시 문학계에서는 이러한 미적 표현에 중점을 둔 작품들이 발표되는데, 그 주체가 대부분 남성 작가였으므로 미가 부여되고 미인으로 재단되는 대상은 여성으로 한정되었다. 미인에 관한 평가가 곧 '심미안'의 척도로 평가받는 분위기 속에서 그 기준은 매우 상세하게 기술되었으며, 나아가 미인은 미의 표준이자 문명과 문화의 열망이 투사된 존재로 묘사되기에 이른다.

> 남성이 느끼어야 여성의 미가 비로소 시작하는 것입니다. 절세의 가인도 제가 저 혼자서 그냥 절대적으로 아름다운 것이 아니라 남성이 그렇다고 인정해야 미인인 것입니다. (중략) 여성이 남성에게 던지는 매력은 (중략) 풍부한 육체와 미모에서, 화장을 곱게 한 여성에게서 향기가 풍길 때.[104]

여성이 소비의 주체로 새롭게 자리 잡으며 소비 사회의 미를 체현하고 주도했으나, 그 미의식은 여성 스스로 획득할 수 없었다. 미인이 남성에 의해 평가되고 재단되었던 양상 역시 같은 맥락에서 읽을 수 있다. 남성 중심의 가부장제 사회에서 미, 즉 미인을 판단하는 권력은 여성 내부가 아니라 미인을 바라보는 외부의 시선에 있었다. 남성이 판단함으로써 "여성의 미가 비로소 시작"된다고 했듯이, 남성의 인정은 곧 사회의 인정이었으며 여성미를 평가하는 일은 남성이 곧 사회라는 인식에 기대어 있을 수밖에 없었다.

"매력은 항상 당신과 같이 있을 뿐 아니라 남자의 마음을 움직입니다"라는 광고 문구처럼 미모는 궁극적으로 남성이 판단함으로써 그 가치를 인정받았다.[105] "아름다운 이여 당신은 인생의 꽃이다. 당신 앞에 서는 모든 사람은 랑연(朗然)히 미소한다. 아름다운 여성이여 당신은 가정의 빛 사회의 빛"이라고 말하는 광고는 여성의 미가 결국은 타인을 미소 짓게 만드는 시각적 쾌락을 위한 것임을 보여 준다.[106] 이처럼 여성은 상품의 구매자인 동시에 상품화되며 대상화되는 미의식을 학습했다.

2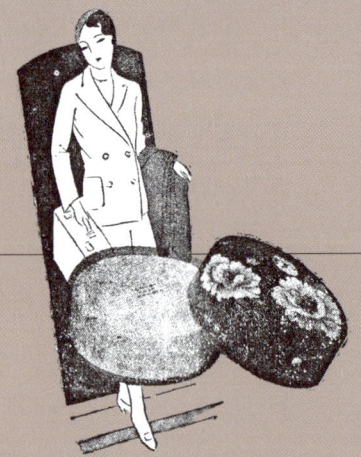

미인 조건

부국강병의 미인

이상적 근대 미인 신여성

소비문화의 미인 모던걸

부국강병의
미인

근대에는 건강한 신체를 지닌 국민을 육성한다는 국가적 기획 아래 '위생' 문제가 새롭게 대두되며 몸에 관한 훈육은 '체육'으로 제도화되기에 이른다. 근대 미인의 몸은 '위생'과 '교육'의 담론을 통해 발견됨과 동시에 민족 자강이라는 국가적 차원으로 수렴되며 이전과는 전혀 다른 관점에서 논의되기 시작했다. 근대적 담론을 생산하고 대중에게 전파한 것은 당시 창간되기 시작한 신문과 잡지 등 대중 매체로, 이를 통해 근대의 새로운 '몸'이 구성되었다.

위생과 청결의 표상

"각국의 가장 요긴한 정책을 구한다면, 첫째는 위생이요, 둘째는 농상이요, 셋째는 도로다" 또한 "한 사람의 양생은 그 사람의 행실과 지식에 있지만, 한 나라의 양생은 그 규모와 권세가 그 나라 정부에 있기 때문에", 위생 개념은 부국강병을 위한 방안으로 인식되며 국가적 차원에서 관리·통제되었다.¹ 계몽 담론은 문명의 상징인 서구의 기준에 맞춰지며 그들이 평가한 조선의 모습을 개량하는 데서 출발했다.² 서양의 눈에 비친 조선은 "청결하다는 말은 참뜻을 모르더라"라는 곳으로, 불결하고 다시 가고 싶지 않은 "흉악한" 나라, 즉 '야만'의 상태였다.³ 이를 벗어나기 위해서는 위생과 청결이 우선적으로 이루어져야 했다.

이처럼 국가를 '야만'과 '문명'으로 구분한 기준은 1880년대 일본으로부터 유입된 사회 진화론에 따른 것이다. 이는 역사를 인간 사회의 모든 영역에서 더 높은 문명화 단계에 이르는 진보의 개념으로 이해했으며,⁴ 유길준은 『서유견문』에서 그 발전 단계를 미개·반개·개화로 구분하기도 했다. "각 민족이 경쟁하는 세계를 당하여 진보하여 강한 자가 퇴보하여 약한 자를 멸함을 어찌 가히 탓하리오"라는 사회 진화론의 우승열패와 적자생존 논리에 따라, 조선이 약자인 현실을 자각하고 근대화의 시급성을 일깨워 계몽하고자 했다.⁵ "백인종은 오늘날 세계 인종 중에서 제일 영민하고 부지런하고 담대한" 인종으로, 그들이 "온 천하 각국에 모두 퍼져 차차 하등 인종들을 이기고 토지와 초목을 차지하는" 실정에, "황인종이나 흑인종"은 짐승과 같이 "남에게 끌려와서 종노릇을 한다"라는 논설은 사회 진화론이 인종론과 결합하여 문명으로 설정된 서구와 백인종을 향한 동경으로 이어졌음을 보여 준다.[6]

위생 문제는 김옥균이 말했듯이 문명의 첫째 과제로, 인종을 개량함으로써 문명국가로 진보한다는 문명개화론으로 흡수되며 국가적 차원에서 계몽되고 보급되었다. 따라서 위생은 곧 문명과 동일한 개념이었으며 근대인이 되기 위해서는 일차적으로 위생이 담보된 신체를 갖추어야 했다. "만일 우리를 교육을 잘하여 의복, 음식, 거처를 학문이 있게 하거드면 동양 중에 제일가는 인종이 될 터이니 만일 우리가 제일가는 인종이 되거드면 나라도 따라서 제일가는 나라가 될 터이니" 위생에 힘써야 한다고 했다.[7] 이처럼 위생은 단순히 개인의 청결을 유지하고 건강을 지키는 일이 아니라 서양인들에게 "조선도 야만이 아닌 것을" 보여 주려는 방책이자, 그들과 같은 문명인, 우등 인종으로서 인정받으며 민족 자강을 대내외에 알리려는 국가 정책이었다.[8]

> 위생이라는 것은 행정의 하나로, 예를 들면 유행병을 예방하고 오물 단속 등을 담당하는 일이다. 그것에 비해 병원이라는 것은 개인의 병을 치료하는 것이다. (중략) 소위 위생이란 한 개인의 위생이 아니고 국민의 건강을 보호한다는 것은 국가의 건강에 대한 방해를

예방하는 것으로 해석해야 하므로 지방 행정과 밀접한 관계가 있는 것이다.[9]

1906년 조선 통감부가 설치된 이후에도 위생은 식민지 근대화 정책으로 추진되었으며, 위생법을 제정하여 조선인의 신체를 규율하고자 했다. 전근대 사회에서는 마음 수련과 절제로 몸을 단련하며, 치심(治心)을 강조하고 호연지기를 기르는 것이 몸의 양생법이었다면, 일본에서 전해진 근대적 개념의 위생은 '생명을 지킨다'는 뜻으로, 보건과 의료, 방역 등 일체를 포괄했다.[10] 위생은 "병이 발생하기 전에 예방하는 것"이라고 했듯이, 위생의 가장 중요한 본질은 '예방'이었다.[11] 위생을 위해 "의복, 음식, 거처, 기후를 고르게 하며, 자고, 깨고, 일하고, 쉬기를 적당하게 하며, 마음을 편안히 하고 욕심을 적게 가지면 장수할 뿐 아니라 평생을 지내도 병의 괴로움을 모를 것"이라고 했으며, 위생의 조건으로 '공기'와 '운동', '목욕', '의복', '주거 환경', '주변 청결' 등이 거론되었다.[12] "개인이 이처럼 위생의 방법을 따라 각자의 신체를 건강히 하는 것은 자기 몸 하나만의 행복이 아니라 사회 공중에 대한 의무를 다하는 것"으로 강조되었.

개인의 청결은 위생 담론의 근본이자 개인의 의무였으며, 목욕탕 설치가 내정 개혁 조항으로 명시되는 등 국가적 차원에서 격려되었다. "목욕하는 일은 다만 부지런만 하면 아무라도 이틀에 한 번씩은 몸 씻을 도리가 있을 터이니 이것을 알고 안 하는 사람은 더러운 것과 병나는 일을 자취하는 사람"으로 비난받기도 했다.[13] 이처럼 위생은 곧 청결을 지키는 것으로, 청결한 신체는 문명개화의 첫 번째 덕목이었다.

부국강병과 민족 자강의 가치로 발견된 신체는 이후 통감부의 지배 아래 그 주체가 민족 국가 조선이 아닌 식민지 조선으로 변질되지만, 국가를 위해 개인 위생을 강조하는 기조는 전과 동일했다. 문명화의 척도였던 위생 개념을 통해 근대는 신체의 중요성을 인식하기 시작했으며, 위생과 청결을 체현함으로써 문명인이 되고 문명국가를 구축할 수 있다는 믿음은 사회 진화론의 논리 속에서 서구와 백인종을 선망하는 인종주의적 미의식을 형성·심화해 나갔다.

교육받는 신체

근대 국가로 재편되는 과정에서 신체는 부국강병과 민족 자강의 요건으로 인식되며 국가적 차원에서 관리·개량되기 시작했다.

이제 짐이 교육의 강령을 보이노니 헛이름을 물리치고 실용을 취할지어다. 곧 덕을 기를지니, 오륜의 행실을 닦아 속강(俗綱)을 문란하게 하지 말고, 풍교를 세워 인세(人世)의 질서를 유지하며, 사회의 향복을 증진시킬지어다. 다음은 몸을 기를지니, 근로와 역행(力行)을 주로 하며, 게으름과 평안함을 탐하지 말고, 괴롭고 어려운 일을 피하지 말며, 너희의 근육을 굳게 하고 뼈를 튼튼히 하여 강장하고 병 없는 낙을 누려 받을지어다. 다음은 지(知)를 기를지니 사물의 이치를 끝까지 추궁함으로써 지를 닦고 성(性)을 이룩하고, 아름답고 미운 것과 옳고 그른 것과 길고 짧은 데서 나와 남의 구역을 세우지 말고, 정밀히 연구하고 널리 통하기를 힘쓸지어다. 그리고 한 몸의 사(私)를 꾀하지 말고, 공중의 이익을 도모할지어다.[14]

1895년 지육(智育)과 덕육(德育), 체육(體育)이라는 목표를 천명한 교육입국 칙어가 공포된 이래 지·덕·체론은 체계적 교육상으로 정립되기 시작했다. 교육을 위해서 "체육 덕육 지육 세 가지를 불가불 먼저 힘쓸지니"라고 했듯이,[15] 지·덕·체는 문명개화를 위한 교육론으로 부상했다. 체육은 신체적 미육 활동으로 그 이상은 문명화된 서구의 몸에 맞춰져 있었다.

지·덕·체가 상호 배제적 범주를 이루며 동시에 그 총체로서 인간 활동의 전 범위를 포괄한다는 인식은 전근대 동아시아의 사유 체계에서는 낯설었다. 특히 체육은 전적으로 새로운 분야였다. 전통적으로 신체 단련은 정신 수양으로 충분하다고 여긴 심신 일원론적 사고는, '정신 작용'을 "신경의 감각을 대뇌에 전하야 영묘한 사상을 뽑아냄"이라고 한 위생 담론과 "인간의 정신 현상을 연구하는 과학"인 생리적 심리학이 교과 과정에 편입되며 변화하기 시작했다.[16]

서양에서 해부 생리학적 지식이 인간의 신체와 정신을 구분하며 신체에 강조점을 두었듯이, 뇌주설(腦主說)은 심신 일원론에 균열을 만들고, 정신이 신체에 우선한다는 전통적 인식을 전환하며 신체의 중요성을 강조했다.[17] '심'과 '신'이 과학 분야에서 독립적으로 서술되기 시작하면서, 정신을 통해 몸을 단련하고자 했던 과거의 전통적 양생법은 육체를 단련하여 건전한 정신을 함양하는 것으로 변환되었다. "신체가 있은 연후에야 정신이 생하나니 나무에 비유컨대, 신체는 뿌리요, 정신은 가지와 잎이라. (중략) 인재를 양성하는 자는 먼저 신체로 기점을 만들지니, 즉 체육이 이것이다"라고 한「체육론」은 몸에 관한 인식이 근대 이전과는 완전히 달라졌음을 보여 준다.[18]

지·덕·체론 중에서도 '체'를 강조한 일본의 영향은 조선에서도 답습되었다. "건전한 신체에 건전한 심의(心意)가 존재한다"라는 로크의 교육론이 소개되며, 교육의 체계적 인식이 필요하다는 의견이 나왔고 우선적으로 부각된 것도 지·덕·체 중 '체',

즉 체육이었다.[19] 「서호문답」에서는 "몸이 건장치 못하면 지혜와 덕이 온전키가 어려운 고로 먼저 체육을 힘쓸 거시오"라며 체육을 강조했으며,[20] 「체육론」에서 신체가 정신보다 우선한다고 했듯이 '체·지·덕'으로 표기하기도 했다. 또한 "구라파 바람과 일부 비가 머리를 치는 이 시대", 제국주의 열강의 침탈이라는 위기의식 속에서 "차라리 덕과 지혜를 버리고 체육을 취"해서 "건강한 민족"을 육성할 것이 역설되기도 했다.[21]

이처럼 체육은 상무(尙武) 정신으로서, 생존 경쟁 시대에 국가의 건재를 보장하는 중요한 교육이자 문명국가, 민족 국가의 국민이 갖춰야 할 항목으로 인식되며 국가적으로 제조되었다. 개인이 신체적 힘을 기르는 것은 국가 부강을 위한 일이라는 민족자강 이념 속에서 체육은 19세기 말부터 학교에 보급되기 시작했다.

국가적 차원에서 훈육된 체육은 문명화된 국민이 되기 위한 인위적 위생으로, 위생 담론의 맥락에서도 운동은 "체조나 유희로부터 시작하여 정신을 즐겁게 하며, 신체를 민첩하게" 함으로써, "혈액 순환을 빠르게 하며 신체 발육과 영양을 돕고 또한 뼈와 근육을 강하게 만들고, 뇌를 확장시키고, 관절을 부드럽게 만들고, 또한 습관과 직업으로 인해 생긴 질병을 예방"하는 것으로 강조되었다.[22]

또한 『만세보』에서는 여성의 외출과 산보가 "여자교육에 표준"이 됨을 설파했는데, 이는 내외법에 따라 여성의 외출을 금기시했던 전통에서 탈피함과 함께, 여성이 근대 국민의 일원으로 편입되었음을 의미했다.[23]

> 여자는 인간 세상의 근원이요. 집안의 기둥이라. 만약 그 기질이 유약하고 학식이 짧고 적으면 이 두 가지의 직분을 맡기 어려우니, 내외하는 예법을 세우지 않고 또한 유년기에 잘 가르쳐서 잘못을 뉘우치게 하는 법도 갖추니, 내외법이 없는 연유는 사람이 만약 한곳에 오래 지내어 외부의 기운을 받아들임이 없으면 질병이 쉽게 생기고 질병이 있으면 그 생산하는 자녀의 혈기도 부실하여 요절하는 자가 많으며 설사 요절하는 지경을 면하여도 평생 병으로 몸을 마치는 자가 많으니 (후략)[24]

여성들이 바깥출입을 하고, 규칙적으로 운동하는 것은 여성 자신을 위해서뿐 아니라 자녀의 건강을 위해서도 필요하다고 했듯이, "바깥을 훔쳐보거나 바깥 뜨락을 나다니지 말아야 한다. 나갈 때는 반드시 얼굴을 가리고, 만일 무엇을 살펴봐야 할 경우에는 반드시 모습을 감추어야 한다. 여성은 마땅히 집 안에 있어야 하고 되도록 도로를 나다니는 횟수를 줄여야 한다. 얼굴을 가리지 않은 채 나갔다가 사람을 만나면 고개를 숙이고 얼굴을 옆으로 비스듬히 돌려야지 정면으로 누구를 봐서는 안 된다"라고 했던 유교적 내외법 속 여성의 몸은 건강한 근대적 신체로 재편되어 갔다.[25] 그러나 인간 세상의 근원이자, 집안의 기둥인 여성이 자신을 위해서뿐 아니라 자녀의 건강을 위해서도 바깥출입을 하고 운동할 필요가 있다고 했듯이, 당시 여성의 신체와 건강이 부각된 이유는 건강한 산모로서 우등 국민을 출산할 생식력이 국가적으로 중요했기 때문이다. 따라서 가부장제 사회의 전통에서 온전히 벗어났다고 보기는 힘들다.

이처럼 부국강병과 민족 자강의 시대적 의식 속에서 '미'와 '미인'은 식산흥업 혹은 건강한 국민 양성이라는 국가적 가치로 수렴되며 문명개화의 이상으로 서술되었다. 그리고 목표로 상정된 서구의 가치는 위생과 건강이라는 신체적 미육을 통해 조선에서 체현되었다. 위생의 개념에서 발견된 근대의 신체는 곧 '야만'에서 벗어나 서구와 같은 '문명인'이 되기 위해 위생과 청결을 실천하는 몸이자, 건강하게 관리·훈육되어 근대 국가의 국민이자 문명화를 이끌 동력으로 자리매김했다. 이처럼 서양이 문명·근대화와 동격으로 인식되며 인종주의적 미의식과 결탁한 미의 서구화가 양산되었다.

이상적
근대 미인
신여성

신체를 발견한 데 이어 등장한 '여학생'과 '신여성'은 문명화된 사회를 상징하는 근대인이자 근대의 이상을 체현한 미인이었다. '신남성'이라는 용어가 부재했듯이, 신여성은 근대 사회의 주체 세력인 남성에 의해 개조되어야 할 대상으로 '여성'에게 투영되어 한정된 개념이었다.[26] 이러한 신여성 이미지는 신문, 잡지와 같은 근대 매체를 통해 대중에게 공유되고 확산하며 이상적 근대 미인의 조건으로 자리 잡았다.

여학생과 신여성의 아이콘

1920년대에 신여성의 등장은 선구적 개인의 출현이 아닌 시대적 현상이자 새로운 사회 세력의 등장이었다. 이는 '구여성'에 대비되는 여성으로 근대적 교육을 받은 여성들을 가리켰다. 기생이 신문물로 구성된 몸으로써 외양의 근대화를 이루고자 했다면, 신여성은 근대화의 이념 속에서 그 이상을 몸에 체현하고자 했던 새로운 여성상이었다.[27]

> 오늘의 시대를 똑똑히 보고 우리의 살림을 반듯이 깨닫고 '나'라는 의식을 넓혀서 그것을 세계의 끝까지 확장하고 오늘날의 온 세계를 통들어서의 여자라는 처지에서 또는 다만 조선 안의 여자라는 처지에 서서 자기네의 할 바 일이 무엇인가를 즉 자기의 사명이 무엇인가를 밝히 알고서 실행하는 여성이 신여성이다.[28]

"신시대의 신여자"는 "모든 전통적, 보수적, 반동적인 일체의 구사상"에서 벗어난 존재로, 이는 "'신여자'의 임무요, 사명이요, 존재의 이유"라고 했다.[29] 또한 이들은 오늘의 세계를 똑똑히 아는 여성으로, 조선에서 여자로서 자신의 사명을 알고 실행하는 여성임을 밝혔다. 신여성의 등장은 근대적 교육 제도가 도입되어 규방에 머물던 조선 여성들이 교육으로 의식화되면서 사회의 일원이 되었음을 알리는 것이었다.

"고등보통학교와 동등한 또는 그 이상의 학교를 졸업한 자 여러 동무들아, 당신들의 공통된 이름은 무엇이냐? 신여자이다", "근래의 우리말에 '신여자'는 학교 공부를 한 여자들을 가리킵니다", "조선에서는 여학생이 신여성이고 신여성이면 여학생이라고 보아도 크게 잘못된 일은 아니다"와 같이, 신여성은 근대식 학교 교육을 받은 여성, 즉 여학생과 같은 의미였으며, 졸업생이 늘어나면서 사회에 진출한 직업여성까지 신여성의 범위에 포함했다.[30] '신여자' 또는 '신여성'이라는 말은 1910년대부터 쓰기 시작해 1920년대에는 대중적 용어로 자리 잡았다. 1920년에는 잡지 『신여자』가 창간되고 1922년 발간된 『부인』이 1923년 『신여성』으로 재창간되면서 여성의 해방과 자각을 촉구하는 담론을 생산·유포하는 역할을 담당하게 되었다.

신여성이 출현한 직접적 배경은 여학생이 탄생하게 된 여성 교육 운동에서 찾을 수 있으나, 1910년대 초반 일본에서 전개된 신여성 운동과 1919년 독립운동 등으로 촉발한 사회 전반에 관한 각성과 개조의 움직임, 자각적으로 일어났던 신문화 운동, 서구에서 전해진 남녀평등과 여성 해방론의 영향 등 '신(新)', 즉 '새로움'은 복합적으로 공유된 시대적 사조였다.[31] 신여성은 구여성과 모든 가치가 대비되었다. 신여성의 부상은 이 시기 근대를 열렬히 동경하고 추구했던 흐름과 함께하는 것으로, 근대의 표상과 관련된 모든 것이 신여성의 표지로 인식되었다.[32]

여성 교육의 가치

근대 국가 성립이라는 기획 속에서 여성 교육은 1890년대부터 논의되어 온 문제였다. 개화 상소문에는 "소, 중학교를 설치해 6세 이상 남녀로 하여금 모두 취학 수학케 할 것"이 명시되었으며, 선교사들이 미션계 학교를 설립해 근대적 교육을 보급하고 있었다. 초기의 여성 교육은 한 말의 부국강병과 문명 개화론을 기반으로 한 민족 교육으로 추진되었다.

서구의 천부 인권론과 남녀동등권을 바탕으로 한 여성 교육의 목표는 장지연의 『여자독본』(1908)에서 제시된 바와 같이, "국권 회복에 동참하는 국민의 권리와 의무를 갖는 자주적이고 독립적인 인격체로서의 여성상"이었다.[33] 『독립신문』은 논설에서 여성 계몽론을 추진하며 여성 교육의 필요성을 설파했고, "내외 남녀 상하 귀천 모든 조선인에게 각양 물정을 알게 하려고 언문으로 독립신문을 출간하므로 부인네들이 이 신문을 잘 보고 온갖 것을 배우면 한문을 잘하고 다른 것 모르는 귀족 남자보다 높은 사람이 되는 법"이라고 했으며, "정부에서 사나이 아이들을 위하여 학교 하나를 짓거드면 계집아이들을 위해서 또 하나를 짓는 것이 마땅한 일"이라고 논하기도 했다.[34]

근대에 여성 교육이 공식적으로 제도 안에 포함된 때는 1908년으로, 4월 대한제국 정부가 관립 한성고등여학교를 설립하고

고등여학교령을 공포함으로써 여성 교육을 위한 법적·제도적 기반이 마련되었다.[35]

> 대저 한 집에는 부처가 어진 후에야 그 집이 흥하고 한 나라에는 남녀가 다 문명하여야 그 나라가 문명하나니 (중략) 세계의 문명한 나라는 다 남녀 교육을 일반으로 힘써 여자가 남자와 동등 학문이 있으므로 그 나라가 날마다 더 진보하거늘 지금 우리나라에는 여자를 압제하여 교육치 아니하므로 여자의 지식이 몽매하여 부인의 직책과 가사 다스리는 법을 알지 못하여 가도가 문란하고 자식은 나아도 어린아이에게 위생을 주의하지 못하여 잘 기르지 못하는 이도 있고 자식을 길러 놔도 옳은 도리로 가르치지 못하여 패악한 자식이 되게 하나니 여자 사회가 이같이 어둡고 나라가 어찌 문명하리오. (중략) 그런즉 급히 여자를 교육하여 여자의 지식이 남자와 동등되어 평등 권리와 자유 쾌락이 있어 집에 있으면 가사를 잘 다스리고 사회에 나가면 나라 사랑하는 사상을 힘써 문명한 여자 사회가 된 후에야 나라가 문명할지니 지금 교육계에 제일 먼저 힘쓸 것은 여자 교육이다.[36]

여성 교육은 가정과 사회, 국가를 위해 필요하다는 주장이지만 그 목표는 기본적으로 부인의 직책과 가사를 다스리는 현모양처 자질을 기르는 데 맞춰져 있었다. 고등여학교령 제1조는 "여자에게 필수한 고등 보통교육 및 기예를 수(授)함을 목적으로 함"을 명기했으며, 교육 내용도 재봉, 수예, 가사 등에 중점을 두어 실생활에 필요한 기예를 가르쳤다.37 한일 병합 이후에는 일제에 의해 "국민된 성격의 함양과 국어(일본어)의 습득"을 지침으로 하는 동화 정책이 교육 기조로 세워짐에 따라 일본어가 필수 과목이 되었으며, 조선교육령 제15조는 여자고등보통학교에서는 "부덕(婦德)을 기르고 국민된 성격을 도야하며, 그 생활에 유용한 지식과 기능을 가르친다"라고 명시했다.38 이는 학업 성취가 부각되던 남성과 대조되는 것으로, 여성에게는 가업에 힘쓰는 현모양처의 여성상이 강조되었음을 보여 준다. 일제의 현모양처주의 여성 교육은 일본의 양처현모주의 교육론을 이식한 것으로 이는 메이지 유신 이후 가부장적 가(家) 제도를 기반으로, 통합된 근대 국가를 구축하기 위해 추진되었던 교육 방침이었다.39

부족한 학교 수와 일제의 소극적 교육 정책에도 여학생 수는 급속하게 늘어났으며, 일본 유학생 수도 증가했다. 보통학교에서 여학생이 차지하는 비율은 1910년대 초반에는 8퍼센트 남짓이었지만, 이후 점차 증가해 1915년에 10퍼센트, 1930년대에 20퍼센트대로 진입했으며, 1941년에는 40퍼센트를 넘어섰다. 전체 여성 인구수를 본다면, 1910년대 초반 보통학교 입학률은 1퍼센트에 불과했으나, 1920년대에는 3퍼센트, 1934년 이후 10퍼센트대로 증가했으며, 1930년대 후반에는 20퍼센트대에 이르렀다.[40] 하지만 그럼에도 1930년대까지 여성 문맹률이 90퍼센트에 육박했다는 사실은 근대 여성 교육의 한계를 보여 준다.[41]

이처럼 1920년대 전체 여성 인구에서 한 자릿수밖에 차지하지 못했던 여학생 계층이 사회를 반영하는 신분을 표상하게 된 까닭은 그들이 함의하는 근대성에 있었다. 여학생은 비록 수는 적었지만 학교라는 근대 문물의 상징을 통해 집단적 정체성을 창출했으며, 모든 구사상과 관습을 탈피하고 조선 사회를 문명화할 개조의 주체로서 부상했던 당대의 미인들이었다.

개량 한복과 단발의 미의식

근대 교육을 받은 신여성은 이처럼 사상 면에서도 이전의 여성상과 달랐지만, 무엇보다 외적인 면에서도 뚜렷이 구분되며 구여성과 차별성을 드러내고자 했다. 근대적 신체는 곧 그 몸을 구성하는 모든 품목을 포괄하며, 여성의 의복과 치장, 화장 또한 이러한 의미 체계 속에서 함께 구상되었다. 유교 사회에서 의복은 "신분의 귀천을 구별해 주고, 상황의 길흉을 분별해 주며, 남자를 구별해 주고, 화이(華夷)를 나누어 정해 주는 것"으로 곧 신분을 의미했다면, 근대의 복식은 이러한 의제에서 벗어나 문명인으로서 위생과 건강의 담론 속에서 평가받으며 개량되기 시작했다.[42]

여성의 복식은 '미'와 '유행'의 문제 이전에 위생 차원에서 논의되었다. 개량을 위해 우선적으로 논의된 의복은 여성의 장옷이었다. 기생들이 이른 시기부터 양장을 착용했던 것과 대조적으로 1910년대에도 일반 부녀자들은 외출할 때 얼굴을 가리는 장옷을 많이 입었다. 1906년 『만세보』에서 장옷 대신 모자를 쓰자는 의제 개정론을 제안했지만 널리 보급되지 못했고, 1910년 이후 양산 보급이 증가하면서 부인계가 개명(開明)하여 장옷을 점차 폐지하고 우산(양산)을 들고 다니게 되었다고 했다.[43] 신문물인 양산이 대중적으로 보급되어 신문 삽화 속 여성 역시 장옷을 입는 대신 양산을 든 모습으로 대체되면서 이러한 이미지는 보편화되었다.

남성의 의제는 국가적 차원으로 개편되었는데, 1884년 관복 개혁을 통해 관리의 복식을 서양복화하는 변화가 위에서부터 이루어지고 있었다. 여성 복식은 이보다는 점진적으로 개량되었지만, 공적 영역에서 남성의 의복이 빠르게 양복화되어 감에 따라 간접적으로 영향을 받게 되었다.

우리 조선에서는 여자가 가슴을 꼭꼭 동이는 것이 예절이라 하였습니다. 그래서 부모들이 어렸을 때부터 치마허리만 좀 드러나도 "계집아이의 매무새가 그게 무어냐"고 꾸지람을 합니다. 그리고 점점 장성할수록 "단정한 여자는 매무새가 얌전하다"고 하는 유일의 경구를 지키어서 의복 제도가 자연으로 그렇게 되기도 하였소. 속옷, 바지, 단속옷, 치마의 허리로 겨울에는 허리띠라는 것까지 있어 동인 우에 또 동이고 동이고 합니다. 이 의복의 허리로 가슴을 동이는 것이야말로 진실로 사람의 생명을 빼앗은 무서운 여러 가지 병의 원인을 짓는다 합니다.[44]

한말에 유행했던 여성의 치마는 자유롭게 걷기 어려울 만큼 길고 저고리는 "허리와 젖을 감추기 극난"할 만큼 짧아 거동하기 불편했기 때문에, 이를 보완해 저고리 기장을 길게 하고 치마는 주름을 잡아 저고리 도련에 연접하며, 백의 대신 색의를 입는 개량법이 신문에 소개되기도 했다.[45] 이러한 의생활 개선 운동으로 시간 절약과 위생 관념, 경제성 등을 고려하며 한복과 서양복을 절충한 개량 한복이 고안되기 시작했다.

1924년 11월 『신여성』에서는 의복 개량 문제를 특집으로 다루며, 가슴띠로 유방을 결박하는 전통적 여성 의복은 "큰 폐단"이자 "위생에도 다대(多大)한 해독(害毒)"을 미치므로 위생과 건강 차원에서 개량이 시급함을 주장했다.[46] 가슴띠는 여성의 체격을 약하게 하는 주범이며 수유받는 아이에게도 악영향을 끼친다고 비판하며, 그 개량법으로 "치마에 어깨를 다는 것"이 제안되었다(그림 2-1).[47]

> 우리 학교 학생들은 벌써 오래 전부터 고쳐 입게 하였습니다. 보시면 아시겠지만 저고리를 전보다 조금 길게 하고 치마를 전보다 짧게 하되 가슴을 졸라매는 것은 크게 해로운 일인 고로 어깨에 걸어 입게 한 것입니다. 그것이 퍼져서 지금은 어느 곳 여학생이든지 그렇게 입는 것 같습니다.[48]

긴 저고리와 가슴띠 대신 치마에 어깨끈을 다는 형태로 고안된 개량 한복은 이화학당 여학생들이 착용하기 시작하며,[49] "아주 편하고 어여쁜 옷"이자 위생적이라고 소개되었다. 이처럼 건강과 위생을 지켜 주는 개량 한복은 아름답고 문명적인 의복으로 인식되며 보급되기 시작했다(그림 2-2).

긴 치마 역시 여성의 활동성을 제약하며 바닥의 오물이 묻기 쉬워 건강을 해칠 수 있으므로 개량의 필요성이 지적되었다. 『동아일보』에서는 과거 프랑스 여성들의 긴 치마 때문에 결핵에 걸리는 경우가 잦았으나, 그 길이가 짧아진 후부터는 환자가 크게

그림 2-1. 이화학당의 체육시간, 1911, 이화여자대학교
그림 2-2. 조지아 양복점 광고, 『매일신보』 1924년 3월 11일

줄었다는 통계를 실으며, "오래 살려면 짧은 치마"를 입을 것을 권유하기도 했다.⁵⁰ 짧아진 치마 밑에 드러나는 구두 또한 "여학생의 신으시는 양화" 혹은 "신(新) 여화(女靴)는 신여성을 맞으러 나왔습니다"라는 양화점 광고 문구를 보면 알 수 있듯이 신식 구두가 보급되었다.⁵¹

여성 의복 개량은 대중 매체의 삽화와 사진 이미지를 통해 소개되며 보편화되었다. 신문 삽화는 1920년대 중반부터 길어진 저고리와 짧아진 치마 등 변화된 의복 형태를 묘사하며 이전의 복식과 비교했고, 흰 저고리와 어두운 색 치마, 즉 백상흑하(白上黑下)인 여학생 교복 사진을 소개했다.

의복 개량과 함께 신여성의 머리 모양도 변화했다. 이광수의 「무정」(1917)에서 정신여학교를 우등으로 졸업한 선형의 머리는 '히사시가미'로 묘사되었다. 히사시가미란 "앞머리를 둥그렇게 해 올리고 그 속에다가 수세미만 한 속을 넣어서 크고 둥글넓적한 갓 모양으로 하고 끝머리를 머리 한복판에 호떡같이 혹은 쇠똥사례처럼 서려" 놓은 머리 모양이었다.⁵² 같은 소설에 등장하는 영채라는 기생도 히사시가미를 하고 있어 여학생부터 기생에 이르기까지 당시 많은 여성에게 유행한 신식 머리 모양이었던 듯하다. 나도향의 「환희」에서도 여학생 혜숙은 "둥그스름하게 아무렇게나 틀어 얹었던 서양 머리를 지금은 한옆으로 가르마를 타고 기름을 발라 한편 눈썹 위로 비스듬하게 어려 엎이게 하였다"라고 묘사되어, 주로 신교육을 받은 여학생들이 이러한 히사시가미나 트레머리 같은 서양식 머리를 했음을 알 수 있다.⁵³

여성의 단발 문제는 1920년대 중반부터는 다양하게 논의되었는데,「팔백만의 단발 미인」에서는 아직 조선은 단발을 한 여성이 많지 않으나 외국에서는 "한 시대의 한 유행"으로 퍼지고 있으며, "'동경'만 가도 '문화학원' 같은 곳에는 여학생의 삼분의 이는 다 단발"을 했다고 소개하기도 했다.[54]

1895년 남성들에게 강압적으로 내려진 단발령이 거센 저항을 받았던 것과 달리, 1920년대에는 개인의 몸을 유교적 틀에서 '유체(遺體)'라고 여겼던 인식이 희미해지며, 단발을 중세 질서의 붕괴가 아닌 유행으로 받아들였다. "단발이 결코 어려운 일이 아니요 생명을 자르느니만큼 쓰린 일이 되지는 못한다"라는 인식은 서양과 일본 단발 여성들이 등장하는 사진, 영화 등을 통해 이미 신문화 차원에서 공유되고 있었고, 다만 이러한 모습이 조선 여성들에게 '미'인지 아닌지가 유일한 문제였음을 보여 준다.[55]

1925년『신여성』은 "여자가 머리를 깎는다면 우리 생활에 비추어 새로운 문제"라며「단발 문제의 시비」라는 제목으로 여성의 단발 문제를 다뤘으며 표지에도 단발을 한 신여성 도상을 실었다(그림 2-3). 단발에 관한 여학교 교사와 사회 인사들의 평가는 "단발은 머리 해방을 얻는 것"으로 "우리의 실생활에 비추어 편선(便宣)"하고 "거뜬하고 활발하고 좋다"라며 대부분 긍정적이었다. 단발은 위생과 미관, 경제적 측면에서 남성과 여성에게 모두 환영받았다.

이처럼 단발은 '모던'을 '모단(毛斷)'으로 표현할 정도로 근대화의 상징적 행위였으며 근대적 정체성을 표현하는 중요한 수단으로 여겨졌다. 단발은 단순히 머리를 자르는 행위만이 아니라 구시대 의식을 버리고 새로운 문명을 맞이한다는 진보적 상징이자 사회적 정체성에 관한 문제로 확산하기도 했다.[56]

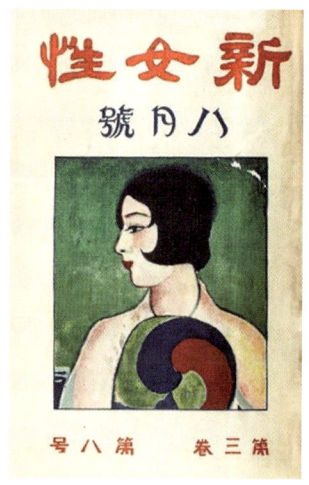

그림 2-3. 안석주 표지화,
『신여성』3(8), 1925

> 이 시대에 있어서는 단발은 신여성들의 새로운 유행이요 단발한 그것만으로도 이름을 능히 날리게 되어 버린 것이다. 지방이 창조된 단발 미인은 그만두고라도 경성을 중심으로 기생, 여류 문사, 여배

우, 의사, 사회주의자 등 각 방면에서 머리를 썩썩 자르고 나서 논 고은이 들의 수가 무려 이십여 인에 달하니 이것이 어떠한 의미로는 조선 여성의 한 진보라고 하겠으며 어찌 말하면 해괴망측한 경향이라고도 할 것이다.[57]

"조선 여성의 한 진보" 혹은 "해괴망측한 경향"이라는 상반된 평가는 '단발 미인'을 바라보는 사회의 이중적 시각을 보여 준다. 그러나 이제까지 장발이 "부자연한 미"이자 인습이었으므로, "여성 해방에 유일한 조건"인 단발을 통해 "세계 대세에 순응"할 것을 권장하는 신여성들의 목소리는 높아졌다.[58] 여성의 단발은 위생, 경제성과 더불어 남성 지배라는 보수적 유산으로부터 벗어나 참된 자기의 개성과 미를 살리기 위한 것으로 긍정되고 확산되었다.

미인은 기생에서 신여성으로

신여성이 출현하기 전까지 신문물을 소개하고 여성의 복식과 신식 머리 모양을 선도했던 계층은 기생이었다. 양장 역시 이들에게 먼저 도입되었다. 1909년 '옥호서림(玉虎書林)' 광고에서 양장 차림을 한 여성 이미지가 처음 등장하는데, 이 '깁슨 걸(Gibson girl)'의 '하이칼라' 이미지는 서구의 '뉴 우먼(new woman)'을 표상했다.59 조선에서는 '신여성'에 관한 개념보다는 기생들의 외형과 이미지로 먼저 수용되면서 양장을 한 기생 이미지는 1910년대 신문 삽화와 사진에서 '양장 미인'으로 소개되었다.60

인기리에 연재된 번안 소설 「장한몽」(1913)과 「단장록」(1914) 삽화에는 일반 부녀자와 기생 출신 여성이 대비되어 등장했다. 「장한몽」의 심순애와 「단장록」의 황씨 부인이 쪽머리에 한복 차림이었다면, 서양인 고리대금업자의 첩인 최만경과 기생 농선은 "옷은 양복을 입고 요사이 문자로 참 하이칼라" 또는 "눈이 부시도록, 서양 복식으로, 웅장 성식한 미인", 즉 '양장 미인'으로 묘사되며, 하이네크 원피스에 모자, 일본풍 서양식 머리인 히사시가미를 갖춘 최신 유행 차림으로 그려졌다. 양장 미인 기생은 사진으로도 만날 수 있었다. 기생 사진첩 『조선미인보감』(1928)에 나온 한성권번의 유금성춘(劉錦城春)과 대정권번의 강춘홍(康春紅), 김향심(金香心), 장정숙(張正淑), 한남권번의 강향란(姜香蘭) 등은 삽화와 광고에 묘사된 양장 미인의 모습으로, 이국적이면서도 선망되었던 최신 유행의 여성상을 보여 준다.

여성의 단발 역시 강향란이 1922년 "남자와 같이 살아 보겠다는 어떤 주의와 이상을 가지고" 머리를 자르고 남장 차림을 해 사회적 이슈가 되었던 것을 시작으로, 강명화도 "단발 미인의 시조(鼻祖)"로 평가받았다.61 여성에게 단발은 전위적 행동이었고

'양장 미인'과 마찬가지로 동경과 비판을 동시에 함의한 '단발 미인'으로 호명되며 대중에게 관심과 호기심의 대상이 되었다. 복면자의 「경성 명물녀 단발낭 미행기: 아무리 숨기려고 해도 나타나는 이면」과 같이 '단발양', '단발 미인'은 머리 모양만으로도 대중의 이목을 끌며 호기심의 대상이 되었다.[62] 양장과 단발 모두 기생 계층에서 가장 먼저 수용하고 향유할 수 있었던 까닭은 그들이 일반 여성에 비해 전통적 윤리관에서 자유로웠기 때문이며, 선진적이고 새로운 외양을 도입한다는 점에서 '미인'으로 칭해졌던 듯하다.

> 지금 우리 조선 여자 교육계에는 남의 민족에게서는 별로 볼 수 없는, 우스운 저주거리가 있는 것을 아는가? 그것은 별다른 것이 아니요, 탕녀와 여학생을 구별하는 경계선이 무너지게 된 것이다. 다시 말하자면, 기생의 거동이 여학생의 거동을 밟으며, 매소부의 정장이 여학생의 행색을 좇는 폐단으로 인하여 은연중에 받는 저주이다.[63]

개량 한복이 여학생 제복으로 채택되며 큰 관심을 받자 기생 의복에도 변화가 생겨났다. 기생들이 여학생을 모방하는 현상이 일어난 것이다. 기사는 이처럼 기생이 여학생의 행색을 좇는 폐단으로 인해 탕녀와 여학생을 구별하기 어려워졌음을 '저주'라고 언급했다. 『동아일보』의 「동아만화」 역시 여학생 차림을 한 기생이 여학생들의 뒤를 따라가며 "나도 여학생 같지?"라고 묻는 모습을 그렸다(그림 2-4). 만화 속 대답은 "같기는 같다"라고 했지만, 겉모

그림 2-4. 「갓기는 갓다」, 『동아일보』 1923년 12월 17일

습은 같을지라도 그 손가방에 쓰인 글자처럼 세상은 그를 여학생이 아닌 '탕녀'로 규정하고 있음을 보여 준다.

이처럼 여학생에 관한 사회적 요청과 관심이 높아질수록 신식 여성과 대비되는 구여성은 개량과 계몽이 필요한 대상으로 구분되었고, 기생 또한 과거 봉건제의 잔재로 치부되었다. 신여성과 여학생이 문명을 체현한 미인으로 이상화된 반면 기생의 지위는 점차 탕녀와 매소부로 하락하게 되면서, 기생은 이제 여학생의 거동을 밟고 여학생의 행색을 좇으며 유행의 주체로서 쥐고 있던 주도권을 여학생에게 넘겨주게 되었다.

"근래 조선서는 여자 사회의 유행 중심이 화류계"에 있었으나

"이제 유행의 중심은 여학생에게 옮겼다"라고 했듯이,[64] 여학생의 "긴저고리 짧은 치마 삼칠로 가른 머리에 털실 목도리 이러한 것은 유행의 표적"이 되었으며, "현대인의 취미에 맞는 모양"으로 평가되었다. 여학생이 기생을 대신해 유행의 주체가 되었다는 것은 이제까지 기생이 담당했던 시각적 기능, 즉 공적 영역에서 남성 욕망의 대상이었던 기생의 역할을 여학생과 신여성들이 대신하게 되었음을 의미했다. 여학생을 상징하는 개량 한복은 당시 남성들에게 이상적 여성을 상징하며 선망의 대상이자 욕망을 일으키는 매개체였다. 여학생이 아니면서 여학생 복장을 한 여성을 '밀가루'라고 비난하기도 했는데, 이는 여학생과 겉 포장만 유사한 상품을 조심하라는 뜻이었다.[65]

자유연애 시대의 미인

가정의 개량을 위한 '자유연애'와 결혼의 개념은 지식인 남성들에게 근대적이고 문명화된 가정의 주인이 될 신여성을 이상적 연애의 대상으로 선망하게 했다. 여성 교육은 신교육을 받은 남성들에 의해 구사상과 관습을 타파하고 이상적 가정을 수립하기 위해 추진되었다. 여성 교육은 자유연애를 실현할 이상적 배우자가 갖추어야 할 조건이 되었다.

"사회를 개조하려면 먼저 사회의 원소인 가정을 개조하여야 하고, 가정의 주인 될 여자를 해방"해야 하며, "전부를 개조하려면 여자 먼저 해방"되어야 한다고 했다. 이러한 논리는 여성 해방이 사회 개조를 위한 수단이라는 근대 국가 담론 아래로 수렴됨을 의미했다.[66] 여성 교육이 혼인 제도를 통해 근대적 가정을 경영하기 위한 것임은 교육 초기부터 강조되었고, 여성 해방은 전통적 혼인 제도에서 탈피함으로써 시작되었다.

『신여자』는 「신구 충돌의 대비극: 혼인애화 '희생된 처녀'」와 같이 조혼의 폐해로 고통받는 처녀의 이야기를 소개하며 여성 교육의 필요성을 강조했고, 김명순의 「처녀의 가는 길」과 김일엽의 「어느 소녀의 죽음」에서는 부모의 강제혼으로부터 벗어나기 위해 가출이나 죽음을 선택한 소녀를 내세워 인습의 폐해를 고발하기도 했다.[67] 이처럼 여성 해방을 위해서는 우선 내외법과 억혼 및 조혼, 축첩제, 과부 개가 금지법 등 봉건적 제도에서 해방되어야 했다.

전통적 혼인 제도의 가장 큰 폐단으로 지적된 조혼은 1900년대부터 국가 금령으로 폐지되며 위생 차원에서 비판받았다.[68] 조혼은 신체가 부실한 자식을 낳는다는 점, 또한 일찍 성에 눈을 뜸으로써 신체가 나약해져 국가적으로 필요한 일을 할 수 없게 된다는 점에서 해롭다고 여겼다. 조혼 제도가 지속되면 "이천만 동포가 멸종되고 삼천리 강토가 타국의 영토가 될 것"이라는 다소 과격한 논의가 나올 정도로 조혼은 근대 계몽의 집중적 표적이 되며, 문명국으로 가는 길을 가로막는 장애물로 비난받았다.[69]

> 남의 나라에서는 사나이와 여편네가 나이 지각이 날 만한 후에 (중략) 만나 만일 사나이가 여편네를 보아 사랑할 생각이 있을 것 같으면 그 부인 집으로 가서 자주 찾아보고 서로 친구같이 이삼 년 동안 지내 보아 만일 서로 참사랑 하는 마음이 생길 것 같으면 그때는 사나이가 부인더러 자기 아내 되기를 청하고 만일 그 부인이 그 사나이가 마음에 맞지 않을 것 같으면 아내 될 수가 없노라고 대답하는 법이요 만일 마음에 합의할 것 같으면 허락한 후에 몇 달이고 몇 해 동안을 또 서로 지내 보아 영령 서로 단단히 사랑하는 마음이 있으면 그때는 혼인 택일하여 교당에 가서 하느님께 서로 맹세하되 서로 사랑하고 서로 공경하고 서로 돕겠노라고 하며 관가에 가서 관허를 맞아 혼인하는 일자와 남녀의 성명과 부모들의 성명과 거주와 나이 다 정부 문적에 기록하여 두고 만일 사나이든지 여편네가 이 약속한 대로 행신을 아니하면 그때는 관가에 고지하고 부부의 의를 끊는 법이라.[70]

서양인의 결혼 풍속을 남녀의 나이가 지각이 날 만한 후에 서로 사랑하는 마음으로 이루어진다고 소개하며 조선의 풍속도 이처럼 서구화해야 한다고 주장했다. 이는 신분제가 붕괴하면서 전통 사회에서 신분에 따라 필연적으로 이루어졌던 중매결혼이 근대에 그 명맥을 잃게 되면서 일어난 변화이기도 했다. 근대의 결혼 제도는 이처럼 서구의 문물과 제도를 이상으로 삼았던 근대화의 목표와 진화론적 기제 속에서 변화하고 있었다. 결혼 제도 개량의 필요성이 초기에는 국가의 인구 감소와 우생학적 문제의 관점에서 강조되었다면, 1920년대 이후에는 사회 개조라는 사명감에서 벗어나 새로운 근대적 풍조로 유통되며 '연애'를 권장하는 다분히 낭만적 성격을 띤다.

문명적 애정, 연애의 탄생

'연애'는 1870년대 일본에서 영어 'love'를 번역하며 생겨난 신조어였다(그림 2-5).[71] 문명개화론에서 인간 문명의 단계를 야만, 반개, 개화로 구분했듯이, 이와모토 요시하루(巖本善治)는 이 과정에 대응하여 "남자와 여자의 교정(交情)의 양상의 진보"를 색(色), 치(癡), 애(愛)로 설정했다. 즉 '연애'는 '개화'라는 새 시대에 걸맞은 새로운 애정의 형태를 지칭하는 새로운 용어로서 만들어진 셈이다.[72] 연애야말로 "진정의 영혼에서 발하는 것"으로 남녀 간

애정의 차원을 넘어 새로운 시대를 대변하는 새로운 정신이자 감각이었다.

일본에서 조어된 '연애'가 조선에 언제 출현했는지 정확히 밝히기는 어렵지만, 서구적 사랑의 형식을 전달하는 개념으로 조선 사회에 유입되었고, 유교 질서에 따른 결혼과 사랑 방식에서 전폭적 변화를 요구하는 새로운 표상으로 등장했다.73

그림 2-5. 안석주 삽화 「환희」, 『동아일보』 1923년 1월 2일

연애는 1912년 『매일신보』에 연재된 조중환(趙重桓, 1863~1944)의 소설 「쌍옥루(雙玉淚)」를 통해 대중에게 소개되었다.74 기쿠치 유호(菊池幽芳, 1870~1947)가 쓴 「나의 죄(己ヵ罪)」를 번안한 이 소설에서 조중환은 "청년 남녀의 연애"는 "극히 신성한 일"이라고 적었으며, 다음 해 연재한 번안 소설 「장한몽」에서도 "연애라 하는 것은 신성한 물건"임을 다시금 서술했다.75

연애라 하는 것은 신성한 물건이라, 이때에 순애의 가슴 가운데 있

는 전과 같이 비루한 희망은 자취도 없어졌으니, 그 어여쁜 눈에는 다른 물건은 보이는 것이 없고, 다만 이수일의 잠든 얼굴을 향하여, 부와 귀와 내지 이욕의 마음은 그 무릎에 깨닫는 따뜻한 기운에 녹아 없어지고 황홀히 꿈결같이 취한 듯 깨는 듯 앉아 있다. 그 여자의 제반 망상은 봄 해에 눈 녹듯 없어지고, 한 치만한 방 안에, 다만 두 사람이 이 세상의 호올로 광명을 얻음 같다.[76]

이 장면은 순애의 무릎을 베고 누운 이수일과 그의 이마를 어루만지는 심순애의 모습을 그린 쓰루다 고로(鶴田五郎, 1890~1969)의 삽화와 함께 게재되며 연애라는 새로운 개념과 이미지를 대중에게 전했다. 삽화는 김중배를 만난 후 순애가 부귀와 이욕을 탐내는 마음으로 가졌던 비루한 희망과 망상이 다시 찾아온 수일을 보자 봄볕에 눈 녹듯 없어지고, 연애라고 하는 신성한 물건으로 두 사람이 광명을 얻어 황홀히 꿈결처럼 함께하는 장면을 그렸다. 이처럼 연인의 이마를 다정하게 쓸어 주는 모습은 「장한몽」의 원작인 오자키 고요(尾崎紅葉, 1868~1903)의 「곤지키야샤(金色夜叉)」에서 삽화로 그려졌다. 당시 소설의 높은 인기 속에서 「장한몽」 삽화를 그린 일본인 삽화가가 원작 도안을 참고했으리라고 생각된다(그림 2-6, 그림 2-7).

전근대 남녀 간 애정이 "원시적 애(愛)"의 단계로 설정된 육

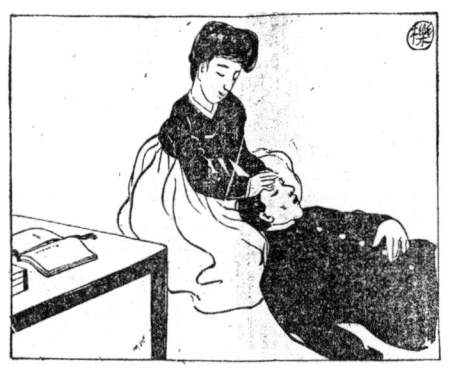
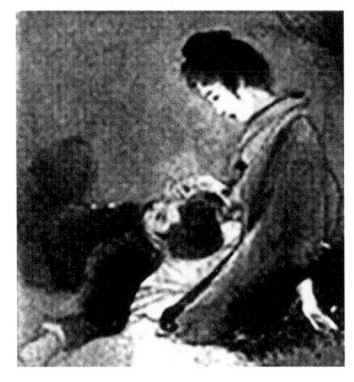

그림 2-6. 쓰루다 고로 삽화, 「장한몽」, 『매일신보』 1913년 5월 21일

그림 2-7. 가부라키 기요카타(鏑木清方) 삽화, 『곤지키야샤 에마키(金色夜叉繪卷)』, 春陽堂, 1912

체적 관계를 중심으로 그려졌다면, 개화의 시대에 적합한 근대의 연애는 "고상한 정신생활을 가진 자"의 "영적 요구"로 이루어지며 "열렬한 감정의 인력과 명석하고 냉정한 이지의 판단이 평행"해 있는 "문명적" 애정으로 진단되었다.[77] "남녀 상호의 개성의 이해와 존경"에 기반한 평등을 실현하기 위해서 "정신의 미"가 전제되었듯이 연애의 대상은 여학생 즉 신여성으로 한정되었으며, 이는 곧 결혼으로 이어지는 일부일처제의 근대적 가족 형태로 완성되었다. 이처럼 연애는 조혼과 남존여비 등으로 대표되는 전근대의 '미개'한 습속을 벗고 근대화와 문명화로 나아갈 수 있는 중요한 덕목으로 수용되었다.

조선에 전해진 '연애'가 초기에는 정신적이고 영적인 남녀 관계에 관한 이상과 평등한 인간관계 등 근대적 의식을 내재한 새로운 개념이었다면, 1920년대에는 조선 사회 전체가 "유행하는 독감 모양으로 연애 전염병"에 걸렸다는 논설처럼 연애 대유행의 시대를 맞이하게 되었다. 1924년 『동아일보』에 연재된 이광수(李光秀, 1892~1950)의 소설 「재생」은 당시 시대상을 3·1 운동 이후 "만세열이 식어 가는 바람에 하나씩 둘씩 모두 작심삼일이 되어 버려서 점점 제 몸의 안락만을" 찾게 되어 "연애와 돈", "이것이 그들의 정신을 지배하는 종교"가 되었다고 적었다.[78] "나는 조선을 사랑한다. 순영을 낳아서 길러 준 조선이니 사랑한다. 만일 순영이가 없다고 하면 내가 무슨 까닭에 조선을 사랑할까"라는 구절에서 볼 수 있듯이, 소설은 독립투사였던 신봉구가 김순영을 만나고 애국적 열정이 어떻게 연인을 향한 사랑으로 옮겨 갔는지 보여 준다.[79] 이처럼 1920년대에는 연애가 근대적 개인의 발현이라는 시대적 화두와 맞물리면서 보편적 체험으로 인식되었으며, 정신과 육체가 조화를 이루는 근대적 사랑이 본격적으로 추구되었다.[80]

자유연애의 이상적 여성

이광수의 「재생」은 순영을 만난 봉구가 "순영은 이날 밤에는 더욱 어여뻤다"라고 회상하는 장면으로 시작한다.[81] 삽화를 그린 안석주(安碩柱, 1901~1950)는 미소 띤 얼굴로 순영을 바라보는 적극적인 봉구의 시선과 이를 피하지 않는 순영의 모습을 그림으로써 첫 만남에서 이루어지는 시선 교환, 즉 시

그림 2-8. 안석주 삽화 「재생」, 『동아일보』
1924년 11월 11일

각적 감각인 "마주치는 눈길과 눈길" 속에서 연애가 시작되고 있음을 묘사했다(그림 2-8).

청년회에 열린 추기 음악회가 아직 다 파하기도 전에 부인석에 앉았던 순영은 슬며시 일어나서 소곳하고 사뿐사뿐 걸어 밖으로 나온다. 그의 회색 삼팔 치마는 흐느적흐느적 물결이 치는 대로 사삭하고 연한 소리를 내며 걸음발마다 향수 냄새가 좌우편 구경꾼의 코에 들어갔다. (중략) 호리호리한 키와 날씬한 몸맵시, 얌전하게 튼 윤이 흐르는 머리 모양이 오늘따라 순영은 더욱 어여쁘다. 바탕도 어여쁜 얼굴이지만 학교 안에서 소문이 나도록 순영은 화장에 힘을 쓰고, 또 화장하는 솜씨가 있으며, 옷감 고르는 것이라든지 옷고름

매는 것까지 모두 남보다는 모양이 있었다. (중략) 서울 여학생 중에 이름난 미인으로 청년들이 사모하는 꽃이 되기에는 넉넉할 것이다. 게다가 재주도 있고 공부도 잘하고 음악도 잘한다. 진실로 서울 장안에 젊은 사람치고 김순영의 이름을 모를 사람은 없다.[82]

봉구가 순영의 어여쁜 자태에 우선 감탄했던 것처럼, 아무리 "정신적 미"가 중요했다고 하더라도 상대에 관한 첫인상과 평가는 여전히 외모에 달려 있었다. 이처럼 연애의 시대에 외모는 중요한 경쟁력이었으며 남녀 간 자유와 평등을 구가하고자 하는 여성의 주체성에 비례해 여성의 몸에 관한 인식도 중시되었다. 연애 과정에서 상대방에게 일어나는 "열렬한 인력적 애정"은 "개성의 미"와 "정신의 미"에도 있지만, 우선 "용모의 미, 음성의 미, 거동의 미 등 표면적 미"에 있었다.[83] "연애는 미를 애모하는 인간 본능의 발작으로 헌신적 애(愛)를 이성에게 경주하는 심리적 작용"으로서, 이는 미적 본능과 연관된 것으로 이해되기도 했다.[84]

여학생이 지나가면 한 번 볼 것을 쫓아가서 우산 밑으로라도 두 번 보는 것은 비단 우산 양머리 긴 저고리 짧은 치마 굽 높은 구두에 현기가 나고 그다음에는 분 바른 얼굴에 얼이 빠지기 때문이 아니나? 그 계집애 얼굴에 졸업장이 씌어서 쫓아간 것도 아니요 언제 만 났다고 이해가 있고 제 소위 사랑이 있어서 두 번 쳐다본 것이 안일 게 아니냐?[85]

신문명의 지식과 감각을 공유한다는 이유로 여학생을 이상적 연애 대상으로 말하지만, 실질적으로 여학생에 관한 남성들의 관심은 외모에 집중된 것임을 비판한 글이다(그림 2-9). 남성에게 이성 간 "정신적 미"보다 중요했던 것은 결국 일차적으로 "분 바른 얼굴", 즉 여성의 미모였다. 이상적 여성상의 조건에는 신여성으로서 "중학 정도의 여학교를 졸업"한 교육 수준, 건강한 신체 등과 함께 "용모 추(醜)보다 미를 좋아함은 사람의 본능인즉 될 수 있는 대로 면추(免醜)하고 단아하고 애교 있는 여자"가 요구되었다.[86] 이처럼 이상적 배우자로서 여학생의 위상은 결국 외모의 미추를 통해 평가되었다.

"내가 좋아하는 여성을 그리라면 (중략) 미가 여성의 전부라고는 생각하지 않으나 양성 관계에서 미가 토대가 되지 않고 성립된 연애결혼 기타 모든 가정생활은 불행하지 아니할 수 없음을 잘 아는 까닭이다"라고 했듯이, 남성에게 여성의 외모는 선결 조건이었다.[87] "공부는 도리어 일자무식한 이라도 좋겠다. 루소가 농촌 처녀를 취한 것이 생각하고 한 일이니 대개 문자 그 물건

그림 2-9. 안석주 삽화,
『별건곤』3, 1927

은 가정생활의 행불행을 결정하는 아무것도 아니기 때문"이며, 따라서 "근대인이 좋아하는 여자란 남성의 감각을 분방하게 움직여 줄 미를 가지고 그 성격에 결단이 있고 한 사람을 믿는 진순성(真純性)이 있으며 더구나 어떠한 고난이라도 함께 겪을 만한 그런 여성"으로, 자유연애 시대에 '미'는 일자무식한 이까지도 허용되는 이상적 여성의 요건으로 변모했다. 신여성의 학습과 교육관에 관한 남성의 인식은 '주부로는 여교 출신이 나은가 구여자가 나은가'와 같은 설문에서 볼 수 있듯이,[88] 여성의 교육 정도는 가정생활에서 남성에게 도움을 줄 수 있을 정도만 갖추면 되는 것이었다.

연애의 시대에 외모는 여성에게도 중요한 경쟁력이 되었다. 순영이 학교 안에서 소문이 나도록 화장에 힘쓰고 또 화장하는 솜씨가 있었다고 했듯이, 여학생들 사이에 「새로 유행하는 양식 화장」과 「삼 분간에 될 수 있는 여학생 화장법」 등 화장과 미용법을 소개한 글이 잡지와 일간지에 일상적으로 실렸고 화장품 광고도 넘쳐 났다.[89] 여학생의 의복과 머리 모양, 모자, 구두 역시 유행 풍조를 소개하며 최신 문물로 단장할 것을 종용했다.

남성의 시선을 끌었던 여학생의 외양에 대한 평가와 같이, 연애하고자 하는 열망은 새로운 문화를 향한 동경을 바탕으로 사치와 풍요를 뜻하는 소비주의적 이미지를 동반하며 세속적 물질 취향을 양산했다. 여성이 단장하게 된 현상은 여성의 주체성과 신체에 관한 인식이 높아졌음을 보여 준다. 그러나 신문화를 향한 총체적 열망 속에서 창출된 신여성의 미의식은 자본으로 환산되는 환상이자 노력으로 여겨졌다. 따라서 "여자가 보는 눈은 그렇게 너그럽지 못하다. 현대 혼인 조건의 첫째는 이러니 저러니 하여도 돈이다. 황금이다"라는 글과 같이, 신여성의 미의식은 소비성과 결부된 비난과 조롱을 받기도 했다.[90] 또한 여성은 가부장적 문화 안에서 그들 의식 안에 자리 잡은 남성 감식가의 눈을 통해 자신을 남성을 위한 대상물로 만들어, 가부장적 타자가 보는 시선에 자신의 몸을 맞춰 나가게 된다.[91]

이처럼 전통적 조혼과 늑혼을 대치한 근대의 자유연애와 결혼은 곧 외모 경쟁 현상을 가져왔다. '아름다운 여성'이 남성에게 '사랑받는 여성'이라는 도식은 미의 상품화를 가중하고, 1920년대 중반 '유행'의 확산과 더불어 다양하게 담론화되었다. 여성은 아름다워지기 위해 미를 이룰 수 있는 다양한 제품을 적극적으로 구매하는 소비 주체가 되었다. 미인 제조 시대가 본격적으로 구축되고 있었다.

소비문화의 미인 모던걸

교육 수준으로써 평가되었던 신여성과 달리, 소비 사회에서는 소비가 미인의 요건이자 덕목이 되었다. 따라서 미인은 신체를 치장하는 다양한 상품을 구매함으로써 구현되고 유지되었다. 소비문화 속 미모의 민주주의와 미인 만능주의를 통해 미인이 되고자 열망했던 여성들과 미인 권하는 사회의 모습을 살펴보자.

소비와 유행의 미의식

복식과 치장을 엄격히 차별했던 신분제가 해체되고 자본주의 사회로 전환됨에 따라, 계층에 관계 없이 외모는 사유재산으로서 사회적 지위를 나타내는 중요한 수단이자 자기만족의 대상이 되었다. 외모에 관한 관심은 자연히 의복과 머리, 화장에 이르기까지 신체를 치장하는 다양한 상품 소비로 이어졌고, 그 소비문화는 '유행'을 통해 제조되었다.

> 유행이란 참말 이상한 힘을 가졌습니다. 사람으로 하여금 자발적으로 금욕케 하고 자율적으로 인고케 하는 점에 있어 고승이나 목사의 설교 이상의 힘을 가졌으며 사회생활을 규제하고 관리하는 점에 있어 여하한 법률보다도 더 우세의 힘을 가졌습니다. 여자는 몸이 다소 여위어 헌칠해 보이는 것이 미인으로서의 주요한 소질이라고 하야 이것이 유행의 왕좌에 오르게 되면 생명을 돌보지 않고 살을 깎아 내고 피를 짜내이기라도 하는 것이 현대인의 욕심입니다. (중략) 범인의 할 수 없는 특별한 일을 해서 시대의 첨단을 걸어가려는, 즉 소위 첨단광은 이 종류에 속하는 것입니다.[92]

유행이란 사회에서 일정한 기간 유사한 문화 양식과 행동 양식이 공유되며 지속적으로 변화하는 현상을 말한다. 유행은 사람들의 자아와 정체성 표현을 통제하는 힘이 있으며, 의복과 스타일, 나아가 생활 양식에 이르기까지 소비를 통해 구상되는 모든 품목을 아울렀다. 새로움을 매개로 하는 유행은 '신(新)'이라는 수식어를 조합한 다양한 신조어를 만들었는데, 그 새로움은 문명화된 서구에서 오는 것으로 대부분 양품 소비를 의미했다. 유행은 생명을 좌우하는 매력이 있으며, 어떤 규칙이나 법률, 설교보다도 우세한 힘을 가졌다고 했다. 따라서 여위어 훤칠한 미인이 유행한다면 현대인들은 자발적, 자율적으로 생명을 돌보지 않고 살을 깎아 내고 피를 짜내서라도 그 기준에 맞추고자 하는 "첨단광"들이 되었다.

유행은 "도둑괭이 눈"과 같이 잘 변하며 "시대색을 날쌔게 표증하는 한 마리 영리한 카멜레온"처럼 "다각적이며 유동적"인 것으로, "급진적이며 순환적"이고 "달팽이의 촉각과 같이 예민"하여 "언제든지 그 시대 정신의 말초 첨단을 급각도적으로 돌고 있는 그림자"로 진단되었다.[93] 유행 풍조는 "일종의 전염병 같은 것"이라서 "한번 미균(黴菌)이 발생만 하면 어떠한 힘으로도 막으려야 막을 수 없이 일사천리의 세(勢)로 쑥 퍼지고야" 만다고 했다.[94] 또한 "낡은 것보다는 새로운 것에 더 취미를 갖고 호기심을 일으키는 우리 인간의 공통된 심리로서는 누구나 다소의 차는 있을망정 이 유행이란 것을 전연 따르지 않는 사람은 없을 것"이라고 했다.[95] 나아가 "모던 유한계급 청년들"에게 유행은 곧 "생활이며 철학이요 종교"로 자리 잡게 된다.

18세기에 여성들 사이에서 몸에 꽉 끼는 치마저고리가 유행하자, 이덕무가 "복장에서 유행이라고 부르는 것은 모두 창기들이 아양 떠는 자태에서 생긴 것인데 세속 남자들은 그 자태에 매혹되어 그 요사스러움을 깨닫지 못하고 자기의 부인이나 첩에게 권하여 그것을 본받게 한다"라고 했듯이, 유행은 대상을 모방한다는 점에서 "어느 시대 어느 사회 또는 어느 민족을 물론하고 다 있을 것"이었다.[96] 하지만 근대의 유행은 "하루아침 이슬"과 같이 "너무나 생명이 짧다"라고 했듯이, 새로운 대중 매체를 통해 이제껏 경험해 보지 못한 속도로 도시인들에게 다가왔다. 매일 발간되는 신문과 다양한 잡지, 영화와 포스터 등을 통해 "'올여름의 파리 여성의 유행 옷은 이렇다'느니 하는 소식은 해외 소식으로는 어느 소식보다도 속하게 또한 힘 안 들이고 누워서 접할 수 있는 소식"이 되었다.[97]

봄에 오면 이상야릇한 무늬 있는 치마에 역시 이상야릇한 빛깔에 울룩불룩한 무늬가 있는 목도리를 걸치고 뒷굽 없는 구두에 연색(軟色) 저고리를 입고 나오는 여자가 많아 이층이나 삼층집들 창에서 내려다볼 땐 이름 모를 꽃나무가 하나 걸어가는 것 같더니 여름철이 되니까 '보이루'란 양반이 출세하기를 시작하는데 보이루 치마쯤 못 입고는 거리에 나가지 못할 형편쯤 되어서 필자 아닌 게 아니라 이러다가는 남자도 덩달아 보이루 양복들을 해 입고 나설까 매우 염려하였던 것이다. (중략) 가을철 들어서면서부터 구두의 뒷굽이 뾰족해졌다. 물론 그 전엔들 없었던 것은 아니나 유행이란 일부분의 것이 아니라 대부분의 흐르는 기류를 말하는 것이기 때문에

나는 그것을 가을철 들어서서부터라고 본다. (중략) 이제는 무늬 없는 삼팔 목도리가 유행이 되더니 작년까지 굉장하던 '세타'가 쑥 들어가고 두루마기가 한패를 보게 되었다.[98]

봄부터 겨울에 이르기까지 1934년의 유행계는 이처럼 "눈코를 바로 뜰 새 없이 급변하는 유행계라 어느 것을 잡아서 '요놈' 하고 유행의 표준을 잡을 수는 도저히 없으매" 따라가기에도 "여간 힘이 드는 것이 아니다"라고 했다. "때의 흐름에 따라 무슨 생물과도 같이 일 분 일각도 정지하지 않고 구석구석 아니 가는 곳 없이 가는 것은 시대의 유행"이었으며, 그중에서도 특히 "여성계에는 하이스피드로 가장 화려하게" 생동하는 유행이 있었다.[99]

출생이 곧 신분으로 이어지는 전근대 사회에서는 신분에 따라 의복 형식이 정해져 있었지만, 근대에는 신분이 더 이상 개인의 정체성을 규정하지 못하게 되면서 의장으로써 자신을 발현하고자 하는 욕구가 커졌다. "그 사람의 성격과 품격"뿐만 아니라 "그 사람의 무상식과 유식" 나아가 "그 사람이 단정하고 그 사람의 경중과 그 사람의 마음씨가 모다 옷으로 드러난다"라고 했듯이, 소비 시대에 "옷은 그 사람의 표현"이 되었다.[100] 의복은 근대인들에게 정체성을 표현하는 수단이며, "쾌감 가운데 가장 사람의 심미안을 끄는 것"이자 "문화가 향상할수록 의복에 대한 미적 욕구", 나아가 "그 시대정신까지 표현"하는 것이 되었다.[101] 유행은 이처럼 기본적으로 자기표현의 욕망에서 비롯되었다. 남들보다 앞서는 존재로 각인되고자 할 때, 보이루 치마를 입고 새하얀 실크 양말에 뒷굽이 뾰족한 구두를 신은 근대의 '첨단광'이 탄생했다.

다른 사람들과 달라 보이고 싶다는 욕망이 유행을 만들어 내지만 새로움이 퇴색하고 남들과 똑같아질 때 유행은 사라지고 다시 새로운 유행이 등장하게 된다. 보이루 치마쯤 못 입고는 거리에 나가지 못할 형편이 될수록 "의복이나 기타 생활 양식의 일반화라는 무미건조한 결과"를 낳게 된다.[102] 유행은 이처럼 사람들이 남다른 가치를 드러내고 싶어 하는 동시에 다른 사람들을 모방함으로써 사회적 흐름에 동조하려는 모순적 욕망을 포착한 것으로, 자기표현의 욕망 그리고 모방과 동조의 욕망이라는 두 상반된 욕구에서 시작되었다.

백화점, 유행의 진열장

근대 도시 문화를 바탕으로 형성된 유행은 소비의 중심지인 경성을 거점으로 만들어져 심화되었다.

"그러면 도대체 그 유행이란 어디서 먼저 옵니까?"

점원은 싱그레 웃으며,

"어디 유행이 특별한 데가 옵니까. (중략) 대개의 유행은 우리가 만듭니다."

"유행을 만들다니요?"

"영특한 점원이 손님보다서 그 손님의 환경에 맞음 직한 빛이나 무늬를 골라서 이것이 최신 유행품이라고 권하는 게지요. 그러면 또 그분이 선전해 주시니까 그게 바루 유행의 시초가 되고 맙니다."

기자도 이말에는 놀랐습니다.

"백화점이 유행 제조소?"

하고 혼자 웃었습니다.[103]

이처럼 근대 소비문화와 유행의 중심에는 "대경성의 주름 잡힌 얼굴 위에 가장하고 나타난 '근대'의 '메이크업'"인 백화점이 있었다.[104] 백화점은 유행의 창조와 소비, 유통을 관장하는 유행의 진열장이자 선도와 제도의 공간으로, 단지 상품을 판매하는 곳이 아니라 새로운 근대의 생활 문화를 디자인했다.[105] "찬란한 '일루미네션'과 '쇼윈도', '엘레베이터', '에스컬레이터'와 마네킹 그리고 옥상정원" 등 근대의 새로운 도시 문화와 풍경을 제공한 백화점은, "근대의 특산물이요 상업 경쟁장의 총사(總師)"이

자 "'아메리카니즘'과 에로티시즘과 그로테스크가 교류하는 근대 문명의 삼각주"였다.[106]

조선 최초의 백화점은 1929년 경성에 세워진 미쓰코시 경성 지점으로, 이후 1930년대 중반에는 일본인이 경영하는 미나카이(三中井) 경성 본점을 시작으로 미쓰코시 경성점, 조지야(丁子屋) 본점, 히라타(平田)백화점과 조선인이 경영하는 화신백화점 등이 설립되기에 이른다. 백화점의 가장 중요한 기능은 욕망의 상업화, 즉 유행의 판매와 전파였다. 이미 "모던 유한계급 청년들의 생활이며 철학이요 종교"가 된 유행은 소비 시대의 미의식으로 기능했고, 창조와 파기, 갱신을 지속하는 유행과 함께 미의 기준 역시 수정, 보완되며 변화했다. 백화점은 이러한 유행의 "시대색을 날쌔게 표징"해 진열함으로써 최신 유행과 그 이미지를 대중이 소비하게 만들었으며, 잡지와 신문 등 매체는 백화점의 풍경과 유행 동향을 제공하며 이들의 욕구를 부추겼다.

그녀들의 하이힐이 더 한층 가벼움을 느낄 때가 왔다. 육색의 스타킹, 극단으로 짧은 스커트 등등으로 그녀들은 둔감한 가두의 기계 문명의 표면에 짙은 에로티시즘과 발랄한 흥분을 농후하게 칠 것이다. 털 깊은 외투, 솜 놓은 비단 두루마기, 두터운 방한모, 여우털 목도리, 잘 있거라. 너희들 점원들은 겨울 물건을 차츰차츰 진열대로

부터 창고 구석으로 운반하는 일에 영광을 느낄 것이고, 파라솔은 또다시 백화점의 주연자가 될 것이다. '시크라멘'은 봄이 던지는 첫 키스를 뺏기 위하여 화상(花商)의 쇼윈도 속에서 붉은 입술을 방긋이 벌이고 있고 그녀들의 푸른 치마폭은 아침의 아스팔트 위에서, 백화점의 층층계 위에서 깃발과 같이 발랄하게 팔락거리지 않는가.[107]

백화점은 "복장 개선의 선구자, 유행 양복의 지도자"를 자처하며 계절마다 최신식의 "신유행" 의복을 선전했으며, 유행에 맞춰 상품들을 정비하고 여성 고객들을 맞이했다(그림 2-10). 겨울 내내 입었던 털외투와 비단 두루마기, 방한모, 여우털 목도리를 벗어 던지고 육색 스타킹과 짧은 스커트를 입고 아스팔트와 백화점 층계를 깃발같이 발랄하게 팔락거리며 다니는 여성들은 백화점의 주된 소비층이었다. 잡지와 신문은 그해의 다양한 유행 아이템을 예측해 기사로 내보내며, "봄은 '데파트' 진열장에서부터 시작"됨을 알렸다.[108]

안석주는 시험을 마치고 고향에 내려가는 여학생들이 경성역에 가기에 앞서 "서울 동무와의 작별 인사보다는 미쓰코시 조지야"를 들른다며 백화점 앞에 끝없이 줄 선 여학생들의 모습을 만문 만화에 싣기도 했다(그림 2-11). 개량 한복과 굽 높은 구두는

그림 2-10. 화신백화점 광고, 『동아일보』 1932년 5월 10일
그림 2-11. 안석주, 「1930년 녀름」, 『조선일보』 1930년 7월 19일

여학생 신여성의 신분을 보여 준다. "오늘의 백화점을 번영하게 만드는 유력한 지지자"는 "누님과 아내", "마님들이나 아가씨들"이라고 했듯이, 여성은 백화점을 통해 뿌리내린 도시 소비문화 속에서 소비의 주체로 자리 잡아 갔다.[109]

모던걸 만들기

「모던걸·모던보이 대논평」에서 "소위 '근대녀', '근대남'의 특징"을 논하며, 모던걸은 '미인형'을, 모던보이는 '남체 여안의 사나이' 즉 미남형을 지칭한다고 했듯이, 이들은 곧 근대 경성의 미인을 의미했다. 상품화된 자본주의 문화 속에서 취미를 향유하고 적극적으로 자신의 개성을 표출한 첨단광인 모던걸과 모던보이는 20년대 후반부터 조선을 잠식한 모던풍의 첨단에 놓인 존재들이었다. 당시 '모던'이란 수식어는 모든 최신 유행을 상징했으며, 모던걸과 모던보이는 이를 근대적 의복과 화장, 문화로 체현하고 공유한 집단이었다.

> 모던 모던의 세상이다. 미국이 그러하고 구라파 각국이 그러하고 상해가 그러하고 가직한 일본이 그러하고 그 운덤에 조선도 그러하다. 모던! 모든 것이 모던이다. 모던걸 모던뽀이 모던대신 모던왕자

모던철학 모던과학 모던종교 모던예술 모던자살 모던극장 모던스타일 모던순사 모던도적놈 모던잡지 모던연애 모던건축 모던상점 모던기생(조선에 한함) 무제한이다. (중략) 현대란 말은 보통 명사다. 그러나 '모던'이란 말은 이십 세기의 현대, 이십 세기 중에도 1920년, 아니 1925년, 아니 1930년을 특별히 가리키는 말이다. 그러므로 '모던'은 고유 명사다. (중략) 우리가 지금 부르는 모던은 1930년을 중심으로 새로이 생긴 사회적 조건의 반영인 일부 인간 생활의 이데올로기를 표시하는 '모던이즘'의 '모던'은 지금에 우리가 한 번밖에는 더 쓰지 못할 고유 명사의 '모던'이다.[110]

모던이라는 수식어가 붙는 단어가 너무 많아서 '무제한'이라고 했듯이, 모던 또한 사회적 유행의 담론 안에서 유통되었다. 이처럼 모던은 1930년을 중심으로 새로이 생긴 사회적 조건의 반영이자 인간 생활의 이데올로기로서 사회 전반을 잠식해 갔다.

모던걸의 탄생

모던걸은 1920~1930년대 경성의 소비문화를 주도하고 서양식 외양과 의식을 통해 자신의 정체성을 드러낸 여성을 지칭하는 담론이었다. 일본에서 1차 세계대전 이후 서구화된 패션과 생활 방식을 따르는 여성을 의미하는 용어로 1923년 기타자와 슈이

치(北澤秀一)의 「모던걸의 표현(モダンガールの表現)」을 통해 처음 호명되었다. "누구 앞에서라도 아무렇지도 않게 자신의 사랑을 이야기할 수 있는 여인이 모던걸"이며 "자신이 생각한 것을 말하고 생각한 대로 행동할 수 있는 것" 또한 모던걸이라고 했다. 이처럼 모던걸은 "전통이나 관습으로부터 해방되어 영혼이 요구하는 대로" 살고자 하는 여성으로 "무엇보다도 자기를 존중하는 아주 새로운 여성"이자 인간으로 소개되었다.[111]

> 요사이, 요사이라고 해도 내게 있어서는 거진 반 개년(半個年) 남짓한데, 그때부터 조선에서도 제일(第一) 도시인 서울서 '모던걸'! '모던걸'! 하는 소리를 듣게 된다. 그것은 물론 근본 말은 영어지만 일본을 거쳐서 조선에 온 말일 것이다. 언젠가 일본의 신문지와 혹은 '위클리'에 사진판으로 소위 '모던걸', '모던뽀이'를 진열해 놓은 것을 무심히 본 기억이 남아 있다.[112]

조선에서 모던걸은 김기진(金基鎭, 1903~1985)의 「요사이 신여성의 장점와 단점」에서 처음 등장했다.[113] 구여성과 달리 현대식 학교를 나오고 도시에서 성장한 여성을 "모던걸 현대의 여성"이라고 했듯이, 1925년에는 신여성과 구분되지 않는 생소한 용어였다면 1920년대 중후반이 되면 조선에서도 모던걸이 익숙한 용어로 자리 잡았음을 보여 준다. 1927년 게재된 『별건곤』의 「모던걸·모던보이 대논평」에서는 "'모던보이'와 '모던걸'이란 무엇이냐?"라는 질문에, 모던걸은 '근대 처녀' 또는 '시체 처녀'로 "오직 그 의식과 방향이 어떠한 것인 것을 가지고 가장 근대에 난 가장 새로운 의식 가진 사람을 근대아"라고 했다.[114] 그러나 당시 근대적 의식을 갖춘 집단을 구분하기는 모호했으며, 모던걸과 모던보이에 관한 담론은 그들의 외양과 치장, 즉 소비문화에 주목했다.

「소위 모던걸의 미는 '광물적'?」이라는 기사(그림 2-12)에서는 "우선 얼굴의 바르는 가루분은 광산화물의 활석이 섞인 것이며 의복물 색의 물감도 근본을 캐면 석회로부터 된 것이고 더욱이 '알루미늄'은 색깔 빠지지 않게 하는 염색이 쓰인 것이며 손톱 닦는 크림도 경석으로 만든 것이 많다"라며 다양한 물품을 나열했다. 이처럼 모던걸의 신체는 상품과 그것이 표상하는 기호들을 통해 구성되었다.

> 양장이라도 몹시 화사하고 경쾌하여 노(老) 다알리아 빛 같은 고혹적 색깔의 옷과, 길고 긴 '실크 스타킹'이 수직선적으로 올라가다가 올라갈 수 없는 한계에서 그만둔 그 경계선을 경비하기 위함인지 '유래스'의 끝이 그 주위를 싸고돌았으며, 머리는 옛날 예술가들

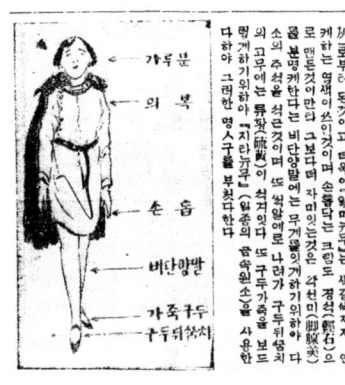

그림 2-12. 「소위 모던걸의 미는 '광물적'?」, 『동아일보』 1930년 11월 23일

모양으로 '커트'를 하였다. 흑색 비둘기가 땅으로 기는 듯한 움푹하고 뾰족한 발과 구두. 무엇 하나 값 많지 않은 것이 없어 보인다. 머리를 깎은 사람이니 모자 쓸 것은 그리 신기로운 발견이 아니지만, 그리지 않아도 타오르는 청춘의 붉은 피가 입술에서 출렁거리는데, 더 붉은 연지를 칠해서 무엇이라 형언할 수 없이 그 붉은 빛이 보는 사람의 가슴을 찌르게 한다. 이런 사람을 흔히 내 주위의 사람들은 명칭하기를 '모던걸'이란다. 얼굴 생긴 것이야 물론 갸름하고 동그스름한 것이 많다. 아마 미인형을 말하는 듯싶다.[115]

모던걸은 "양장을 하지 않고는 모던걸 축에 못 끼는 모양"이라고 했듯이, 그 당시 외양의 근대화는 곧 서양화를 의미했다. 근

대적 의장은 실크 스타킹과 구두, 모자, 화장품, 나아가 이들이 '근대 생활'을 영위하는 데 필요한 상품 광고를 통해 구현되었으며 모던 미인의 표상으로 유포되었다.

광고에 나타난 모던걸 이미지는 이들이 추구했던 이상화된 근대인의 인상으로 각인되었을 것이다. 이처럼 근대 모던걸은 소비문화가 확산하며 등장한 소비 주체로서 대중 매체를 통해 이미지화된 새로운 미인상이었으며, 이들은 근대의 첨단에서 누구보다도 일찍 새로운 문화를 받아들이는 수용자이자, 사회적으로 새로운 창조자로서 역할이 부여된 존재였다.

모던걸의 쇼핑 리스트

모던걸은 소비문화 속에서 모던 치장을 하는 여성, 즉 소비하는 여성들로 백화점을 번영하게 만드는 유력한 지지자였다. 이들이 백화점에서 구입한 것은 무엇일까.

> 서울 종로 네거리로 분주히 내왕하는 말쑥한 신사 숙녀들의 수는 알 수 없으나 그중에 거의 전부가 양장(洋裝)으로 깨끗이 차리고 나섰다. 이제 저들의 속 안을 헤아릴 수 없지만 그들의 양장에 얼마만큼 돈이 들었는지 알아보는 것도 재미있는 일이라. 청년 남녀들의 최신 유행품을 공급하는 화신백화점에서 이 값을 물어보기로 하자.

양장 숙녀를 만들려면?

유방밴드 150 / 씨미-쓰 230 / 콜빗-트 180 / 스타키-킹 350 / 드로-월쓰 200 / 뿌루머-쓰 200 / 쓰-링 340 / 양복 4000 / 외투 8000 / 양화 1100 / 모피쇼-루 12000 / 핸드빽 4800 / 수대(手袋) 650 / 시계와 반지 15000

화장품

콧티 석감(石鹼) 160 / 콧티 화장수 430 / 콧티 수백분 295 / 코듸 백분 260 / 코듸 콜-드쿠림 540 / 코듸 바니싱 320 / 코듸 오데코론 450 / 코듸 향수 350 / 코듸 콘빽크드 320 / 코듸 협홍(頰紅) 350 / 코듸 구홍(口紅) 300 / 카피향유 250 / 빠우 20 / 비둠 업시하는 암 350 / 머리핀 10

합계 516,05[116]

기사 속 '말숙한 숙녀'는 바로 '모던걸'을 의미한다. 누구라도 화신백화점에서 목록에 있는 최신 유행 상품을 구매해 양장을 갖추면 모던걸이 될 수 있다는 뜻이다. 백화점의 주된 소비층이었던 모던걸의 외양은 이처럼 서양식 속옷과 스타킹, 양복, 외투, 구두, 가방, 화장품, 장신구 등 다양한 상품으로 구성되었다. 잡지와 신문에서는 의상은 물론 그해의 다양한 유행 상품을 예측해 기사로 내보내며 모던걸의 소비를 부추겼다.

이처럼 모던걸이 표상하는 문명과 근대의 이미지는 소비 사회에서 모두 구매할 수 있는 상품들로 이루어져 있었다. 모던걸이 추구한 외형의 근대화는 곧 그것을 구성하는 상품을 소비함으로써 구현되었다. 이제 모던걸을 만드는 쇼핑 목록을 자세히 살펴보자.

모던걸이 되고자 한다면 우선 양장이 필수 조건이었다. 광고는 백화점과 연계해 진열장 속 "유행의 신사 숙녀복"의 "빛깔, 스타일, 감은 어떤 것인가"를 기사로 내보내며 유행에 맞춘 옷차림을 계도했다. 매일 발간되는 신문과 다양한 잡지를 통해 "유행의 도시 파리"의 "봄의 뉴 패션", "새로 유행하는 스커트" 등의 "봄의 유행 소식"은 이제 동시기적으로 조선의 모던걸들에게 빠르게 전해졌다.

> 지난 1931년의 여러 가지 유행은 매우 '스피드'적이어서 눈 깜짝할 사이에 세계를 한 바퀴씩 돌았다. '파자마'라는 침의를 미국 뉴욕걸 아니 할리우드의 활동 여배우들이 입고 대낮에 길거리에 나왔다는 '뉴스'를 바라볼 때에 벌써 세계에서 제일 작고 저주받은 가여운 도시인 '서울'에서도 그와 조금도 다를 것 없는 침의를 입고 초가집 틈바구니로 흐느적거리고 다니는 왜장녀를 보았다.[117]

과장 섞인 어조지만 양장의 인기 속에서 모던걸들이 매체에서 소개하는 해외의 유행 양식까지도 동시적으로 따르고자 했던 모습을 보여 준다. 할리우드 영화의 유행과 서양 배우를 향한 동경 속에서 서구적 미의식이 확산되면서, 해외의 최신 유행 동향은 여성들에게 큰 관심의 대상이 되었다. 특히 "세계 유행의 근원지" 파리와 "세계 유행의 중심"인 뉴욕의 소식이 빠르게 전해졌다. "꽃의 파리로부터 벌써 봄의 유행 소식", "미국에서 처음 유행"하기 시작한 "부인복의 패션"과 같은 기사들은 유행 의상에 관한 서구와 조선의 시공간적 간극을 좁히며, 서구 이미지를 대중에게 유포했다(그림 2-13).[118]

여성 의복은 근대 초부터 미와 유행의 차원 이전에 위생 차원에서 개량 필요성이 지적되었다. 이에 따라 장옷과 가슴을 결박하는 허리끈을 없애고, 활동성을 제약하는 긴 치마와 짧은 저고리의 폐단을 개선한 개량 한복이 여학생으로 대표되는 신여성의 "아주 편하고 어여쁜 옷"으로 보급되고 있었다. 반면 양장은 기생 계층에서 먼저 수용한 까닭에 1920년대 후반까지도 부녀자들에게 보급되기 어려웠고 사회적 인식 또한 그다지 호의적이지 않았다.

그러나 1930년대부터 여학교 교복이 양장으로 바뀌면서 신문과 잡지에 양장의 유행 경향과 양재법, 해외 소식 등이 소개되

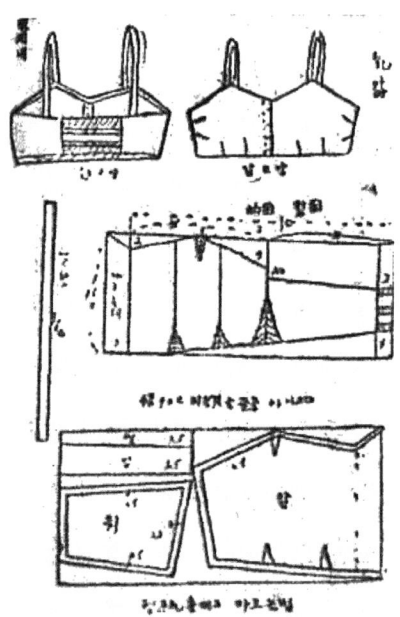

그림 2-13. 「34년 봄이 가져올 유행의 신사·숙녀복」, 『동아일보』 1934년 2월 22일
그림 2-14. 하영주, 「부인의 의복과 색채의 조화」, 『여성』 2(11), 1937.

었고 양장은 도시뿐만 아니라 점차 지방까지 보급되기 시작했다. 1934년 조선직업부인협회 주최로 열린 '여의(女衣) 감상회'는 다양한 양장을 대중에게 소개하며 양장 착용을 권하는 행사였다.[119]

의복 변화와 함께 양장 안에 입는 속옷 역시 달라져야 했다. 가슴을 감싸는 브래지어는 1930년대에 등장했고 유방 밴드, 혹은 유(乳)카바, 부라쟈에루 등 다양한 이름으로 불리며 사용되었다. 유카바는 「부인의 의복과 색채의 조화」에서 만드는 법을 소개했듯이, 직접 만들어 입기도 했지만 백화점에서도 구입할 수 있었다(그림 2-14). 양장과 한복의 형태가 다르기 때문에 슬립과 속바지 등 속옷도 추가로 필요했다. 교과서 『양재봉강의』와 함께 「개량형 속치마와 속바지: 옷맵시를 돋우려면 속옷부터 개량」과 「여름에 편한 양장」 등 잡지 기사에서 양장에 필요한 속치마와 속바지, 슬립 등 옷본과 옷 만드는 법을 안내했다. 이들도 당연히 백화점에서 만날 수 있는 상품들이었다.[120]

양장과 짧아진 치마에 맞춰 굽이 높은 구두가 선호되면서 모던걸의 이미지를 실은 구두 광고가 성행했으며, 계절과 유행에 따른 굽의 높이와 색, 모양을 소개했다. 또한 사계절 중에서도 특히 겨울은 "도회의 여성이 털보가 되는 때"라고 할 만큼 모던걸의 목록에 있는 모피 숄이 유행했다. "여우털, 개털, 소털, 털이면

그림 2-15. 안석주, 「가두풍경 털시대」, 『조선일보』 1932년 11월 24일

그림 2-16. 백상회(白商會) 광고, 『동아일보』 1933년 12월 11일

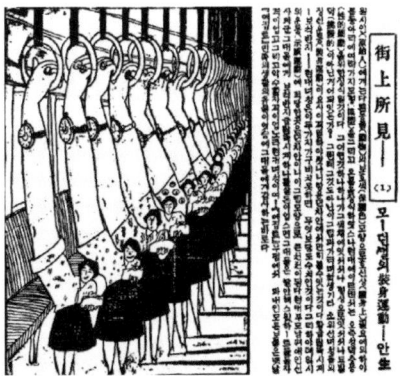

그림 2-17. 안석주, 「가상소견, 모던걸의 장신운동」, 『조선일보』 1928년 2월 5일

좋다고 목에다 두르고" 길에 나서는 여성의 모습을 그린 만문 만화에서도 볼 수 있듯이 모피 숄은 모던걸의 허영심을 상징하기도 했다(그림 2-15). "모가지가 있대야 지지리 못난 넋두리나 목구멍으로 내지르는 시체 여자의 모가지가 무슨 값이 있으랴만은 목도리는 사오십 원 이상의 노린내 나는 여우털 목도리"라고 비난했지만, 모피 숄은 겨울이 되면 백화점 진열장과 일간지 광고에 등장하며 모던걸의 욕망을 부추겼다(그림 2-16).[121]

모던 걸의 쇼핑 목록을 보면 알 수 있듯이, 핸드백은 당시에도 고가의 상품이었다. 종류도 다양해서 악어나 동물 가죽으로 만든 핸드백에서부터 여러 빛깔과 크기에, 화장품을 넣어 다니는 작은 손가방에 이르기까지 계절에 따라 유행하는 핸드백이 소개되며 사치품이라고 비난받기도 했다. 나아가 값비싼 금시계와 보석 반지 역시 "현대 여성은 이 두 가지가 구비치 못하면 무엇보다도 수치"라고 했듯이, 모던걸의 장신운동(裝身運動) 필수품으로 희화되기도 했다(그림 2-17).

모던걸의 목록 중에서 가장 많은 수를 차지한 품목이 바로 화장품이었다. 모던걸의 치장은 비누와 세분, 치약과 같은 근대적 위생품뿐만 아니라 백분과 크림, 향수, 미안수, 립스틱과 같은 화장품에서부터 시작되었다. 이들은 '문화생활'과 '근대 생활'을 영위하기 위해 "꼭 있어야 할 제일품(第一品)"이자 "위생 생활의 필

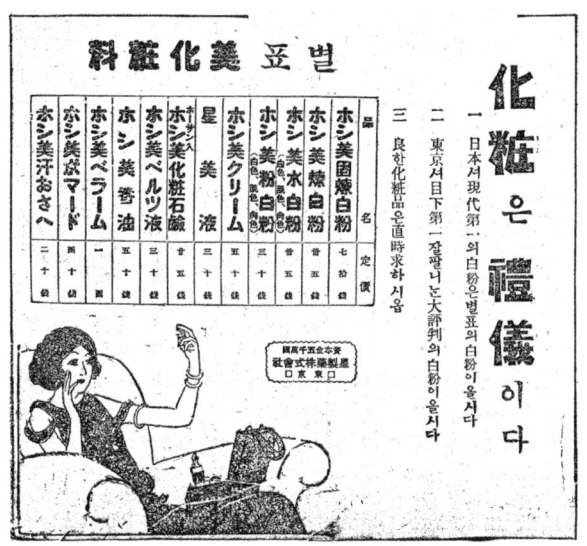
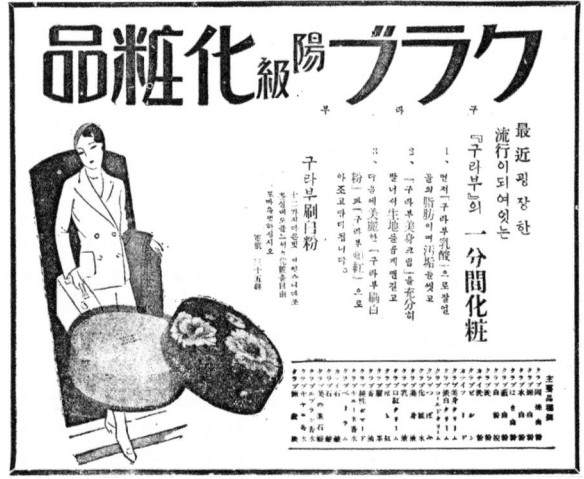

그림 2-18. 별표 미화장품 광고, 『매일신보』 1924년 7월 15일
그림 2-19. 구라부 화장품 광고, 『매일신보』 1935년 9월 4일

수품"으로 자리 잡았다(그림 2-18, 그림 2-19).

"실 한 오리 가리지 않는 얼굴로 네거리를 휩싸고 다니게" 된 여성들에게 화장은 더욱 중요해졌으며, 유행에 맞는 화장품과 화장법이 강조되었다.[122] "유행품을 갖추신 당신의 소지품 중에 탕고도란이 없다고 하시면 무의미입니다"라는 광고에서 볼 수 있듯이 화장품 역시 여성들의 소비 품목이자 유행품으로 자리 잡게 되었다.[123]

미안수와 백분은 일찍부터 광고를 통해 화장은 여성에게 "문화생활의 필수품"이자 '예의'라는 인식을 전파했으며, 아름다움을 위한 외모 관리는 "생활의 문화적 향상을 요구하는 근대인의 당연한 상식"이며 "여성의 교양"이 되었다.[124] 광고 이미지 역시 겨울에는 여우털 목도리를, 여름에는 챙 넓은 모자 갖춘 양장 차림의 모던걸이 등장하여 "최근 굉장한 유행"을 일으키며 "근대적으로 완성"되는 '모던'한 화장품임을 알렸다.[125]

샴푸 광고는 "도드륵하게 말아서 웨이브가 잘 되고 염염하게 되는 머리털"을 선전하며 모던걸의 상징인 단발머리나 웨이브 스타일의 여성 모델로 상품의 근대성을 드러내고자 했다.[126] 이처럼 "머리를 지지고 꼬부리고 하는 파메넨트가 요새 문제 되어 있습니다만 어쨌건 '외래의 이상스런 풍조를 숭내 내지 말자'하는 소리는 결국 이 퍼메넨트를 은연중 배척하고 있습니다"라며

미인 조건 **155**

일본을 통해 보급된 파마를 전발(電髮)로 부르며 '외래의 이상스러운 풍조'로 치부하고 배척하기도 했으나, 이러한 웨이브 스타일은 더욱 유행하며 모던걸을 상징하는 최신 지표가 되었다.[127]

직업여성 시대의 미인

모던걸의 등장은 소비 사회에 본격적으로 진입했음을 의미하며, 여성이 근대적 소비의 주체로서 자신의 정체성을 새롭게 확장하게 되는 사건이었다. 이러한 소비를 위해서 모던걸은 경제력을 갖춰야 했다.

모던걸 담론은 1920년대 말 다양한 직업여성이 등장하면서 확산했다. 여학생 그리고 모던걸이 등장했을 때와 마찬가지로 직업여성은 이전에는 볼 수 없던 새로운 여성상으로 사회적 관심과 논란의 초점이 되었다. 근대 교육을 받은 신여성들은 경제 주체로서 자각했고 "직업은 남자와 여자를 물론하고 사람이 성인이 되기까지에 통과해야만 되는 한 계단"이며, "개인 생활에 있어 육체상으로나 정신상으로 막대한 비익을 주는 것"으로 "여자의 독립자영 정신! 자기의 힘으로 자기의 생활을 보장할 수 있는 노력! 그 얼마나 아름다운 활동이며 얼마나 떳떳한 생활인가"가 설파되었다. 즉 여성의 진정한 독립은 경제적인 데서 비롯됨을 강조했다.[128]

여성이 취업하여 사회에 진출함으로써 경제적으로 독립할 수 있다는 인식 속에서 직업여성은 여성 해방을 위한 필수 조건으로 강조되었다. 그러나 "조선에는 생산 기관이 너무도 빈약하여 노동 부인으로도 기껏해야 연초 전매국, 제사 회사, 고무 농장, 그렇지 않으면 낯 모르는 집의 어멈이요 그 위로 간호부·산파·교환수·점원 같은 직업이 약간 있고, 말하자면 지식 계급의 부인으로는 의사·교원·기자 같은 것이 있으나 그런 것조차 너무도 기관이 없고 활동의 무대가 좁습니다"라고 했듯이, 의사와 교사, 기자 등 전문 직종은 당시 여성 가운데 전문 교육을 받은 소수에게만 주어졌으며, 여성 대부분은 도시 서비스직으로 흡수되었다.[129] 도시 공간에 새롭게 등장한 직업에 전화 교환수 헬로걸과 백화점 여점원인 데파트걸, 숍걸, 버스걸, 깨솔링걸, 엘리베이터걸, 타이피스트, 미용사 등이 있었고, 이는 여고보 정도 학력이면 할 수 있는 일이었다.

백화점에서 여점원을 쓰는 것, 쓰되 미인·스타일 좋은 여자를 선택하는 것도 일종의 고객 유인책이건만 (중략) 경성에서 대표적이라고 할 만한 '데파트스토어'는 동아·화신·정자옥·삼월·평전 등인데, 그 벌집같이 생긴 속에서 마치 햇볕이 봄날 이곳저곳으로 화분을 날리듯이 귀여운 처녀들은 현대 물질문명을 자랑하는 상품을 이 손에서 저 손으로 티 한 점 없는 물건을 티 한 점 없는 손으로 옮겨 놓는 경쾌한 맛이 현대가 아니고는 도저히 볼 수가 없는 일이다.[130]

일반 사무직에서 여급에 이르기까지 직종을 불문하고 근대 취업 시장에서 여성을 채용하는 기준으로는 기술이나 직무 능력보다도 "미인, 스타일 좋은 여자"와 같이 외모가 우선되었다. 이처럼 외양이 사회적 능력이자 채용 조건으로 통용되면서, 면접용 사진을 잘 찍는 방법이 소개되는 등 여성이 취업하는 데 외모 관리는 선결 과제가 되었다.[131] 「직업여성이 될 분은 알아 두셔야 합니다」는 여성 취업 정보를 담은 기사로, 직업여성의 자격 조건은 "첫째는 건강·명랑!"이며, "사람을 접대할 때 상대편에게 좋은 인상을 주는 사람" 즉 외모를 들었다.[132] 기사의 집필자는 화신백화점 인사과장 박주섭으로 백화점은 여성들이 가장 선망하는 직장이었다. 자유연애 시대에 연애와 결혼 시장에서 경쟁력을 갖추기 위해 외모를 가꾸었던 여성들은 이제 취업 시장을 위해서도 미인이 되어야만 했다.

가장 많은 급료를 받는 미쓰코시의 숍걸을 채용할 때는 "인물 선택을 가장 엄격하게" 한다고 했는데, 그 조건은 무엇보다도 "얼굴과 스타일이 아름다운 이"였으며, 이들은 아름다운 "용자(容姿)와 언어 동작"으로 고객에게 호감을 사도록 요구받았다.[133]

이처럼 숍걸 혹은 데파트걸의 존재는 근대 사회가 상품을 생산하고 소비하는 영역뿐 아니라 유통 메커니즘에도 여성을 동원하고 있음을 보여 준다. 미인 판매원은 고객들에게 상품을 소비함으로써 얻을 수 있는 이상적 모델로서 제시되었다.[134] 이들도 "점점 자기의 미모에 자만심을 가졌고 좀 더 예쁘게 아름답게 꾸미려고 애쓸 뿐 아니라, 지금까지와는 전연 다른 현대적 생활을 재미있게 생각"한다고 했듯이, 그 자체가 광고로서 대상화된 마네킹걸과 데파트걸, 숍걸의 존재는 당대 소비문화를 대변한다고 할 수 있다.[135]

> 대개 여점원의 첫째 조건은 얼굴에 있으므로 여기 채용된 여점원은 거의 다 자기 얼굴에 대하여 많은 자부심과 교만을 가졌다. 그런 까닭에 이 얼굴을 밑천으로 해서 그들은 이 백화점에 드나드는 가장 호화로운 부인들과 같은 데 시집을 갈 수가 있는 것이다. (중략) 이 안에 여점원들은 누구나 그러한 '시집'을 꿈꾼다.[136]

근대 직업여성인 데파트걸은 유행 상품들을 파는 백화점 판매자였을 뿐 아니라 스스로를 "데파트 유리 상자 속에 피어난 한 송이의 말 없는 꽃"처럼 진열한 결혼 시장의 상품이기도 했다(그림 2-20). 이들은 값비싼 소비품을 구매하는 상류층 고객들과 결

그림 2-20. 이선희, 「여인명령」, 『조선일보』 1938년 1월 27일

혼해서 신분 상승을 이루고자 했다. 「결혼 시장을 찾아서, 백화점은 미인 시장」과 「만혼 타개 좌담회」 등의 글은 백화점이 결혼 시장 역할을 했던 당대의 기현상에 관해 언급하기도 했다.[137] "그들은 일찍이 보통학교를 마치고 또다시 고등보통학교 혹은 상업학교에서 전문 기술을 배운 후 채용 시험 지옥을 지나서 그 영예의 지위"를 얻은 16~23세의 여성들로, 이러한 여점원의 결혼율이 가장 높은 백화점은 진고개의 미쓰코시였다고 한다.[138] 이들은 자신을 치장하기 위해 월급 대부분을 모던걸 소비 목록에 있는 가지각색 구두와 의복, 화장품 등을 구매하는 데 써서 물신주의자로서 비난받는 등 상류 사회에 관한 이상과 현실, 소비 욕망의 갈등 사이에 존재했던 미인들이었다.

모던걸과 못된걸

전근대에도 여성의 치장을 사치로 매도하며 불온시했듯이, 미인만능주의를 권면하는 광고와 미인의 표상들 사이에서 이를 얻기 위한 여성의 노력, 즉 소비 풍조는 사치와 허영으로 치부되며 비판의 대상이 되기도 했다.

우선 모두가 모던걸이 갖춰야 한다는 물품을 사기는 어려웠을 것이다. 당시는 실업이 횡행했던 시기로 여학교를 나왔다고 하더라고 취업이 쉽지 않았으며 취업을 했더라도 월급은 그 의장을 감당하기에 턱없이 부족했다. 개별 상품 가격과 가치 상승이 다르므로 물가를 단순하게 비교하기는 어렵지만, 1930년대는 데파트걸의 월급이 20~30원 정도였으며 상류층에 속했던 의사도 한 달에 75원, 은행원이 70원 정도를 받았으므로 500원이 넘는 모던걸의 의장은 월급보다도 훨씬 비싼 사치품이 분명했다.[139]

심한 이는 못된걸(모던걸) 못된보이(모던보이)라고까지 부르며 어떤 이는 그네들 정조에까지 불순한 말을 하니 이것은 심한 말도 되려니와 나와 같이 그네들 속은 모르고 겉만 보고는 할 말이 아니다. (중략) 예전은 모르지만 근래에 이르러 시체라 하면 그 요소의 90퍼센트는 양풍일 것이다. 요새는 좀 덜하지마는 한때는 서양 것이라

하면 덮어놓고 좋다 하여 의복, 음식, 심지어 뻬트까지라도 놓지 못해 하든 분들이 있었다. (중략) 격에도 어울리지 않는 몸치장과 행동이 보는 이의 악감을 샀을 것이요. 또는 되지도 않은 연애 자유론을 부르짖으면서 하로도 두셋씩 만났다 갈리는 분들이 그 속에 있어서 이러한 미움까지 받게 되는 것이라고 믿는다.[140]

「모던걸·모던보이 대논평」에서 박영희가 모던걸과 모던보이의 특징을 '유탕'과 '낭비', '퇴폐'로 보며 "유산 사회를 표상하는 유산자 사회의 근대적 퇴폐군"이라고 비판했듯이,[141] 이들의 소비문화는 1920년대 물산 장려 운동으로 대표되는 민족주의 진영의 경제 자립 운동과 사회주의 담론 속에서 서양 것이라면 덮어놓고 좋다 하여 격에도 어울리지 않는 몸치장과 행동을 하는 것으로 여겨졌다. 또한 심하게는 이들이 '못된걸', '못된보이'라고까지 불린다고 했다.

그러나 모던보이가 "청신한 감각의 세계, 찰나적이요 기분적인 도취의 세계가 언제든지 그들의 눈앞에 방황"하는 존재이자, "아름다운 근대의 무지개"라고 해명되었던 것과 달리, 모던걸은 "'해방된' 현대적 색시"로, "온갖 묵은 것으로부터 해방은 되었으나" 아직 "아무런 새로운 것"도 갖추지 못하고 다만 외양적으로 "도발적인 미", "사람 흥분시킬 미"만을 갖고 있는 "'모순'으로 틀어 채운 고무주머니"라며 비판받았다.[142] 모던걸에 관한 언술은 이처럼 그 외형의 아름다움에 집중되며 오로지 유행 소비를 통해 외형적 근대만을 추구하는 여성상으로 일관되었다. 이러한 논평이 카프의 자본주의 비판과 결합하면서 모던걸은 대중 매체를 통해 "근대적 사회의 퇴폐"를 대표하는 상징으로 각인되었다. 이는 또한 당시 대중 매체의 필자가 대부분 남성 지식인 계층이었던 상황에서, 함께 등장했던 모던보이에 대한 비난 역시 모던걸이 대신 감수해야 할 몫이었음을 보여 준다.

> 다른 것보다도 나날이 높아 가는 것은 여자의 사치다. (중략) 여자들은 치마 한 감에 삼사십 원 양말 한 커레에 삼사 원 손가락에 끼인 것만 해도 이삼백 원 머리에 꼬진 것만 해도 오륙백 원 얼굴에 칠하는 것 중에 분갑만 해도 아침분 낮분 밤분 해서 사오 원, 머리만 지지는 대도 일이 원이라 하고, 초가집을 나서서는 오든 길을 또 가고 가든 길을 돌처서서 대활보로 걸어가는 것이 소위 요사이 모던걸이다. 먹기에도 어려운 우리들의 소위 누이들은 어디서 그만한 돈을 얻느냐 말이다. "스트리트걸" 행세만 하여서는 도저히 이럴 수가 없다. 그 돈이 어디서 나는가? 더 말하지 않아도 알 만한 일.

나아가 안석주의 「일일일화: 어디서 그 돈이 생길까」는 소비 풍조가 여성의 성적 타락으로 이어질 수 있음을 암시적으로 드러냈다(그림 2-21). 또한 "육체미를 발휘하자! 이것이 현대인의 부르짖음이라면 만약 '여성 프로파간다 시대'가 오면 모던걸들의 옷이 몹시 간략해지겠다"와 같이, 노출이 심한 양장 차림의 여성 도상은 이들의 성적 방종을 드러내는 표지로 읽히기도 했다(그림 2-22). 이처럼 모던걸은 남성을 유혹하는 섹슈얼리티의 기표와 결합하며 타락하고 통속화된 못된걸로 비판받는데, 이러한 모던걸의 부정적 표상에는 여성의 사회 진출과 소비 욕구에 관한 지식인 남성들의 불안과 적대감, 남성을 유혹하고 위협하는 여성의 매력을 불온시한 전통이 작동했다.

「모던껄의 장신운동」에서 모던걸들이 착용한 금시계는 당시 높은 가격 때문에 구매하기 힘든 장신구로, 시계를 사기 위해 자기 몸을 판 여학생의 일화가 소개될 정도로 선망되었다.[143] 이를 바라보는 안석주 역시 "성적 충동을 위한 장식"으로 읽고 있으며 획일화된 모던걸들의 이미지를 나열해 유행을 맹목적으로 따르는 모던걸의 소비 풍조를 희화했다. 나아가 「모던걸 시위행렬」의 삽화에는 노출이 심한 서구식 드레스 차림에 온갖 장신구로 치장한 모던걸과 함께 보석이 박힌 이마, 피어싱을 한 코, 화려한 양말과 뾰족구두를 신은 다리, 거대한 보석 반지를 끼고 매니큐어를 칠한 손 등이 그려졌다(그림 2-23). 여성의 신체를 각각

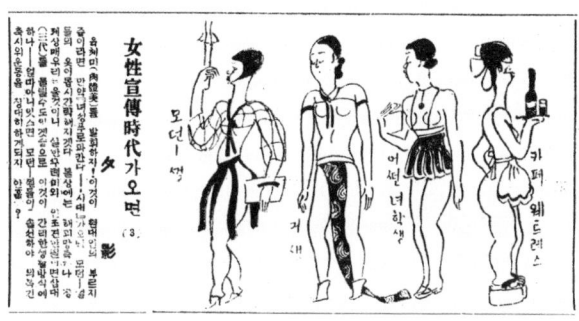

그림 2-21. 안석주, 「일일일화(一日一畵): (5) 어듸서 그 돈이 생길가」,
『조선일보』 1930년 4월 8일

그림 2-22. 안석주, 「여성 선전시대가 오면 (3)」,
『조선일보』 1930년 1월 14일

파편화함으로써 상품에 탐닉하며 물신화된 여성의 몸을 극대화해 표현한 것이다.[144] 이처럼 "유행의 물결에 가장 잘 끌리고도 휩쓸리는" 여성은 "여성의 가장 약점인 허영심"에 의해 "유행의 함정"에 빠지기 쉽기 때문에, 백화점에서 일어난 의복 절도 사건 역시 "비단 양말의 각선미"가 가져온 "여자의 허영심에서 나오는 범죄"로 치부되기도 했다.[145]

그림 2-23. 안석주, 「모껄 제3기, 1932년 모껄시위행렬」, 『조선일보』 1932년 1월 19일

"불란서 파리와 뉴욕 맨하탄에서 부침하는" 의상을 입고 손가락에는 "이삼백 원, 천여 원의 백금 반지"와 목에는 "값비싼 목걸이"를 한 모던걸은 결국 "허영의 도시의 시민"이 된다고 했듯이, 여성이 유행품을 소비하는 일은 허영으로 매도되었다. 모던걸이 상품에 매혹되어 낭비하는 소비 주체로서 이미지가 형성된 데에는 여성의 욕망을 남성이 통제하여 관리하고 재생산하고자 했던 근대 메커니즘이 작

용했다.[146] 이처럼 소비문화는 근대적 소비 주체로서 여성의 정체성을 확장했지만, 동시에 억압되었던 여성의 욕구와 섹슈얼리티가 표출됨으로써 이러한 풍조가 남성에 의해 부정적으로 매도되며 비난받았다고 할 수 있다.

모던걸을 사치와 허영의 표상으로 보며, "인생관에 있어서 또는 도덕이나 윤리 관념에 있어서 사회생활과 현대 인심의 귀취에 있어서 모든 이해와 관찰" 등 "아무러한 현대적 지식도 없이" 외형만으로 모던을 흉내 내는 것은 "불량소녀나 불량소년이 아니면 차마 못할 짓"이므로 "진정한 의미의 '모던'은 아직 없다"라고 했는데, 이들의 존재를 부정하는 근저에는 식민지 경성의 시대성과 장소적 특성이 자리 잡고 있다.[147] 근대와 전통을 위계적으로 구별하는 도시와 시골의 격차, 식민자와 피식민자의 간극을 드러내는 남촌과 북촌 사이의 격차, 중산층의 소비 욕망을 대변하는 도시 번화가와 빈민들이 모여 사는 지역 사이의 계급적 격차가 경성이라는 도시 공간을 구성하고 존재하게 하는 실질적 조건이었다. 못된걸과 못된보이라는 부정적 이미지로 모던걸과 모던보이의 표상이 고착되는 이면에는 식민지의 궁핍한 현실과 부조화를 이루는 이들의 소비 욕구에 대한 적대감과 더불어, 제국 일본의 문화를 모방하는 피식민지 지식인들의 자괴감이 작동되고 있었다.[148]

3

미인 제조

식민지적 미인 제조

서구화된 미인 제조

미인의 신체 제조

미인의 표정 제조

식민지적
미인 제조

1911년 『매일신보』에 실린 구라부 화장품 광고에는 "일본 도쿄 귀족 사회에서 대호평한 절품(絶品)"이라는 문구와 함께 화려한 장신구와 서양식 드레스 차림의 여성이 등장했다(그림 3-1). 광고 속 여성은 바로 일본 쇼켄(昭憲) 황태후를 그린 것이었다(그림 3-2).[1] 이처럼 광고는 신분 체제의 정점에 있는 황태후의 모습을 담아 식민지 조선의 제국 일본과 상류 사회를 향한 동경을 보여줬다.

광고 모델은 그 제품의 이미지와 직결되므로, '아름다움'을 판매하는 화장품 광고 속 여성은 미인 그 자체를 표상하며 대중적 미인화로서 기능했다. 이처럼 일본인 여성을 모델로 한 화장품 광고는 1910년대 초부터 등장하며 주로 황태후나 귀족과 같은 상류층 여성 이미지로 재현되었다. 이러한 현상은 식민지 시기 조선에 유통되고 소비된 상품이 대부분 일본제였으므로 광고

그림 3-1. 구라부 백분 광고, 『매일신보』 1911년 8월 16일
그림 3-2. 『매일신보』 1912년 1월 1일

근대 화장품 상표

화장품	카오 (花王)	구라부 (クラブ)	레토 (レート)	사와 (サーワ)	오리지나루 (オリジナル)	우테나 (ウテナ)	탕고도란 タンゴドーラン	헤치마코롱 (ヘチマコロン)
로고 디자인								

이미지 또한 일본적 미의식에서 벗어날 수 없었던 현실을 반영한다.

당시 알려진 대표적 화장품 브랜드는 구라부와 오리지나루(オリジナル), 헤치마코롱(ヘチマコロン), 우테나(ウテナ), 레토(レート) 등으로 모두 일본 제품이었다. 이처럼 외국어를 가타카나로 표기한 상품명이 대부분이었는데, 이는 일본에서도 서구를 근대화의 모범으로 선망하며 진보한 문명을 상징하는 언어인 영어로 상품명을 붙임으로써 고급문화이자 근대적 제품으로 대중에게 다가가고자 했기 때문이다.[2] 이러한 상품명은 식민지 조선에서 서구와 일본이라는 이중 권위가 반영되며 가타가나에 한글이 음독된 형태로 소개되었다. 영어 상품명은 수입 상품 또는 외국의 발달

미인 제조 173

된 기술을 떠올리게 하여 고급스럽고 세련된 인상을 주도록 의도된 것이었다. 이러한 광고를 접하는 여성들은 전통적 한자 명칭보다 서구적인 것에서 새로움을 느꼈다.

근대 화장품 대다수가 일본 제품이었으며 상표뿐만 아니라 광고 도안도 대부분 일본 광고 이미지를 그대로 차용하여, 소비산업의 식민화와 함께 식민지적 미인상이 제조되었다. 1910년대에서 1920년대 중반까지 조선에 전해진 일본 광고는 총 2000건을 넘었는데, 그중 화장품 광고가 차지하는 비율이 15퍼센트로 약품에 이어 2위를 차지했고, 1910년대 중반에는 약품 광고의 수를 능가하기도 했다.[3]

1919년 9월 12일에 실린 『경성일보』의 구라부 화장품 광고가 며칠 뒤 『매일신보』에 그대로 게재되었듯이, 일본 광고를 수용하는 양상은 근대 전반에 걸쳐 이루어졌다(그림 3-3~6). 일본 광고는 일본어 문구만 한국어로 번역하여 국문 일간지에 실렸으며, 이후 『동아일보』와 『조선일보』 등에도 중복 게재되며 일본의 미인상을 조선에 이식했다.

구라부 화장품의 미인 이미지와 같은 근대 일본 광고의 미인 도상은 화단의 '미인화'에서 영향을 받아 구상되었다. 1911년 구라부의 황태후 도상 역시 일본의 근대 미인화 양식으로 그려졌다. 일본 미인상의 전통과 서양 여성화의 영향을 받아 탄생한 근

그림 3-3, 그림 3-4. 구라부 백분 광고,
『경성일보』 1919년 12월 9일; 『매일신보』 1919년 12월 10일
그림 3-5, 그림 3-6. 구라부 백분 광고,
『경성일보』 1919년 11월 13일; 『매일신보』 1919년 11월 15일

대 미인화는 미인화 광고 포스터라는 독특한 형태로 다양한 광고 도안에 활용되었다. 이러한 일본의 미인화 광고는 조선에서 제국 일본을 향한 선망이라는 식민지적 미의식과 함께 대중에게 유포되어 근대의 미인상과 화단의 미인화 양상을 바꿔 놓았다.

근대 일본 미인화와 미인 광고

식민지 조선의 미인상에 영향을 준 일본 미인화는 근대 일본 미술의 제도화 과정에서 메이지 시대의 미학적 이슈나 이상적 미의 추구와 결부되어 형성된 화목이었다.[4] 미의 가치가 일본에서 이른 시기부터 학제화되고 제도화되었듯이, 미인화는 이를 실천하는 미술 양식으로 언론과 대중의 주목을 받으며 전개되었다. 미인화는 일반적으로 여성의 외모와 내면의 아름다움, 이른바 여성미를 모티프로 한 그림을 가리켰다. 미인을 감상하기 위해 그린 그림은 근대 이전부터 있었지만, 문부성 미술 전람회의 화목으로 정착하며 이전의 회화 양식까지 포괄하는 용어로 사용되었다. 메이지 말기에는 일본을 잠식한 국수주의적 미술 동향에 따라 일본의 정체성과 '일본미'의 창출이 우선으로 추구되면서 근대적 미인화의 성립 역시 가속화되었다.[5]

　미인화 이전에도 여성을 모티프로 한 우키요에(浮世繪) 그림

들을 '미인 그림(美人繪)'이나 '온나에(女繪)'로 분류했으며, 근세 초기에 이르러 여성을 단독으로 그린 인물상이 등장하여 중요한 화제로 다뤄졌다. 간분(寬文) 미인도에서 시작된 에도 시대의 우키요에 미인도는 당세 풍속과 함께 이상적으로 양식화된 미인 이미지를 담았다. 화려한 복식을 갖춘 우키요에 미인도 속 여성은 길고 가는 눈과 작은 입, 갸름한 얼굴형으로 대표되는 에도 시대 일본의 미인관을 관념적으로 표상했다.[6] 주로 유곽의 유녀와 예기(藝妓)를 그린 우키요에 미인도는 니시키에(錦繪)로 불린 다색 목판화가 등장하며 대중화되었다. 메이지 시대에 이르면 서양의 새로운 문물들이 소개되면서 당시 개화 풍속을 반영하여 신식 머리 모양과 양장 차림을 한 미인상이 그려졌다.

근대 일본의 미술 제도와 문전(文展)을 통해 정립된 미인화는 동시대뿐만 아니라 이전 시기의 미인상을 아우르는 장르로 자리 잡았다. 미인화는 미인의 자세와 화면 구도에서 우키요에 미인도를 모본으로 삼기도 했으며 서양화의 사실주의 화풍에 영향을 받은 화면을 보여 줬다. 명확한 선묘와 대담한 구도가 특징이었던 전통 화풍은 서양화의 투시법과 빛의 변화를 적용한 신일본화 양식으로 개량되며 자연스러운 인물 표현으로 이어졌다. 기형적으로 작았던 미인의 입술과 눈도 새로운 미의식의 영향 속에서 점차 현실적으로 묘사되기 시작했다.[7]

미인화의 인기와 함께 그에 관한 다양한 논의도 이루어졌다. 야마나카 고도(山中古洞)는 "미인화는 본 느낌 그 자체가 중심이 되기 때문에 다른 역사화나 도석 인물화와는 입장이 다르며" 이를 통해 "시대의 경향"을 헤아릴 수 있다고 했고, 시마자키 류(島崎柳塢)는 "무릇 회화는 그 시대 문화의 정표인 이상 좋은 화제(畫題)는 현대적이고 그 정신도 현대적"이어야 하며 묘법 등은 때에 따라 바뀔 수 있지만 미인화는 "사회의 실상과 인정(人情)을 느끼도록 고위층 따님도, 저잣거리 주부도, 여배우도, 여학생도, 하녀도 모두 저마다 모습을 나타내어 각각 과연 그 사람답다는 느낌이 있는 작품이어야 한다"라고 서술했다.[8] 이처럼 미인화는 당대의 현대적 경향을 반영해야 한다는 인식이 형성되며 그 대상도 일반 여성으로 확대되었다. 미인화가 유행하면서 가부라키 기요카타(鏑木淸方, 1878~1972)나 기타노 쓰네토미(北野恒富, 1880~1947)와 같은 미인 전문 화가도 등장했는데, 이들은 미인화뿐만 아니라 삽화, 광고 등 작업을 병행하며 이후 미인화의 상업화에도 영향을 미쳤다.

오카다 사부로스케(岡田三郎助, 1869~1939)의 〈무라사키시라베(むらさきしらべ)〉(1909)는 미쓰코시백화점 광고 포스터로, 도쿄권업박람회에서 1등을 수상한 유화 〈부인상〉(1907)을 원화로 제작되었다(그림 3-7, 그림 3-8). 이 포스터는 석판 기술이 발전하면서

그림 3-7. 오카다 사부로스케, 〈부인상〉, 일본 1907, 캔버스에 유채, 73.3×61.5cm, 도쿄 브리지스톤(ブリヂストン)미술관

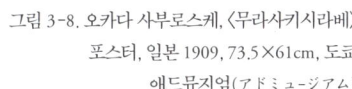

그림 3-8. 오카다 사부로스케, 〈무라사키시라베〉 포스터, 일본 1909, 73.5×61cm, 도쿄 애드뮤지엄(アドミュージアム)

그림 3-9. 기타노 쓰네토미, 사쿠라 맥주 포스터, 일본 1913, 111.8×80cm, 도쿄 인쇄박물관

유화의 사실적 묘사가 원화에 근접할 정도로 재현된 작품이다. 이처럼 일본 미인화는 광고에 적극적으로 이용되며 '미인화 포스터'로 불렸다. 미인 이미지의 대중화는 전람회와 같은 전시 공간에서도 이뤄졌지만, 광고나 포스터와 같은 인쇄 미술을 통해 가속화되었다. 특히 미인 이미지를 주제로 한 미인화 포스터는 일본에서 인기를 크게 끌었다. 미인화 포스터는 당시 최고 수준의 제판 인쇄술로 제작되어 고가에 거래되는 등 복제 미술임에도 일반 회화처럼 수집·감상의 대상이 되었다.[9] 고도의 복제 기술로 제작된 미인화 포스터는 종래 니시키에나 일본화와는 달리 서양화의 사실적 표현 기법으로 대중의 눈길을 사로잡았다. 당시 이처럼 회화 작품을 그대로 차용하거나 그와 같은 수준으로 광고 포스터를 인쇄하는 것은 상품의 이미지와 가치를 높이는 일이기도 했으므로, 일본 미인화 포스터는 그 나름의 양식을 구축하며 활발하게 제작되었다.

미인화 포스터는 기타노 쓰네토미와 스기우라 히스이(杉浦非水), 도고 세이지(東鄕靑兒) 등 많은 화가와 도안가에 의해 다양한 양식으로 제작되었다. 기타노 쓰네토미의 미인화로 그려진 구라부 치약이나 사쿠라(サクラ) 맥주 포스터 역시 인쇄 미술이 화단과 영향 관계에 있었음을 보여 준다(그림 3-9).

또한 미인화 포스터는 메이지 말기 '일본 제일의 미인'으로 불

그림 3-10. 가부토 맥주 포스터, 일본 1908, 78.8×52.8cm

그림 3-11. 가부토 맥주 광고,『매일신보』 1913년 4월 17일

렸던 예기 만류(萬龍)를 그린 가부토(カブト) 맥주 포스터처럼 실제 미인을 모델로 쓰기도 했다. 이러한 미인화 포스터는 근대 조선에 그대로 전해지며 제국 일본의 여성을 선망하는 식민지적 미의식이 심화되었다(그림 3-10, 그림 3-11).

일본 화장품 광고의 미인

『경성일보』는 식민지 시기 재조 일본인을 위해 발간된 일간지로, 지면에 게재된 일본 상품 광고와 도안을 통해 조선에 전해진 미인 도안의 원형을 확인할 수 있다. 가장 많은 광고를 실은 구라부 화장품의 상표인 쌍둥이 자매 이미지는 "혼자보다는 둘, 더 많은 여성에게 아름다움"을 제공한다는 당사의 '쌍미인정신'을 도안한 것이었다.

『도풍속화장전』이나 게이사이 에이센(溪齋英泉, 1790~1848)의 〈토우토게이코(東都藝子)〉 속 여성과 같이 결혼 후 눈썹을 밀고 그 위에 새로 그렸던 에도 시대의 미의식이 근대에 이르러 어떻게 변화했는지는 상표 속 미인 이미지를 통해 알 수 있다. 근대에는 미인화 속 미인처럼 두툼하고 자연스러운 눈썹으로 변화했고, 큰 눈을 작아 보이게 하는 화장 역시 서구적 큰 눈이 이상화되면서 사라졌다. 기타가와 우타마로(喜多川歌麿, 1753~1806)가 그린 〈가네쓰케(かねつけ)〉의 여성처럼 이를 검게 물들이거나 아랫입술을 초록색으로 그렸던 전통, 극단적으로 작은 입을 선호했던 미의식 역시 근대 미인화와 서구의 사실적 화풍이 정착하며 자연스러운 입술 표현으로 변했다.

또한 미인의 얼굴은 점차 평면화되고 간략하게 도안화된 양식으로 그려졌다. 이는 스기우라 히스이의 미인화 포스터 양식에서 영향을 받은 것으로, 그는 일본화와 서구의 아르누보, 독일 상업 미술을 융합한 화양 절충의 '일본적 모더니즘' 양식의 여성

그림 3-12. 스기우라 히스이, 〈미인〉 미쓰코시 오복점(三越呉服店) 포스터, 일본 1914, 105×76cm, 도쿄 미쓰코시 주식회사

상을 그렸다(그림 3-12). 기모노 차림에 타원형 얼굴과 긴 코, 작은 입술의 구라부 미인 도안은 일본 미인화 속 미인의 양식화된 얼굴처럼 무표정하여 아무런 감정이 드러나지 않는다. 비정상적으로 크게 그려진 눈은 서구적 미의식과 화장법을 반영한 듯하다. 전형화되어 모든 상품에 동일하게 등장한 미인의 얼굴은 독자들에게 '구라부 미인상'으로 각인되었을 것이다. 비록 등장하는 미인의 얼굴은 모두 같았지만, 당시 화단의 경향을 반영해 미인화에서 자주 그려지던 연주상과 독서상 등도 광고로 제작되었다. 양장 미인과 신문물인 전화를 사용하는 여성, 자동차를 운전하는 여성 도상처럼 새로운 시대의 풍속과 유행을 활용하기도 했다.

구라부가 광고한 "화장의 방식(お化粧の仕方)"과 "숙녀식 화장의 순서(淑女式お化粧の仕方)"는 구라부 미인 도안과 함께 미인이 되는 방법을 도표와 함께 소개했다.[10] 도표 순서에 따라 화장하면 도표 마지막에 있는 구라부 미인 도안처럼 아름다운 여성이 될 수 있다는 뜻이다. 광고는 "모범적 화장법"이라는 문구와 함께 일본 지도를 삽입하는 등 다양한 방식으로 제작되었다. 비슷한 시기에 판매하던 다른 화장품들 역시 도안화된 미인상을 광고에 적극적으로 활용했다. 광고에 등장하는 미인상은 각 회사를 대표하는 미인 이미지로 저마다 다른 양식으로 제작되었으나

대부분 일본 미인화와 미인화 포스터에서 만들어진 미인 이미지를 도안한 것이었다. 이러한 미인상은 화장품뿐만 아니라 여성 자양 강장제인 주조토(中將湯)과 맥주, 인단(仁丹) 등 약품과 식음료 등 다양한 광고에도 활용되었다.

1910년대 중반부터는 그동안 도안으로 그려졌던 미의식을 직접 체현한 실물 미인 사진이 광고에 등장하기 시작했다. 고정된 미인 도안을 답습했던 구라부 화장품도 새로운 흐름에 맞춰 미인 모델의 사진을 광고에 실었으며, 동그란 틀 안에 삽입된 미인 얼굴은 "화장의 방식" 도표의 마지막 종착점인 "미인" 텍스트를 대신하여 배치되는 방식으로 디자인되었다.[11] 기존의 미인 도안처럼 히사시가미 머리를 한 사진 속 여성은 구라부가 제시한 미의식을 체현한 미인이었다.

선망되는 일본 미인

대부분 일본 광고가 가감 없이 조선에 전해지면서 조선에서는 일본 미인 도상이 대중화되어 일본적 미의식을 내재화하는 결과를 낳았다. 특히 화장함으로써 미인에 이르게 된다는 구라부의 도표 광고가 조선에 그대로 전해지며, 조선 여성들은 미인의 자리에 치환된 일본 여성의 도안과 사진을 선망하게 되었다(그림 3-13, 그림 3-14).

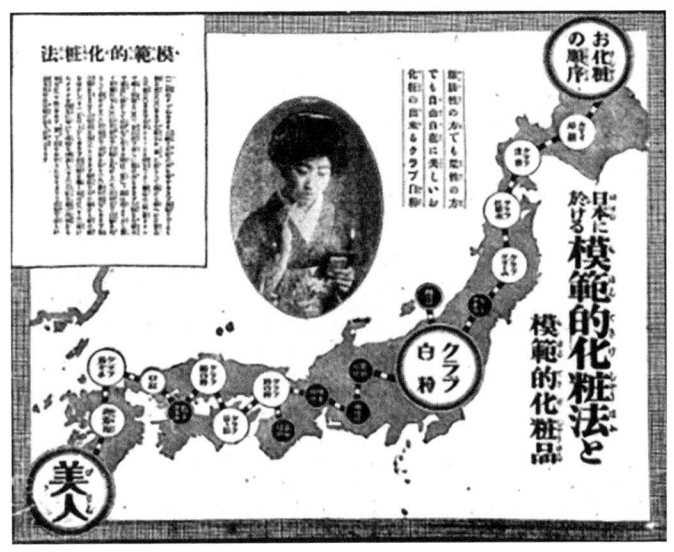
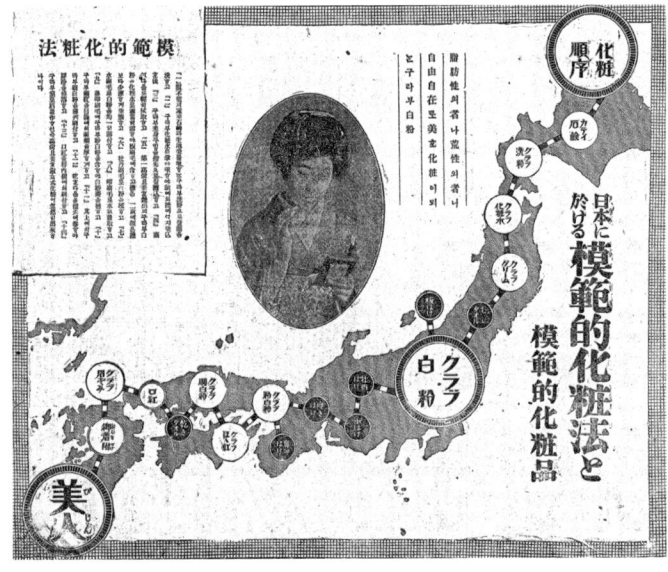

그림 3-13. 구라부 화장품 광고, 『경성일보』 1920년 12월 17일
그림 3-14. 구라부 화장품 광고, 『매일신보』 1920년 12월 18일

1911년 『매일신보』 구라부 화장품 광고에 실린 "일본 도쿄 귀족 사회에서 대호평한 절품"이라는 문구나, "귀부인이나 영양"이 사용한 화장품, "황후궁직어용품(皇后宮職御用品)" 같은 광고 문구는 이후에도 지속적으로 등장하며 화장품이 상류 사회의 소비품임을 선전했다. 또한 "도쿄의 숙녀 간에 대호평", "도쿄 제일 잘 팔리는" 화장품이라는 문구는 식민지 조선이 아닌 제국의 수도를 문명화된 이상적 공간으로 설정했음을 보여 준다. 화장품 광고는 "귀족부터 평민까지" 즉 일본 귀부인에서부터 식민지 조선 여성에 이르기까지 신분의 고하와 관계없이 상품 구매를 권유하면서 이를 통해 상류층 여성과 같은 생활을 영위할 수 있다는 환상을 심어 주었다.

이처럼 이상적 공간과 미의식을 일본과 일본 여성에 둠으로써 결과적으로 식민지 조선의 정신적 식민화가 가속화될 수밖에 없었다.[12] 또한 이러한 광고를 통해 조선 여성이 민족적으로도 신분적으로도 이등 국민이 될 수밖에 없는 현실을 극명하게 인식하게 했다. 일본 미인은 식민지 조선과 대비되는 문명화된 본토이자 내지를 상징하는 표상이었다. 광고는 미인 도상과 문구를 통해 조선에 제국 일본의 미의식을 종용하고 이상화하면서 식민주의적 미인상을 형성했다.

조선에 전해진 일본 근대 미인 이미지는 앞서 언급한 구라부 미인상과 같이 특유의 무표정하고 창백한 얼굴로 소개되었다. 화려한 기모노와 대비되는 미인의 정적 자세는 대상화된 여성의 수동성을 극대화하며 마치 광고되는 상품과 같은 이미지로 다가왔다. 또한 큰 눈과 달리 입은 작게 그려졌는데, 입이 전통적으로 발언권과 관계된 기관으로 해석되었던 만큼, 미인의 작은 입은 여성의 소극적 성격과 지위를 표현한 것으로 해석할 수 있다.

 조선의 미의식과 미인상의 일본화는 광고뿐만 아니라 화단에서도 감지되었다. 근대 이전까지 조선에서 일부 계층의 남성들만 미인도를 한정적으로 향유했다면, 일본을 통해 조선 화단에 수용된 근대의 미인화는 공진회나 전람회 같은 새로운 전시 공간에서 대중도 관람할 수 있었다. 고희동의 〈가야금〉은 1915년 시정 5주년 기념 조선물산공진회에 출품되어 동패를 수상한 유화로, 일본 관전(官展)에서 유행한 여성 연주상을 조선식으로 변용한 작품이었다. 총독부 후원으로 열린 1917년 '시문서화의과대회(詩文書畵擬科大會)'에서도 김권수(金權洙)의 〈당(唐) 미인상〉과 최우석(崔禹錫, 1899~1964)의 〈여름 미인〉 등 미인화 양식 작품이 수상했던 것으로 보아 미인 관련 화제가 출제되었던 듯하다.[13]

 미인화는 1922년 조선의 미술을 제도적으로 관리하기 위해 창설된 조선미술전람회를 통해 화단의 주요 화제로 자리 잡았다. 조선미전은 식민지 시기 유일한 관설 공모전으로 국가와 아카데미즘에 의한 '국정(國定) 예술'을 창출하고 유포한 근대 일본의 관전 제도를 모방하며 조선에 일본 중앙 화단의 관전 양식을 재생산했다. 조선미전을 통해 조선화와 일본화를 포괄하는 동양화와 서양화단이 형성되었으며, 미인화는 채색 인물화의 주요 제재로서 동양화부에서 신일본화의 지류로 성장했을 뿐만 아니라 서양화부에서도 즐겨 구사되었다.[14]

김은호(金殷鎬, 1892~1979)의 〈응사(凝思)〉는 당시 개량 한복 차림의 여학생을 그렸지만, 한 손에 꽃을 들고 고

그림 3-15. 김은호, 〈응사〉, 1923, 비단에 수묵채색, 130×40cm

미인 제조 **189**

개를 뒤로 돌리며 화면 밖을 응시하는 자세는 우키요에 미인상의 구도를 반영한 것이었다(그림 3-15). 당시 "일본 취향이 있어 보인다"라고 평가받았듯이, 이 작품은 근대 일본의 미인화 양식을 반영하며 일본의 미인과 미의식을 향한 선망을 드러냈다. 이처럼 일본의 근대 미인 이미지는 조선의 미인상을 잠식하며 수동적이고 정적인 여성상, 즉 일본 미인화적 미감을 구사하는 미인상으로 구현되었다.

일본 미인상의 조선적 변용

1920년대에 들어서면 일본 광고를 그대로 수용했던 기존 광고 이미지에 변화가 일어난다. 독립운동으로 반일 감정이 고조되고 일본의 식민지 정책이 문화 정치로 전환되면서 일본 광고에서는 조선 소비자를 의식한 '조선적' 변용이 일어나기 시작했다. 또한 1910년대 『매일신보』가 유일한 대중 일간지였다면 1920년대에는 『동아일보』와 『조선일보』 등 민간지가 추가로 발행되며 더욱 다양한 상품 광고와 이미지를 독자에게 제공했다. 일본 수입품인 '인단'과 '아지노모토(味の素)' 광고 도안이 빠르게 조선화된 것과는 달리 미인 도상을 담은 화장품 광고는 1920년대 중반부터 변화하기 시작했다.

이러한 변화는 1923년 조선물산장려회의 물산 장려 운동을 계기로 가속화했다. 『동아일보』는 1923년 1월부터 4월까지 사설 10회와 기고 48회에 걸쳐 물산 장려 운동을 펼쳤고, 기업들은 광고에 '국산품 장려'라는 문구를 넣었다.[15] 신문 광고란에는 여전히 일본 광고가 대부분이었지만, 이러한 사회적 움직임 속에서 일본제 상품에 관한 조선인들의 반감과 취향을 고려하여 광고 이미지를 조선식으로 변환하고자 하는 움직임이 일어났다. 그러나 일본 상품과 달리 조선 자본의 상품 광고는 조선을 독립국가처럼 표기하고 일본을 외국으로 취급했다며 총독부의 검열과 탄압을 받기도 했다.[16] 이처럼 일본 상품을 "국산품"으로 호명하는 것은 허용되지만 조선산을 "국산품"으로 표기하는 것은 금지했던 총독부의 광고 정책을 통해 식민지 조선이 감내해야 했던 근대화의 한계를 읽을 수 있다.

1920년대 경성방직회사의 포스터에서 볼 수 있듯이, 조선 제품의 광고 속 여성 이미지는 일본 도상을 차용하지 않고 조선인 여성을 모델로 한 사실적 미인상을 그렸다는 점에서 차이가 있다(그림 3-16). 한복 차림에 둥글고 납작한 얼굴과 붉게 상기된 두 볼, 외꺼풀의 눈매는 기존의 일본 미인 도안에서 볼 수 없었던 여성상으로, 조선인 배우나 기생을 모델로 그린 조선 여성의 초상인 듯하다. 일본 상품 광고에도 이러한 조선 광고 도상의 영향

그림 3-16.
경성방직회사 포스터,
1920년대, 92.5×62cm,
디자인코리아뮤지엄

을 받아 조선인 여성이 등장하며 의복뿐만 아니라 얼굴 표현에서도 조선화를 구현하고자 했다.

　1925년 5월 『동아일보』에 연재된 레토 화장품 광고는 미인의 의복과 머리를 조선적으로 변용한 가장 이른 시기의 광고였다.[17] 크림 레토와 레토 메리, 레토 가루분, 레토 백분으로 '아름다워지는 화장법'을 소개한 기사식 광고로, 쪽머리 여성과 짧은 머리를 한 신여성이 등장해 화장품이 신구를 포함하는 모든 조선 여성에게 적합하다는 이미지를 보여 주고자 했다. 설명형 광고 문구도 모두 한국어로 제작되었는데, 이러한 형식은 『경성일보』에서도 보지 못했던 형식으로 조선인 독자를 위해 자체적으로 만든 광고인 듯하다. 그러나 조선화된 의복이나 머리와 달리 광고 속 무표정한 여성의 얼굴은 기존 일본 도안을 답습하고 있으며, 풀린 저고리 사이로 드러난 가슴 등 성적 이미지와 구도 역시 일본의 영향을 받았다.

일본 광고 미인상의 조선화는 구라부 화장품이 근대기 신문지면에 압도적으로 많은 광고를 실으면서 적극적으로 이루어졌다(그림 3-17~19). 구라부 광고는 일본 상표를 번역해 한글로 표기하고 일본 여성 이미지 대신 조선 여성을 모델로 그리면서 거부감 없이 식민지 조선의 일상에 스며들고자 했다. 당시 광고를 시작한 국산 화장품 박가분(朴家粉)이 광고에 댕기머리를 한 전통 여성상을 실은 것과는 달리, 구라부 화장품은 짧은 한복 치마와 구두, 신식 머리를 한 신여성 이미지를 제시했다.[18] 또한 기존에 가타카나 상표명에 한글을 첨자로 넣었던 방식에서 한글을 도안화하여 상표명으로 크게 배치하는 방식으로 변화했다.

1925년 8월『매일신보』에 게재된 구라부 백분과 구라부 미신 크림 도안은 반복적으로 지면에 등장하며 조선적으로 변용된 미인상을 대중에게 소개했다(그림 3-20~22). 구라부 백분은 기모노

그림 3-17, 그림 3-18, 그림 3-19. 구라부 백분 광고,『경성일보』1920년 5월 2일,『매일신보』 1925년 6월 8일,『매일신보』1925년 8월 2일

를 입은 일본 여성을 신식 한복 차림을 한 조선 여성으로 바꿨으며 가타카나로 기재되던 상표도 한글로 교체했다. 이 도상은 『매일신보』를 시작으로 같은 달 『동아일보』와 『조선일보』에 모두 실렸으며, 이후 구라부 크림과 치약, 가테이 비누 등 구라부의 모든 상품 광고 도안이 조선화되었다. 이와 같은 일본 미인 광고 도상의 변화는 1920년대 구라부와 레토 화장품을 중심으로 나타난 현상으로, 헤치마 코롱이나 미안 백분 등 대부분의 화장품은 전처럼 일본 광고를 그대로 사용했다. 그러나 구라부의 광고량이 다른 상품보다 압도적으로 많았으므로 구라부 상품 광고를 통해 조선화된 미인상이 대중적 이미지로 자리 잡을 수 있었다.

구라부 미인상은 레토 광고처럼 의상만을 기모노에서 한복으로 바꾼 것이 아니라 얼굴 형태까지 조선인으로 바꾸면서 가장 조선적 미인 도안을 구현하고자 했다. 기존의 갸름한 계란형 얼굴은 둥근 얼굴로, 또한 확연히 작아진 눈과 둥근 코, 일본 도안에 비해 커진 입 등, 조선적으로 변용된 미인상은 조선 여성의 이미지를 사실적으로 표현했다. 이러한 여성상은 앞서 본 조선 상품의 여성 이미지와도 상통했다. 또한 기존 일본 도안에서는 기모노가 부피감 없이 평면적으로 그려졌던데 반해 한복의 주름 표현을 통해 신체의 부피감을 드러냈으며, 머리 형태 역시 단발과 히사시가미, 웨이브 등으로 다양하게 묘사했다. 인물의 비례

그림 3-20, 그림 3-21, 그림 3-22. 구라부 미신 크림 광고, 『경성일보』 1924년 11월 8일, 『매일신보』 1924년 12월 1일, 『동아일보』 1925년 8월 11일

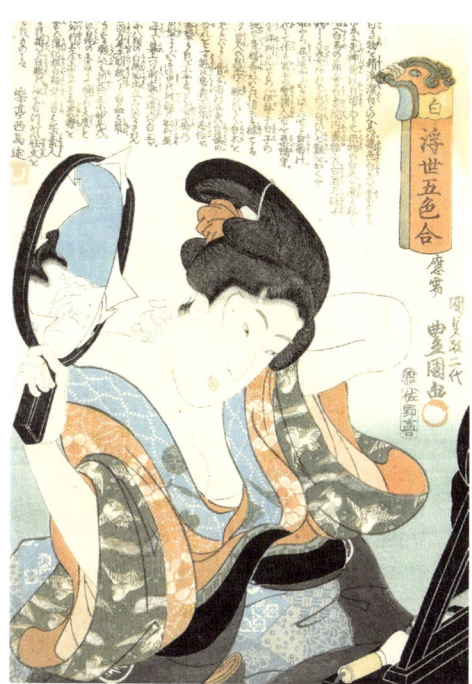 

그림 3-23. 우타가와 도요쿠니(歌川豊國), 〈흰색(白)〉『우키요에 오색합(浮世五色合)』, 일본 1847, 36.3×25.7cm, 도쿄 도립도서관
그림 3-24. 구라부 포마드 포스터, 1926, 76.5×26.cm, 디자인코리아뮤지엄

나 자세 등 신체 표현이 기존의 일본 도상보다 조악하게 그려진 점이 있지만, 처음으로 조선적 미인상을 형상화하고 대중화했다는 점에서 중요한 자료라고 할 수 있다. 또한 일본 상품이 조선인 모델을 통해 조선 소비자에게 구매를 권장하고자 했다는 점에서 식민지 소비 산업의 기형적 면모를 보여 준다고 할 수 있다.

 이러한 양상은 광고 포스터에서도 나타났다. 대부분 일본 도안을 그대로 썼던 이전과 달리 조선 여성이 등장한 일본 상품 광고들이 제작되기 시작했다. 한복 차림의 여성 모델을 기용한 대학목약(大學目藥) 포스터는 서양화 양식의 사실적 미인상으로 그려졌고 주조토 역시 조선 여성을 그리며 포스터의 배경으로 당시 유행한 평양 기생 엽서의 이미지를 활용했다. 구라부 포마드 포스터는 특이하게도 한복을 입고 거울로 목뒤를 살피는 여성 이미지를 담았는데, 이처럼 머리 언저리와 목덜미인 하에기와(はえぎわ)를 다듬는 미의식은 에도 시대부터 이어진 일본의 전통적 미감으로 조선에서는 찾아볼 수 없는 것이었다(그림 3-23, 그림 3-24). 이처럼 우키요에 미인상에서부터 계승된 도상이 근대 미인화를 거쳐 광고 도안으로 상용되고 다시 조선식으로 변용되는 양상을 통해 일본과 근대 미인 도상의 형성 과정과 계보를 살펴볼 수 있다.

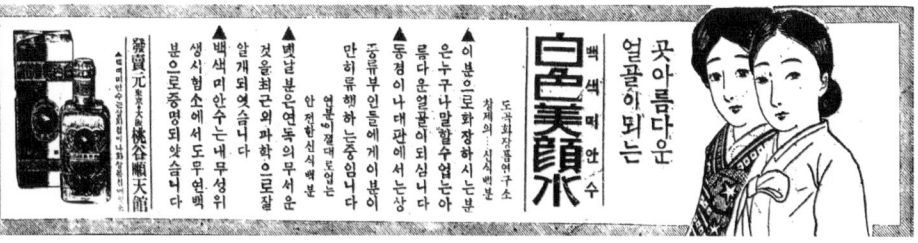

그림 3-25. 백색미안수 광고, 『동아일보』 1926년 11월 20일

조선 미인의 한계

조선과 일본의 미인을 함께 그린 백색미안수는 바르면 "곧 아름다운 얼굴"이 되는 화장품으로 "도쿄나 오사카에서 상중류부인들에게 많이 유행하는 중"이라고 광고했다(그림 3-25). 이처럼 도안의 조선화와 관계없이 미의 지향점은 여전히 일본 도시인 도쿄나 오사카에 있었으며, 그 목표는 일본의 상중류부인들처럼 되는 것임을 보여 준다. 나란히 그려진 조선과 일본 두 여성은 구라부의 자매 도안에서 영향을 받은 듯하다. 쌍둥이 자매처럼 동일한 얼굴로 그려진 두 미인은 의복에서 국적 차이가 드러난다. 구라부가 두 여성 도안을 통해 신식 여성과 구식 여성을 대비했듯이, 백색미안수는 신식 여성 자리에 일본 미인을 배치하고 구식 여성으로 조선 미인을 그려 넣었다. 이러한 신구 여성상은 결국 미인과 미인이 아닌 여성을 구분한 것이었다. 신식 일본

미인은 구식 조선 여성이 도달하고자 하는 미의 모델이지만, 얼굴이 같다고 하더라도, 미용으로도 극복할 수 없는 조선 미인의 한계를 보여 준다.

조선화된 여성 이미지와 상반되게 구라부 광고 문구는 여전히 "일본의 우량" 화장품 혹은 "일본인의 정용(整容) 미장(美粧)에 가장 적합한 상질 우량한" 제품임을 선전했으며, 동시에 제품 산지를 "국산품"으로 둔갑시키기도 했다. 1920년대 후반에는 당시 인기를 얻었던 장연홍(張蓮紅)이나 최승희(崔承喜, 1911~1969)와 같은 조선의 유명인이 일본 상품 모델로 등장했지만, 이들의 사진과 함께 기재된 "국산애용", "국산애용시대"라는 문구는 일본 상품의 국산화가 여전히 진행되고 있음을 보여 준다. 사실 1910년 한일 강제 병합 이후 조선은 더 이상 존재하지 않는 국가였으며 제국 일본에 소속된 지방으로 존속하고 있었다. 이처럼 조선인으로 변용된 미인 이미지는 일본이 자국 제품을 적극적으로 현지화하며 판매를 높이기 위한 상업 전략 그 이상의 의미는 없었다.[19]

1930년대 이후에는 일본의 내선일체 정책으로 화장품 광고에서도 조선 미의식의 식민화 양상이 더욱 노골화되었다. 조선 소비자는 "신 일본 여성의 여러분"으로 호명되었으며, "일본인의 살을 위하여", "일본인의 피를 바른 살결이라면" 등의 문구처럼 광고에서는 조선인의 존재를 배제했다. 또한 "일본 미인의 표준색"이나 "일본 여성의 화장", "일본인의 살에 가장 잘 맞는 분백분"과 같이 일본적 미의식을 종용하기도 했다. 광고는 이처럼 조선의 부재 속에서 일본과 식민지 조선의 경계를 모호하게 만들며, 내선일체 정책을 내면화하고 일상화하는 데 중요한 역할을 담당했다.

서구화된
미인 제조

문명과 동급으로 인식된 서구는 곧 근대의 지향점이었으며 근대 동아시아의 미의식 역시 종착지는 서구화였다. 미인이 곧 문명인 시대에 서양 여성은 이상적 미인으로 동경의 대상이 되었고 미인관 역시 서구적 기준에 맞춰 재편되었다.

동아시아의 근대 미인 이미지 역시 이러한 큰 흐름 속에서 전개되었다. 조선에 전해진 일본의 미인상도 일본적으로 변용된 서구 미의식을 반영한 것이었다. 일본의 미인화와 광고에서 일본화된 서구적 미인상을 간접적으로 학습할 수 있었다면, 서양 영화나 회화 작품 등을 통해 수용된 서구적 미의식은 직접적이고 즉각적으로 현시되었다. 더구나 서양 할리우드 영화가 큰 인기를 얻었던 조선에서 그 영향력과 파급력은 엄청났다. 또한 서구의 핀업 걸을 모방한 중국 상업 미술인 월분패화는 그 도상뿐만 아니라 기법에서도 조선 미인 제조에 영향을 주었다.

할리우드의 미인들

서구화된 미인 제조는 당시 보급된 활동사진, 영화와 밀접한 관계를 맺으며 전개되었다. 그 과정에서 가장 큰 영향을 미친 것은 서양 영화, 특히 미국 할리우드 배우들이었다. 근대 조선은 이들을 통해 서양과 서구적 근대를 동경하며 새로운 미의식을 정립해 나갔다.

1차 세계대전 전까지 조선에서는 주로 프랑스, 이탈리아 등 유럽 영화가 상영되었지만, 전후 영화계는 엠지엠(MGM), 유니버설(Universal), 폭스(20th Century Fox), 파라마운트(Paramount)와 같은 대규모 영화사가 설립되며 다량의 영화를 제작한 미국 할리우드를 중심으로 재편되기 시작했다. 이처럼 할리우드 영화는 '구세계'인 유럽을 대체하며 '새로운 세계'로 부상한 미국의 존재감을 경험하게 했다.[20]

서구 영화는 근대와 동격으로 인식된 새로운 매체였으며, 그중에서도 할리우드 영화는 서구 모더니티의 표상으로 여겨졌다. 대중의 감각과 취향은 할리우드 영화가 보여 주는 미국식 문화와 자본주의에 맞춰 재단되고 교육되었다. 근대 조선인들에게 할리우드 영화는 오락물이기 이전에 서구에 관한 지식과 발전된 근대 문명을 소개하며 직접적으로 서구를 체험케 하는 교과서였다. 영화는 "대중의 생각을 지배하는 데에 아무것보다도 큰 힘을 가진 것"으로, 영화 속에 등장하는 서양 생활 양식은 조선인들에게 근대적 일상을 구상하기 위한 이상적 모델이 되었다.[21]

"할리우드 영화는 어느 때에든지 수입된 영화의 구 할 이상이 항상 되었다"라고 했듯이, 매년 증가한 수입 영화 중 90퍼센트 이상이 할리우드 영화였으며, 시간의 간극 없이 일본은 물론 식민지 조선에까지 유통되어 대중적으로 향유되었다.[22] 이처럼 할리우드 영화는 "대중적 오락기관"이자 "교양의 향상을 위하여 없지 못할 것"으로 근대 조선의 일상을 구상하는 중요한 요소로 자리 잡았다.[23]

할리우드 영화가 대중의 인기를 얻자, 신문 매체도 영화에 관한 지면을 확장해 영화의 스틸 사진과 기사를 실었으며 인기 영화배우의 기사도 다루었다. 『동아일보』의 「영화 통신」과 『매일신보』의 「영화 소식」은 매주 영화계 소식과 신작 영화, 영화배우와 그들의 사생활을 기사화했으며, 『조선일보』도 연예와 영화 코너를 마련해 정기적으로 할리우드 영화계 소식을 보도했다. 그중에서도 대중이 가장 큰 관심을 두었던 것은 영화배우, 특히 미인으로 선망되던 배우들이었다. 기사와 함께 실린 배우의 사진은 독자들에게 할리우드를 향한 동경을 키워 주고 서구적 미의식을 대중화하는 역할을 했다.

할리우드 배우를 향한 동경

근대 대중문화 형성에 결정적 계기를 마련했던 영화는 근대인의 취미이자 여가 생활, 일상으로 정착하며 1930년대에는 극장 총관람객 수가 무려 1250만 명에 달할 만큼 큰 인기를 얻었다.[24] 영화 속에 등장하는 서양 문물이나 생활 양식, 배우들에 관한 조선 대중의 관심도 커졌다. 배우들의 동정과 사생활, 화장법, 사진 등이 매체들에 소개되면서 조선 여성들에게 서양 배우처럼 아름다워지고 싶다는 욕망을 불러일으켰다.

서구는 곧 근대라는 공식 속에서 영화 속 배우들은 이상적 미인으로 선망되었으며 미적 기준 역시 이들에게 맞춰졌다. "활동사진 여배우의 얼굴이 어느 젊은 애 숙사치고 아니 붙은 집이 몇 집이나 되겠는가"라고 했듯이, 여학생들은 배우의 스타일을 모방하며 미인이 되고자 열망했다.[25]

배우에 관한 환상은 비단 조선에서만 일어난 현상이 아닌 할리우드 문화가 포섭하는 모든 문화권에서 공통으로 나타났으며, 이는 할리우드 영화의 본거지인 미국을 향한 열망에서부터 시작되었다. "세계 어디에도 이처럼 많은 미남 미녀를 모아 놓은 곳은 없다. 이곳은 거의 미의 여신과 신들이 사는 곳이다. 창문을 닫는 소녀는 가장 고상한 마돈나로 분장한 비너스다. 신문 배달 소년은 젊은 아폴로신이다. 머리를 말아 올린 모든 계산원은 메리 픽퍼드보다 더 예쁘다. 모든 판매원은 존 길버트 같다. 시간이 좀 지나면 사람들은 비례 감각을 상실하고 볼 것이 아무것도 없게 될 것이다"라고 했듯이,[26] 할리우드는 모든 아름다움의 원류이자 선망과 욕망의 장소였다.

> 여자를 세뇨리타와 플래퍼 이 두 가지로 크게 구별할 수가 있는데 이 속에서 어느 편을 더 좋아하십니까. 서양 여배우로 치면 '리리안 기쉬'가 세뇨리타 형이요 '크라라 보'가 플래퍼 형입니다.
> 저는 '그레타 갈보'가 좋더군요. 그러니까 '그레타 갈보'와 같은 여자가 좋습니다. 얼굴이 이지적이고 육체가 풍만하고 행동이 정열적인.[27]

「어떠한 여성이 아름다운가」라는 주제로 진행되었던 1933년 개벽사 좌담회에서 릴리언 기시(Lillian Gish)나 클라라 보(Clara Bow), 그레타 가르보(Greta Garbo)와 같은 서양 영화배우들이 미인형 모델로 언급된 것은 영화의 대중화와 함께 서양적 미의 기준이 일상화되었음을 볼 수 있는 대목이다(그림 3-26~28). 선호하는 배우의 유형을 만들고 구별할 만큼 할리우드 배우의 이미지는 대중화되었다.

그림 3-26. 「리리안 킷쉬」, 『동아일보』 1925년 11월 11일
그림 3-27. 「마타하리 그레타 갈보 주연」, 『동아일보』 1933년 3월 17일
그림 3-28. 「크라라 보, 암흑가의 여자」, 『동아일보』 1931년 1월 31일

정발법에서 얼굴의 화장, 모자 양장의 스타일, 양화, 심지어는 눈썹 그리는 것이라든지 핸드백의 모양 경향까지도 직접적으로 또는 직접으로는 아니라 처도 간접적으로서는 대개가 이 영화에 있어서의 여배우의 모방을 하고 있는 때가 많음을 볼 수 있을 것이다. 즉 그들 젊은 현대 여성들에게는 이 영화야말로 새로운 유행 경향을 가르치는 책으로 되어져 있는 현상이다.[28]

근대 조선에서 할리우드는 곧 '유행'을 의미했다. 영화가 "새로운 유행 경향을 가르치는 책"이라고 했듯이, 영화배우에 관한 선망과 관심은 그들을 모방하고자 하는 움직임으로 이어졌으며, 특히 할리우드 배우들은 근대 조선 여성의 새로운 역할 모델이자 미의 기준이 되었다. 조선의 "젊은 현대 여성들"은 "활동 여배우들의 옷 입은 이 모양 저 모양"과 화장, 머리 스타일을 모방하고 이들의 제스처나 자세, 걸음걸이 등 행동 양식을 배웠으며 배우의 영화 속 생활 양식을 보며 근대에 필요한 새로운 미인상을 학습하고자 했다(그림 3-29).

종로통 대로로 활보하는 남녀 청소년들이 영화에 나타난 인물의 분장을 하고 다닌 때도 있었으며, 그들의 섭어(囁語)는 영화의 자막을 외우는 것 같은 그런 것이었다. 여성들의 안면의 화장, 양말 신은 모

그림 3-29. 「활동 여배우들의 옷 입은 이 모양 저 모양」, 『동아일보』 1933년 11월 1일

양, 구두, 또는 스커트가 오르고 내리는 것도 영화의 여배우를 따랐었고, 지금은 퍼머넌트 웨이브가 양가의 집 처녀의 검정 머리카락을 못살게 굴고, 또는 옥시풀로 머리의 검정 물을 빼어 여우털 같이 만드는 이 기이한 광경 역시 영화가 가져온 범죄다.[29]

안석주 역시 할리우드 영화가 미친 영향이 "기독교가 준 영향보다도 모든 생활 위에 감염시킨 바가 적지 않다"라고 했다. 그러나 여성들이 모방을 통해 얻고자 한 것은 단순히 "할리우드 스타들이 좋아하는" 옷이나 화장품이 아니라 서구 배우로 대표되

그림 3-30. 탕고도란 광고, 『매일신보』 1936년 11월 19일
그림 3-31. 탕고도란 광고, 『동아일보』 1936년 7월 17일

는 '근대'라는 기호이자 가치였다. 화장, 양말 신은 모양, 구두, 스커트 등은 신체의 근대화를 위한 품목이었다. 이처럼 할리우드는 "동양뿐 아니라 모든 '걸'의 원산지"로 유행을 선도하며 외양뿐만 아니라 생활 양식을 첨단화하는 데 필요한 상품과 지식 그리고 모델을 제공했다.

할리우드 영화가 유행하면서 광고업체는 영화 산업과 연계하며 상승효과를 누리기도 했다. 아름다움을 홍보한다는 점에서 특히 화장품 광고는 배우의 이미지를 적극적으로 활용했다. 레토 메리(レートメリー)는 일본 상류계 상품임을 강조한 기존 화장품 광고와 달리 영화배우가 애용하는 제품이라는 문구를 실으며 달라진 시대의 미의식을 홍보했다. 배우 이미지를 가장 많이 게재한 탕고도란 화장품은, "영화 스타의 애용 화장료"라는 문구와 함께 서양 배우들의 사진을 실었으며, 광고에 실린 사진 속 배우의 이름을 맞히는 행사를 열기도 했다(그림 3-30, 그림 3-31). 또한 영화 상영관에서 화장 시연 행사가 열릴 정도로, 여성 영화 관람객과 화장품 소비자는 밀접한 관계를 맺으며 발전했다.

서구 미인상의 대중화

할리우드 배우에 관한 선망 속에서 서구적 용모의 미인 혹은 서양 여성은 근대 미인상으로 제조되었다. 이들은 이전 시기의 여성 이미지와 대조되는 새로운 근대적 미의식을 체현한 미인이었다.

> 현대 여성의 아름다움은 첫째 그 외모, 얼굴에 있다. (중략) 근래의 여성들이 첫째 지나간 날의 부인들보다 판이하게 다른 점은 손쉽게 말하자면 제일 첫째로 그 외모에 있다 할 것이다. 그 무엇에게 꺾여 누르고 몰려서 기운을 펴지 못하는 듯한 겁 많은 뚜렷뚜렷하던 눈이 지금은 아무것에도 압박받지 않는 쭈뼛쭈뼛하지 않는 대담한 이지에 빛나는 눈으로 변한 것 한 가지만 가지고 말하더라도 확실히 근대의 여성들은 지나간 날의 부인보다 훨씬 아름답다 할 것이다. 반듯한 이마 검고도 뚜렷한 눈썹 콧날이 명료한 백잡으로 지어 놓은 듯한 코, 그다지 천하게 붉지 않은 두 볼 이지에 빛나는 그 무엇을 추구하여 마지않는 듯한 선명한 두 눈 의지의 굳은 힘이 드러나는 입모습, 대개 이와 같은 점이 근래 여성들에게 있어서 공통되는 점이다.[30]

여성의 아름다움은 첫째 얼굴에 있으며, 그 아름다움은 빛나는 눈과 반듯한 이마, 뚜렷한 눈썹, 콧날의 명료함으로 표현되었다. 특히 미인의 코는 근대 이전까지 언급되지 않았던 부분으로 코가 명료하다는 표현은 높고 분명한 서구적 코를 의미하는 듯하다. 현대 여성은 이처럼 외모에서도 이지를 갖췄기에 지난날의 부인보다 훨씬 아름답다고 했다.

근대 이전까지 동아시아에서 미인을 판단하는 데 눈의 크기나 형태는 그다지 중요한 조건이 아니었다. 큰 눈이 아름답다는 심미관 또한 부재했기 때문에, 미인의 눈을 가리키는 '명모(明眸)'라는 용어 자체도 맑은 눈동자를 가리킬 뿐이지, 눈의 외형을 묘사한 것이 아니었다.[31] 쌍꺼풀 유무 역시 미인의 요건이 아니었으며, 오히려 에도 시대에는 눈 크기를 작아 보이게 화장하기도 했다. 이처럼 근대 미인 도안에서 표현된 큰 눈은 근대 이전의 미의식에서는 볼 수 없는 서구적 미인상을 반영한 대표적 변화라고 할 수 있으며, 쌍꺼풀과 높은 코 역시 달라진 미의식을 나타내는 표징이었다.

할리우드 배우가 인기를 끌면서 미인을 평가할 때 이들과 비교하여 구체적으로 서술하기도 했다. "얼굴이 길고 넓은 여성은 '또로레쓰 텔리오'나 '그로리아수 손' 같은 인기 배우를 동경하고 눈이 큰 여성은 '크라라 보'나 '포라네그리'를, 허리가 가늘고 화사한 여성은 '그레다 칼보'나 '뻬리 떠브' 같은 세계의 인기 배우를 동경하는 것이다"라는 기사는 각각의 미의식을 배우의 용모를 통해 구상함으로써 미의식의 서구화를 증폭했다.[32]

미인의 표준은 시대에 따라 변한다. 그전의 미인도 현대에 와서는 아무런 매력도 주지 못하는 것은 현대인의 미에 대한 보는 점이 다른 까닭이다. (중략) '노마 세라'형의 미인은 너무나 얼굴이 정형화되어서 그리 강하게 인상을 주지 못하고 그와 반대로 '시몬'의 그 묘한 얼굴이 신세기의 매력이 있다고 하야 일반의 화제에 오르고 있다. 결과 미인이라는 것은 얼굴의 일점이 강렬한 박력을 가질 것 곧 다시 말하자면 한번 척 보는 순간에 심장을 쏘는 것 같은 매력을 얼굴의 일점에 가지고 있어야 한다는 것이다. 눈썹으로 말하더라도 지금까지는 비교적 등한히 여기어 오던 것인데 '그러타 가르보'가 일대 전기를 뵈었다. 그 여자는 할리우드에서 처음으로 대담하게 눈썹을 깎고 그 총각적인 광망을 발사하는 동자의 미를 만들었다. '디트리히'나 '헴프파'의 특이한 풍모가 나타난 것도 가르보의 계발에 의한 점이 많다.[33]

1930년대 미인의 표준은 서양 배우의 얼굴에 맞춰지며, 이전의 미인이 현대에는 아무런 매력도 없게 되었다. 기사에서는 현대인이 미를 보는 관점이 '노마 세라'형이라든지, '시몬'의 얼굴, '그레타 가르보'의 눈썹, '디트리히'와 '헴프파'의 풍모 등 할리우드 배우들을 중심으로 서술되었다. 이처럼 정형화된 배우의 이미지는 일상으로 언급될 정도로 대중에게 친숙해졌다.

서구적 미의 기준이 정립되면서 이들과 외모가 다른 동아시아 그리고 조선 여성들은 자기 신체에 불만을 품을 수밖에 없었다. 당시 이를 조장하고 더욱 증폭한 것이 광고 매체였다. 특히 화장품 광고는 서구적 미의식을 유포하며 근대 "문화생활의 필수품"으로 자리 잡은 화장품을 씀으로써 이들처럼 아름다워질 수 있다고 홍보했다.

미의 서구화는 영어로 표기된 화장품 상표나 광고 문구에서도 드러났다. 구라부 화장품은 "세계적"이라는 문구 아래 "There's the tint of youth in the touch of Club Face Powder"라는 긴 영어 문장을 넣거나 서구적인 여성 도안을 그리기도 했다.[34] 또한 "스마트한 맑은 감(感)"이나 "모던인 신사에, 씨크한 숙녀에", "봄의 아라모드", "노블하게, 스마트하게" 등 영어식 표현이 늘어나며 서구화가 일상화되고 있음을 보여 준다.

이러한 양상은 "외국어를 사용하는 버릇"을 긍정적으로 생각했던 당시 여학생들의 풍조와도 관련이 있다.[35] 여학생들은 학교 교육을 통해 영어와 일어, 불어 등 외국어를 접하고 이를 사용하는 것을 고상한 취미로 여겼으며, 일반 여성들도 낯선 언어의 광고 문구를 보며 세련된 이미지를 연상했을 것이다. 이러한 효과를 위해 특히 미용 관련 기사에는 '퍼센트'와 '리즘', '센티멘탈', '스트림 라인' 등의 외래어를 의식적으로 썼다.[36]

또한 "레몬이여 그대는 이태리 나라의 큰 수확이다", "이태리의 여자를 남구(南歐, 쁘루넬형)의 대표 미인을 만들었도다", "할리우드의 여배우의 미도 그와 같이 레몬으로 그 피부를 길러 낸 것" 등 광고 문구에 서양 국가와 도시를 언급하며 서구적 미의식을 직접적으로 드러내기도 했다. 제품을 구매하면 이탈리아와 할리우드의 미인과 같은 아름다움을 얻을 수 있다는 뜻이다. 탕고도란은 "불란서의 인형과 같이 참으로 아름다운 화장"을 선전하며 서구 여성과 같이 "얼굴을 입체화"하는 화장법으로 서구적 미인이 될 수 있다고 광고했다. "평면 화장에서 입체미의 생생한 근대 미로 일신되오"와 같이 서구적 외모, 즉 '입체미'는 곧 '근대미'의 표상으로 추구되었다.

중국 월분패화의 미인

미의 서구화는 서구를 문명개화의 모델로 삼았던 근대 동아시아에서 공유된 감성으로, 일본과 조선뿐만 아니라 중국의 월분패화 미인 이미지에서도 나타났다. 1900년대 조선의 히이로 담배 포스터 속 자매 도안은 중국 월분패화의 미인상이 전해진 것이다. 포스터에 등장하는 두 미인은 서양화의 명암법을 기초로 중국 전통의 공필화법이 융합된 사진 영상식 기법으로 그려졌는데 이러한 양식은 주로 월분패화에서 사용되었다.

월분패화는 외국 자본에 의해 소비 중심지로 성장한 중국 상하이를 중심으로 만들어진 미술 양식이었다. 유럽과 미국을 통해 유입된 서양 광고가 근대 중국 대중에게 거부감을 일으키자, 중국적 이미지를 근대적으로 개발해 광고 양식으로 완성한 것이 월분패화였다. 월분패화는 달력과 광고가 결합된 포스터로 화면에 제품과 상호를 표시하거나 상품과 함께 증정되기도 했는데 이는 전통적 세화(歲畫)와 농력(農曆)의 기능을 겸하며 대중에게 급속도로 보급되었다. 포스터는 대부분 다채로운 색채로 인쇄되었으며, 큰 이미지가 중앙에 자리 잡고 양쪽으로 1년이나 2년 치 달력이 배치되었으며, 이후 용도가 더 확장되어 통속 미술을 통칭하는 '상하이 포스터'로 유통되었다.

월분패화는 중국의 고전적 미인상에 서양의 화장법과 머리 모양 등 서구적 미감이 합쳐진 광고 미술로, 서구 핀업 걸 이미지의 중국적 변형으로도 볼 수 있다. 친숙한 치파오 차림의 미인을 통해 중국 대중에게 이질감을 없애고자 했으며, 여기에 서구식 머리 모양이나 장신구를 걸침으로써 월분패화의 미인 이미지는 서구의 영향과 전통적 가치를 절충하게 되었다.[37] 월분패화 미인상은 중국인들에게 서구적 미의식을 유포했으며, 이는 재생산된 서구의 오리엔탈리즘을 중국에서 내재화하는 결과를 낳기도 했다.

목탄과 연필로 소묘에 가까운 초안을 그린 뒤 수채로 색을 입히는 월분패화의 제작 방식은 서양화의 명암법과 중국 전통의 공필화법이 융합된 양식이다.[38] 월분패화는 대량 유통되는 새로운 형태의 중국 상업 예술로 자리 잡으며, 조선뿐만 아니라 일본의 근대 미인 이미지 조형에도 영향을 주었다.[39]

대중적으로 큰 인기를 얻은 자매 이미지는 1898년 홍콩에 설립된 광생당(廣生堂)의 '쌍둥이 자매(雙妹嚜)' 화장품 광고 포스터로부터 확산되었으며, 자매, 쌍둥이 여성 도안은 일본의 구라부 화장품 광고로도 제작되었다(그림 3-32). 이러한 도상은 당시 전해진 서구 광고 이미지의 영향을 받은 것으로, '두 배의 아름다움'이라는 기표와 결합하여 대중적으로 향유되었다.

월분패화의 독특한 구도와 표현 방식은 조선에서 히이로 포스터의 자매 이미지로 형상화되었고, 사진 영상식 초상화 기법은 김은호의 〈애련미인(愛蓮美人)〉과 같은 미인화 제작에도 사용되었다(그림 3-33, 그림 3-34). 미인의 얼굴 표현과 머리 모양이 히이로 포스터의 도상과 거의 유사함에서 볼 수 있듯이, 조선 화단에서는 월분패화의 영향을 받은 근대 초기 사진 영상식 기법을 활용한 초상화와 미인화가 새로운 인물화 양식으로 제작되었다.

월분패화는 일본 미인화 포스터 양식에도 영향을 주었다. 일본 미인의 창백한 얼굴에는 월분패화의 붉은 볼 터치로 생기가

그림 3-32. 광생당 포스터, 중국 1919
그림 3-33. 히이로 담배 포스터, 1900년대, 64.8×44cm, 도쿄 인쇄박물관
그림 3-34. 김은호, 〈애련미인〉, 1921, 비단에 채색, 144×51.5cm, 국립현대미술관

불어넣어졌고, 무표정하던 얼굴은 활짝 미소 짓는 미인상으로 변화했다. 경직되었던 미인의 자세도 점차 자연스러워지고 다양해졌다. 이처럼 동아시아에서 미의 서구화는 자국의 전통 속에서 변용된 서구적 미의식과 함께 서로 영향을 주고받으며 전개되었다.

서구화되는 미인

서구적 미인 이미지는 삽화와 광고, 사진, 영화 등 다양한 매체로 근대 조선의 일상에 침투했다. 일본과 중국을 통해 전해진 서구적 미인상과 함께 사진이나 영화로 조선에 직접 전해진 서양 미인 이미지는 다시 조선적 변용을 거치며 조선의 근대 미인상으로 제조되었다.

 우선 광고부터 살펴보면, 광고 도상의 서구화는 문명과 근대적 기술을 표상한 이미지로 근대 동아시아에서 지속적으로 전개된 양상이었다. 조선에 전해진 일본 미인 광고 도상은 일본식으로 변형된 서구적 여성 이미지를 담은 것으로, 조선 미인상의 서구화 역시 이러한 미의식의 전수에서 시작되었다는 점은 자명하다. 매체에서 선전하는 제품 대부분이 일본제였으며 그대로 그 광고를 차용했다는 점에서 이러한 양상이 더욱 분명해진다.

 일본 광고는 서구의 미인상과 명화를 모방한 경우가 많았는

데, 구라부의 가테이 비누는 엘리자베트 루이즈 비제 르브룅(Elisabeth-Louise Vigee-Le Brun)의 〈모녀상(Self-portrait with Daughter)〉을 광고 도안으로 사용한 것으로 유명하다(그림 3-35). 이 광고는 『경성일보』를 시작으로 『매일신보』와 『동아일보』 등 모든 일간지에 게재되었으며, 일본화된 모녀상으로 변용되기도 했다(그림 3-36, 그림 3-37). 이 밖에도 〈밀로의 비너스〉를 도안한 카오 석감과 부루토제(ブルトーゼ), 장 오귀스트 도미니크 앵그르(Jean Auguste Dominique Ingres)의 〈샘(La source)〉의 이미지를 차용한 레토 메리 광고 등이 있으며, 호카액과 아이테루(アイテル) 석감 역시 서양 명화에서 모티프를 착안한 광고를 실었다. 서구의 도상은 상품 이미지에 따라 변형되기도 했다. 인단 광고는 의복과 머리 모양을 일본식으로 교체한 자유의 여신상을 실었으며, 활짝 미소 지은 미인이 깃발과 함께 맥주잔을 높이 올리고 있는 사쿠라 맥주 광고는 들라크루아(Eugene Delacroix)의 〈민중을 이끄는 자유의 여신(la Liberte guidant le peuple)〉을 응용했다(그림 3-38). 이 도상은 1930년대 최승희를 모델로 한 건위고장환(健胃固腸丸) 광고로 변용되기도 했는데, 광고 상품과 모델이 바뀌었음에도 그 자세와 얼굴 표정이 사쿠라 맥주 광고와 거의 유사하게 표현되었다(그림 3-39).

서양 명화를 모방한 도상이 서구의 미의식을 차용했다면, 서구적 미인상으로 도안된 광고 이미지는 이를 직접 체화하고 표

그림 3-35. 엘리자베트 루이즈 비제 르브룅, 〈모자상〉,
프랑스 1789, 캔버스에 유채, 130×94cm, 파리
루브르박물관

그림 3-36, 그림 3-37. 가테이 비누 광고,
『경성일보』 1920년 12월 2일. 『매일신보』
1921년 11월 14일

그림 3-38. 히구치 토미마로(樋口富鷹呂), 사쿠라 맥주 포스터, 1928-31, 91×64.5cm, 나고야 정판인쇄주식회사

그림 3-39. 건위고장환 포스터, 1930년대, 77.7×34.7cm, 디자인코리아뮤지엄

출했다고 할 수 있다. 미인의 서구화 양상은 화장품 광고에서 가장 잘 드러났다. 광고는 영어 문구와 함께 서양 여성 도안이나 배우 사진을 실어 미의 서구화에 앞섰다. 서구적 미인상은 화장품뿐만 아니라 제약과 주류 등 다양한 상품으로 확산되며 서구적 미의식을 학습하게 했다.

서구적 미인상은 삽화로도 그려졌는데 특히 대중은 서양 소설을 번안한 신문 소설 삽화에서 가장 일상적이고 손쉽게 서양과 서양의 미인을 만날 수 있었다. 『아라비안나이트』를 번안한 「만고기담」(1913~1914)을 시작으로, 「형제」(1914)와 이상협의 「정부원」(1914~1915), 민태원의 「무쇠탈」(1922) 등의 번안 소설이 연재되었는데, 서양 풍경과 인물을 담은 삽화와 함께 게재되며 큰 인기를 누렸다.[40]

소설 삽화에 등장하는 쌍꺼풀진 큰 눈과 높은 코 등 서구적 여성 이미지는 안석주와 노수현이 잡지 표지화로도 그려 대중적으로 향유되었다. 노수현(盧壽鉉, 1899~1978)은 잡지 『부인』(1922) 표지화에서 쌍꺼풀이 짙고 코가 높은 서구적 신여성상을 구현했으며, 안석주 역시 갸름한 얼굴과 움푹 들어간 눈, 길고 높은 코를 그려 새로운 미감을 독자에게 알렸다(그림 3-40, 그림 3-41). 이 밖에도 미인 잡지 표지화는 단발과 파마머리를 한 모던걸 이미지를 반영하고 서양 여배우의 사진을 넣는 등 더욱 노골적으로 서구화

그림 3-40. 노수현 표지화, 『부인』1(2), 1922
그림 3-41. 안석주 표지화, 『신여성』2(11), 1924

된 이미지를 실으며 독자들에게 서구적 근대 미인상을 알렸다.

근대 화단에서는 서양화가들이 미의 서구화를 구현하고 있었다. 이쾌대(李快大, 1913~1965)가 그린 〈무희의 휴식〉은 원삼에 족두리를 착용했지만, 쌍꺼풀진 큰 눈과 높은 코 등 입체적 얼굴 표현으로 서구적 미감을 드러냈다(그림 3-42). 이처럼 이쾌대의 〈상황〉(1938)과 한복을 입은 서구형 미인상인 김인승(金仁承, 1910~2001)의 〈여인상〉(1942) 같이 서구적 미의식과 조선의 고전

미를 혼성적으로 표현한 작품들이 그려졌다.

얼굴을 비롯한 신체 모든 부분이 서구적 미의식에 따라 재단되는 데 반해, 전통 시대부터 이어진 검은 머리에 관한 미적 기준은 근대에도 이어졌다. "보기만 해도 홀릴 만큼 반짝반짝한 흑발"은 "여성만이 가질 수 있는 굉장한 매력"이었다. 전통과 근대의 미의식이 이중적 정체성 속에서 혼성되었음을 보여 주는 것으로, 식민지였던 조선에서는 일본에서 변용된 서구적 모델이 미의 기준으로 소개되면서 이러한 양상이 더욱 복잡하게 전개되었다.

그림 3-42. 이쾌대, 〈무희의 휴식〉, 1938, 캔버스에 유채, 116.7×91cm

미용 정형의 시대

화장과 미용으로 이상적 미인상을 제조할 수는 있으나 분명 한계가 존재했다. 특히 그 미의 기준이 동양인이 본질적으로 도달하기 어려운 서구에 맞춰지며 인공적으로 전통적 '유체'에 변형을 가하는 성형 수술, 즉 '미용 정형'이 등장했다. 이는 미인은 태어나는 것이 아니라 만들어진다는 근대의 인식 변화를 보여 주는 더 본질적이고 발달된 화장술이었다. 또한 미가 근대의 주요한 가치로 정립되었음을 보여 주는 현상이기도 했다.『효경』에서 피력했던 '신체발부 수지부모 불감훼상 효지시야'라는 전통적 가치는 이제 미에 관한 개인의 욕망과 사회적 요청 속에서 '변형 가능한 신체'로 전환되며, 미인의 조건은 운동이나 유행 의복, 머리, 화장을 넘어서서 의학을 통한 미용 정형까지 포괄하게 되었다.

> 미국에서는 여성미는 미용실에서 의사의 손으로 넘어가야 한다는 주장까지 있다. 근대 의술이 행하는 과학적 시술로 화장에 의한 여성 장식을 몰아내려 하는 것이다. 그렇게 된다면 여성미는 과학적 합리주의와 합체되어 미를 향한 신건축에 새로운 발견을 더하는 것이다.[41]

미국 최초의 성형외과 단체가 창립된 해에 미스 아메리카 선발이 시작되었다는 점은 서구에서도 성형 수술이 의술보다는 문화적 성격을 띠는 현상이었음을 보여 준다.⁴² 서구에서 시작된 성형 수술은 코카시아 인종, 특히 앵글로 색슨의 전통에 맞춘 미의 기준을 재생산하고 전파했다.⁴³ 인종학적 혹은 인종 차별적 미의식 속에서 비백인 그리고 비앵글로 색슨계 민족에게 성형 수술은 이들의 가장 두드러진 인종적, 민족적 특징을 제거하는 방식으로 전개되었다.⁴⁴ 즉 미의 기준으로 설정된 유럽인의 외모와 구분되는 아시아인의 눈, 흑인의 코와 입술, 어두운 피부색과 같은 인종적 특징이 부정적 조건으로 판단되면서, 성형은 이와 같은 인종 이데올로기의 영향 속에서 아름다운 외모의 표준을 제시할 뿐만 아니라 정상과 기형을 구분하는 역할을 담당했다. 「인종적 외모 바꾸기」라는 1926년도 『뉴욕타임스(New york Times)』 기사에서는 "성형 수술의 힘을 빌려 일본 남성이 미국 여성과 결혼"한 사건을 소개했는데, 아시아인의 얼굴을 서양인화한 첫 성형 수술 사례로 보도되기도 했다.⁴⁵

　　일본은 미국의 예를 소개하며 이제는 근대 의술이 행하는 과학적 시술을 위해 여성미는 미용실에서 의사의 손으로 넘어가야 한다고 주장하며 이를 과학적 합리주의와 합체된 아름다움이라고 했다. 이처럼 비서구권 국가들에서도 과학에 관한 신념이 여성의 신체와 아름다움에 적용되며, 새로운 미적 기준이 정립되고 있었는데 그 이상은 그들의 얼굴에 서양인의 외형적 특질을 재현하는 것이었다.

문명을 상징하는 높은 코

찰스 다윈은 인간의 얼굴로 문명과 야만의 경계를 구분할 수 있다고 생각했다. 서구 백인을 미의 표준으로 한 인종론적 미의식 속에서 서구적 외모는 문명, 그렇지 않은 외모는 야만으로, 인종의 추함까지 구분하는 사회 진화론의 지표로 읽혔음을 의미한다. 특히 코의 높이는 인종의 미개한 본성을 말해 주는 징후로 인식되었다. 이는 납작한 코가 선천성 매독 환자와 관련이 있다고 여겼던 근대 위생학의 문제와 결부되어, 인종의 위생학이라는 인종 차별적 개념으로 심화했기 때문이다. 매독이 초래한 추함은 곧 인종의 추함으로 연결되며 건강, 즉 "미인의 표준"인 "근대 문명인의 용모"를 얻기 위해서는 백인과 같이 코가 높아야 했다.

> 시대가 바뀌며 세상이 문명할수록 미인의 표준이 높아 가는 것만은 사실이다. 간단한 예로 보아도 얼굴의 미를 좌우하는 중요한 부분이 되어 있는 코가 낮은 것은 미개한 족속에서나 보는 것이라고 하야 근대 미인들은 될 수 있는 대로 코를 높이어 근대 문명인의 용모

를 갖추려고 융비술(隆鼻術)을 베푸는 것도 있으니 이것도 그 일례가 됨직하다.[46]

코가 낮은 것은 미개함을 의미하며 높은 코가 근대 문명인의 용모라고 했듯이, 코는 개개인의 정체성을 넘어 집단과 사회의 특성을 드러내는 표지였다. 18세기 말 네덜란드의 해부학자 피터르 캄퍼르(Petrus Camper, 1722~1789)가 고안한 '안면각'과 '비지수'는 골상학에 과학을 접목해 아름다운 얼굴을 얼굴선의 수평면과 이마, 코, 입술의 위치가 100도를 이루는 얼굴로 정의하며 미를 수치화하고 인종의 위계화를 시도했다.[47] 이는 인간과 다른 고등 영장류를 구별하는 수단이 되었는데, 이에 따라 아프리카인의 수치가 유인원에 가장 근접하므로 가장 열등하며 미적으로도 최하위 순위라고 보았다. 인상학은 특히 흑인의 "두꺼운 들창코"를 그들의 기후에 적합한 외모로 진단하면서도, "그들은 튼튼하고 살집이 많고 유연하나, 반대로 그의 모국이 내린 풍부한 양식 덕분에 게으르고 나태하며 느리다"라며 인종의 성격과 결합하기도 했다.[48] 이처럼 계몽주의와 문명화라는 문화적 맥락 속에서 코는 미추뿐 아니라 미개와 개화의 표징으로 해석되었고, 인종주의적 미의식과 사회 진화론의 가치는 해부학적 코의 높이에 따라 서열화되었다.

이러한 인식은 근대 조선에서도 유효했다. 코의 모양은 근대 이전까지는 미인의 조건으로 언급되지 않았다. 그러나 근대에 이르러 서구적 미의식이 선망되는 가운데 코의 높이와 모양이 서양인과 조선인 얼굴의 가장 큰 차이점으로 지적되며 문명과 근대를 표상하는 덕목으로 부상했다. 코가 "우뚝한" 여성은 예술가의 소질이 있는 반면, 코가 "납작한" 여성은 "돌발적 충동에 이끌리어 경거망동"한다는 글에서 보듯이 미의 이상을 코가 우뚝한 서구 여성에 두고 있음을 알 수 있다.[49]

　코를 높이는 융비술은 문명인의 용모를 갖추기 위한 우생학적 관점에서 요청되기 시작했다. 이제 낮은 코는 "화장으로 잠깐 높이 보이는" 방법을 넘어 성형을 통해 적극적으로 개조되고 교정될 수 있었다.[50] 18세기 말부터 일본은 서양에서 성형 의학을 받아들여 다양한 시술을 시도했으며, 1923년에는 상아 삽입물을 이용한 융비술 논문을 발표하는 등 서구적 미의 가치를 적극적으로 실현하고자 했다.[51] 하야세 기미코(早見君子)의 『몰라볼 정도로 아름다워지는 미용법과 결발』(1927) 또한 서양인처럼 코가 높고 입이 들어간 얼굴을 현대적이라고 소개했다.[52] 코의 높이가 문명의 척도와 직접적으로 연결된다고 인식했던 만큼 코를 높이는 융비술은 1920년대 초부터 잡지와 신문을 통해서 조선에도 소개되었다.

우리가 서양 사람처럼 코를 우뚝하게 만들어야 반드시 얼굴이 아름다워 보인다는 것은 아니지마는 코는 얼굴 중앙에 있는 관계로 주관적으로나 객관적으로나 많이 마음이 쓰이는 것이올시다. 마음이 쓰인다는 그것이 융비술의 필요를 일층 깊게 일으켜 주는 것이외다. (중략) 융비술이라는 것은 의학상 이비과(耳鼻科)의 정형 수술에 지나지 못하는 것인즉 이비과 전문 의사들은 누구나 다 할 것입니다. '클레오파트라'의 코가 한 푼 낮았더라면 역사가 변하였을지도 모른다는 말도 있거니와 과연 코는 그만큼 위대한 사회성을 띠고 있는 비례로 낮은 것보다는 높은 것이 낫다고 생각합니다.[53]

이제 코가 낮은 것은 부끄러운 일이 되었다. 근대 이전까지 언급되지 않았던 미인의 코는, "사교상에 제일 먼저 사람에게 인상을 주는 것"으로 첫인상에서 가장 중요한 기관으로 평가되었다.[54] 코는 무엇보다도 얼굴 미점을 많이 취하고 있는 기관이자, 얼굴 중앙에 있어 마음이 많이 쓰이는 부분이었으므로, 근대 미인이 갖춰야 할 중요한 조건으로 자리 잡았다.[55] 또한 클레오파트라의 예와 같이 코의 높이가 역사의 변화를 좌우한다고 여길 만큼 코는 "위대한 사회성"을 띤 기관으로 부상했다. 1927년에는 「낮은 코를 인공으로 높이는 이야기」가 5회에 걸쳐 연재될 정도로 융비술에 관한 관심이 높아지며 파라핀 요법과 연골 및 근

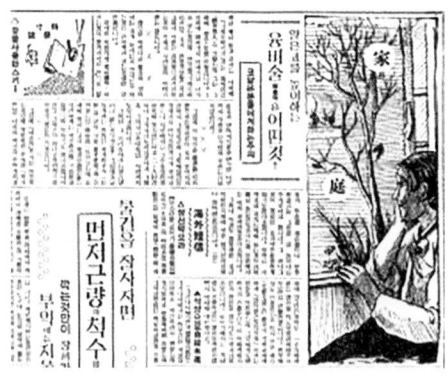

그림 3-43. 「얕은 코를 높이 하는 융비술은 어떤 것?」, 『동아일보』 1933년 12월 3일

육 이식법, 상아 삽입법 등 다양한 수술법이 소개되었다.

1930년대 신문과 잡지는 이처럼 미용 수술을 의미하는 '미인외과 수술'에 관한 기사들로 넘쳐 났다.[56] 「얕은 코를 높이 하는 융비술은 어떤 것?」, 「융비술도 일종의 모험」 등은 높은 코를 원하는 여성을 위한 기사였다(그림 3-43).[57] 당시 기사들에서는 융비술에 관해 경성총독부 병원이나 경성 세브란스병원 등 전문의에게 문의하라고 했으나, 1930년까지도 조선에서 아직 융비술을 하는 곳이 없었다는 사실은, "기회만 있으면 일본 가서" 융비술을 배우고자 한다는 의사의 인터뷰 기사를 통해 알 수 있다.[58] 이처럼 융비술은 서구적 외모를 선망하는 조선 여성들에게 큰 관심을 불러일으켰다.

미인 제조 **233**

그러나 융비술에 관한 관심에 비해 사회적으로는 아직 천연적으로 두는 것이 좋다는 인식이 일반적이었는데,[59] 이는 수술 부작용을 우려함과 동시에 유체에 관한 전통적 인식에서 비롯되었다고 할 수 있다. 1922년 기사에서는 융비술을 "완전한 기술"이라고 할 수 없다고 했으며, 1925년 「낮은 코가 어쩌면 높아집니까」에서도 "병원에서 융비술로 코를 돋을 수도 있기는 있으나 그것은 오히려 부자연한, 즉 자연미를 없애는 것이 될지도 모릅니다"라며 높은 코를 선망하는 미의식을 인정하면서도 융비술을 권하지는 않았다.[60]

이처럼 융비술이 "그 결과는 평소에 생각하는 것과 같이 그렇게 신통치 못한 듯"하므로 그 대안으로 옅게 화장하여 코가 "자연히 높아지는" 입체적 화장법이 소개되기도 했다.[61] "코에는 전체로 백분을 바르고 콧대에서 두 뺨으로 분을 보기 좋게 농담을 고르게 밀든지 또는 연지분을 엷게 코 곁에다 바르고 그 밑은 아주 넓게 화장을 하면 코가 그다지 흉하게 보이지 않습니다"라며 화장을 통한 성형 효과를 강조했다. 이러한 화장법은 서구적 외모를 입체미로 보고 입체적 화장을 권장했던 화장품 광고와도 맞닿는 미의식이었다. 이처럼 많은 기사와 광고를 통해 높은 코를 갖춘 입체적 얼굴은 근대미이자 근대의 이상적 미인상으로 대중에게 선망되었다.

쌍꺼풀 수술의 시작

융비술만큼 자주 언급되었던 미용 정형은 윗눈꺼풀에 주름을 추가해 서구인과 비슷한 눈을 만들어 주는 쌍꺼풀 수술이었다. 실제로 오엽주(吳葉舟, 1904~1987)가 "동경 마루노우찌 우찌다 안과에서 '퍽 예쁘게' 수술에 성공하고 돌아오자 서울의 '공(孔)안과'에서 특별 초빙, 자세한 얘기를 듣고 쌍꺼풀 수술을 시작했다"라고 전해진다.[62]

그림 3-44. 「고토(故土)에 봄을 찾아온 오엽주 양의 기염」, 『조선일보』 1929년 2월 17일

조선의 전통적 미인의 기준에는 쌍꺼풀진 눈에 관한 언급은 없었으므로, 이는 큰 눈에 관한 미의식과 함께 서구적 근대화 과정에서 전해진 듯하다. '명성' 즉 밝은 별처럼 맑은 눈을 선망했던 전통은 근대에 이르러 "눈이 둥글고 커야 한다"라며 큰 눈을 선호하는 풍조로 변화했으며, "눈에 쌍꺼풀지는 것은 현대적 미"라고 여기게 되었다.[63]

이제 "미모의 제일 조건"은 "쌍꺼풀진 눈"이 되었다. "동경 등

지에서는 미인이 되려고 신여성들이 의사 있는 곳으로 찾아가서", "쌍꺼풀눈의 수술을 받는" 시대가 되었다.[64] 실제로 일본에서는 1896년 서구로부터 비절개 쌍꺼풀 수술을 도입한 이래 이러한 성형 시술을 해 왔다. 오엽주는 본래 외꺼풀 눈이었지만 일본에서 배우로 활동했던 1927년에서 1933년에 일본에서 쌍꺼풀 수술을 받았던 듯하다(그림 3-44).[65]

> 현대의 미인은 우선 큰 눈을 가져야 하는 것이 조건이라 합니다. 이것은 역시 영화의 보급과 관련하여 있는 것으로서 스크린으로부터 남을 호리게 하자면 눈이 커야 하는 것이 제일 조건입니다. 그러한 의미에서 미국의 '메트로' 회사의 배우 '죠안 크로포드'는 퍽 큰 눈을 가지고 있습니다. 그래서 아주 강한 인상을 주는 표정을 합니다.[66]

이처럼 현대 미인은 우선 눈이 커야 했으므로, 할리우드 배우의 큰 눈이 선망되었다. 기사는 눈이 작은 여성일 경우 "한 꺼풀 눈을 쌍꺼풀"로 수술할 것을 권장하고, "이대로 세상이 진보해 간다면 아마 이 세상에는 못생긴 여자라고는 하나 없게 될 것입니다"라며 성형 수술을 긍정했다. 쌍꺼풀과 큰 눈은 이처럼 할리우드 배우의 외모에서 직접적으로 영향을 받으며, "세상의 진보"

를 의미한다고 해석되었다.

아이혼은 물리적 정형 작용으로 아침에 일회씩 사용하는 것으로 사진과 같은 쌍꺼풀이 되는 세계적인 대발명입니다. 내지의 상류부인, 영화스타는 모두 애용, 각 부인 잡지에도 기사 발표되어 전국에서 주문이 쇄도하고 있습니다.

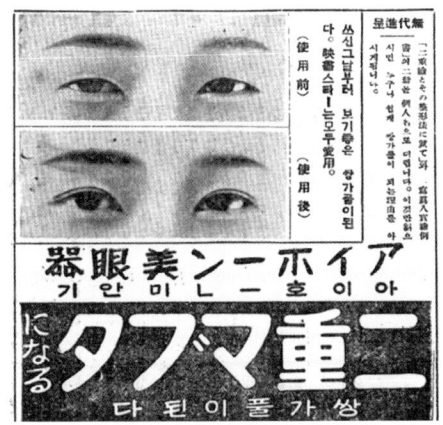

그림 3-45. 아이혼 미안기 광고, 『여성』4(11), 1939

아이혼 미안기(アイホーン美顔器)는 "실로 아름답고 자연스럽고 안전 확실"한 쌍꺼풀을 만들어 주는 상품으로, 눈꺼풀 위에 붙이는 테이프 같은 상품인 듯하다(그림 3-45). "내지의 상류 부인"뿐만 아니라 "영화 스타는 모두 애용"한다는 문구는 일본 귀부인과 영화배우에 관한 선망, 즉 일본 식민주의 미의식과 할리우드를 향한 동경을 보여 준다. 오엽주의 기사처럼 경성에서 1930년대부터 쌍꺼풀 수술을 했는지는 분명하지 않지만, 높아 가는 미

미인 제조 **237**

에 관한 욕망과 여성들의 요청으로 조선에서도 일본의 성형 기술이 도입되며 이러한 시술들이 곧 가능해졌으리라고 생각한다.

성형의 미의식

가장 많이 언급되었던 코와 눈 외에도 미용 성형이 필요한 부위는 많았다. "어떻든 대체로 입술이 엷은 사람은 남성 여성을 물론 하고 문화인이란걸 표징한다. 그것은 흑인의 입술이 두터운 것을 미루어 이것을 증명할 수가 있지를 않느냐? 그러므로 나는 여자의 입술은 어쨌든 엷은 것을 좋아하는 것이다"라는 문구처럼 얇은 입술이 "문화인"을 표징하고 이와 함께 "미적 가치"가 있다고 여겼으며, 흑인은 피부색부터 코와 입술에 이르기까지 문화의 대척점에 있는 인종으로 파악되었다.[67] 근대화와 문명화를 향한 열망이 빚어낸 양태가 "코가 낮은 것"과 "입술이 두터운 것"으로 구체화되어 여성의 얼굴은 측량의 대상이 되었다. 이처럼 문명은 서구와 동류항이기에, 하얀 얼굴과 높은 코, 얇은 입술은 모방의 축이자 도달해야 할 정점에 있었다. 반면 검은 얼굴에 코가 낮고 입술이 두터운 흑인은 그 대척점에서 조선의 문명화를 증명해 줄 또 다른 대상이 되었다.

미용정형외과에 관한 것으로는 비단 눈과 코뿐만이 아니었습니다.

건순(乾脣)진 입술, 젊은 여자의 군턱진 것, 볼따구니의 살 없는 것을 특별한 방법으로 정형을 시켜 어여쁘게 보이도록 할 수 있다는 이야기며, 먹사마귀와 붉은 점, 검은 점과 주근깨 같은 것은 수술 또는 외용약으로 게 눈 감추듯이 없애어 고운 살결을 만들 수 있다는 등 (후략)[68]

이처럼 다양한 미용 정형이 신문과 잡지 기사로 전해지며 얼굴뿐만 아니라 다른 신체 부위에 관한 미용 수술도 관심의 대상이 되었다. 일본에서 "서양 사람과 꼭 같이 다리의 곡선미가 훌륭해"지고 싶었던 무용수가 받은 '각선미 수술'의 성공 사례가 조선에 소개되기도 했으며, 서양 사례이기는 하나 「첨단을 걷는 젖의 미용술: 크고 작은 젖이 마음대로 된대요」처럼 가슴 수술 기사가 실리기도 했다.[69] "조선 옷에는 별로 모르지만 양장에 이 가슴의 미가 대단히 중요"하다며 "파리 여성들은 요새 젖을 수술해서 이쁘게 하는 방법"으로 이러한 시술을 받는다고 했다. 이러한 기사는 전근대 사회에서 수유 기관으로 인식했던 유방이 양장의 보편화와 서구적 미의식의 보급 속에서 성적 신체 부위로 전환되었음을 보여 주는 사례이기도 하다.

언론은 미용 수술의 효과와 부작용, 수술 방법 등을 자세히 서술하며, 시술자의 경험담을 소개하는 등 조선에서 수술 가능 여부와 관계없이 의학의 힘으로 신체를 조형하는 다양한 미용 수술 기사들을 게재했다. 기술이나 비용 면 등에서 이러한 미용 정형이 조선에서는 실현되기 어려운 일이었을지라도 서구화, 근대화에 맞춰 신체를 가꾸고자 했던 여성들, 혹은 서구적 심미안을 학습하며 이에 길들여진 남성들에게 첨단 미용술 소식은 분명 흥미로운 소재였을 것이다. 여성들이 유체를 변형해서라도 얻고자 했던 이상은 바로 "미인=문명"이라는 기표 속에서 문명국인 서구의 여성, 할리우드 배우들의 얼굴과 신체였다. 이는 이제까지 없던 새로운 미의식을 조형하며 다양한 매체 이미지를 통해 선망되고 학습되었다.

미인의
신체 제조

"재래에 미인을 보는 법"은 "살빛이 희고 눈코가 확실하고 윤곽이 닭의 알 모양이어야 하는 등 얼굴에 대한 것"으로 "극히 간단하여서 어느 일정한 아주 좁은 범위의 내용"이라고 했듯이, "미인의 표준은 얼굴"에 있었다.[70] 그러나 의복과 외모의 서구화와 함께 미인을 평가하는 기준이 신체로 확대됨에 따라 이전까지 가려졌던 여성의 몸이 시각화되며 새로운 미의식을 형성했다.

> 옛날에는 얼굴만 예쁘면 미인이라 했습니다마는 시대가 점점 변해감에 따라 미인의 표준도 달라졌습니다. 현대 미인은 얼굴만 아름다워서는 안 될 것입니다. 얼굴과 체격과 손과 발과 음성과 태도가 다 아름답고 또 그 몸에서 그 살에서 그 마음에서 보이지 않는 향기가 스며 나와야 할 것입니다.[71]

「동아만화」에서는 장옷으로 온몸을 가린 여성과 개량 한복 차림에 단발하고 안경을 쓴 여학생을 비교하며 "전에는 눈만 내놓더니 지금은 눈만 가리는군"이라고 했다(그림 3-46). 전에는 눈만 내놓은 채 가리던 몸을 이제는 눈만 가리고 모두 드러내게 되면서, 미인의 신체에는 새로운 미의식이 요구되었다. 얼굴 외에도 체격과 손, 발, 음성, 태도가 현대 미인의 표준이 되었다.

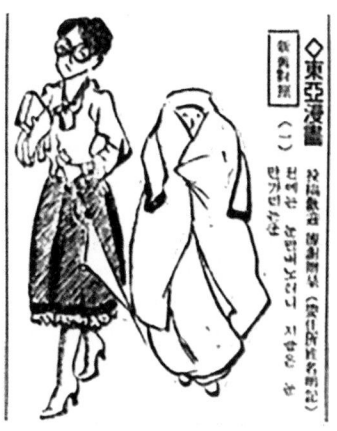

그림 3-46. 「동아만화」, 『동아일보』 1924년 6월 11일

 이처럼 미인의 기준은 의복의 변화와 신체를 구성하는 상품들에 따라 신체로 확대되었다. 이러한 미의식 변화를 "여성의 미는 앉은 것으로부터 선 것으로" 변해 왔다고 했는데, "좌미(座美)의 시대는 얼굴만 어여쁘면 그만이었지만 입미(立美)의 시대로 되어서는 얼굴로부터 발끝까지 즉 신체 각부가 모두 아름답지 않아서는 안되는 것"으로 바뀌었다는 뜻이다.[72] 이처럼 "입미의 시대"에는 미인의 조건으로 얼굴 외에 '체격', 즉 신체미가 더해

졌다. 신체의 미의식이 제조됨에 따라 몸을 아름답게 가꾸기 위한 다양한 미용법이 개발되었으며, 미인의 기준도 새롭게 만들어졌다.

19세기 말 등장한 '체'에 관한 인식이 완전히 새로웠듯이, '신체에 관한 미의식' 또한 여학생의 의복 개량 이전까지는 논의되지 않았던 개념이었다. 예컨대 전통 의복에서 유방을 졸라매는 가슴띠는 가슴에 관한 미의식을 배제하게 했으며, 풍성한 치마는 각선미와 엉덩이에 관한 논의를 불가능하게 했다. 신윤복의 〈미인도〉를 비롯해 조선의 미인도 속 미인의 의복이 대부분 비슷하게 그려졌던 것을 보면, 전통 시대에는 보이지 않는 미인의 신체를 대신해 의복의 미가 미인의 조건으로 상용되었던 듯하다. 따라서 전통적 미인의 기준은 대부분 얼굴로 한정되었으며, 머리와 피부, 어깨와 목, 허리와 손 등 의복 밖으로 드러나는 신체의 아름다움이 부분적으로 드러날 뿐이었다.

그러나 문명의 가치와 유행이라는 소비문화의 기호 아래 여성 의복이 개량되고 양장화가 되면서 변화된 의상을 통해 여성의 신체는 이전과는 다르게 보이고 인식되기 시작했다. 장옷은 사라지고 허리띠를 맸으며, 짧아진 치마 아래로 여성의 신체가 드러나면서 '신체의 아름다움'이라는 새로운 미의식이 요구되기 시작했다. 또한 신체를 측정하여 아름다움을 평가하는 신체미는 근대에 "외국 유행이 흘러 들어와" 만들어진 "현대 여성의 미의 표준"이자 "시대가 요구하고 이 사회가 바라는" 미의식이 되었다.

신체미의 미인들

신체에 관한 미의식은 서구에서 새롭게 전해진 수학적 비례와 균형의 미의식과 함께 1920년대 중반부터 본격적으로 매체에 게재된 미인의 신체 이미지를 통해 대중에게 학습되었다. 1918년의 『조선미인보감』이 대부분 미인의 얼굴과 상반신을 찍은 명함판 사진과 함께 미인의 얼굴을 중심으로 미모를 서술했다면, 이제는 신문에 해외 미인 대회와 수영복 차림의 미인 전신사진이 소개되면서 새롭게 발견된 신체에 관한 미의식이 요청되고 제조되었다. 미의식은 이처럼 시각 매체가 이미지를 보여 줌으로써 경험되고 확장되었으며, 또한 소비문화 속에서 신체를 구성하는 상품들에 의해 파편화되어 전개되었다.

각선미와 곡선미
"옛날에는 조선 부인으로서는 여성미로서 중요하게 보지 않아서 종아리를 내어놓지 않았지만 근일에는 신여성들이 다리를 내어놓는 고로", "다리의 미" 즉 각선미는 미인의 중요한 신체미가 되었다.

> 요사이 각선미라는 말이 많이 유행됩니다. 각선미란 쉽게 말하여 다리에서 나타나는 미입니다. 하여튼 그 전날 미인의 조건으로는 기껏가야 허리께까지나 볼 뿐이러니 오늘날 미인의 조건으로는 다리까지도 중대하게 되었습니다. 본래 양장은 물론이요. 치마라도 짧고 보면 다리의 미추가 몹시 눈에 띄는 것도 사실입니다.[73]

"다리에서 나타나는 미"인 각선미는 여성의 신체 부위 중 가장 먼저 발견된 근대적 미의식으로 개량 한복 착용이 본격화되는 1920년 중반부터 담론화되며 중대한 "오늘날 미인의 조건"으로 부상했다(그림 3-47). "육체의 새 서정"으로 묘사된 각선미는 "바다를 건너 산을 넘어" 서구에서 들어온 "현대 여성미의 한 요소"이자 "새로운 취미"로, 지면에 다양한 미용 기사와 사진들을 통해 여성들에게 학습되었다.[74]

의상 변화와 함께 드러난 "여자의 다리는 더욱더 사나이의 눈을 끌기에 너무도 아름다워진다"라고 했다. 남성들의 "정열에 타는 시뻘건 저 눈들"이 머무는 곳은 "육색 스타킹으로 싼 가늘고 긴, 각선미의 신여성의 다리 다리 다리"라고 했듯이, 새롭게 발

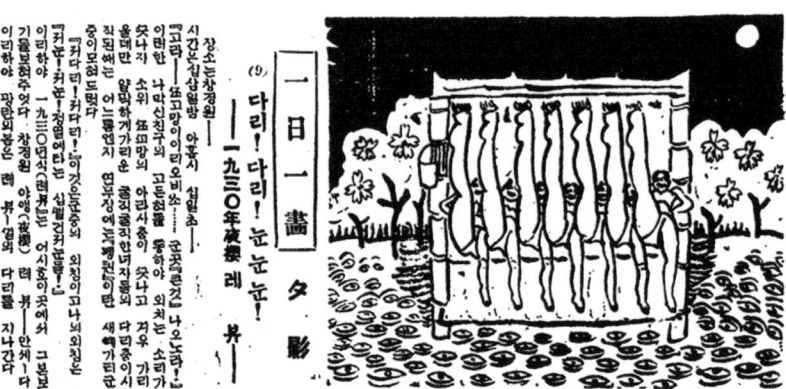

그림 3-47. 「미는 얼골로부터 다리의 미로」, 『조선일보』 1929년 7월 18일
그림 3-48. 안석주, 「일일일화: (9) 다리! 다리! 눈눈눈!」, 『조선일보』 1930년 4월 15일

그림 3-49. 「근대 여성의 요선미: '요조숙녀'도 옛날 일, 미인이 되자면 허리로부터, 의학적으로 본 허리의 표정」, 『동아일보』 1935년 5월 2일

견된 여성의 신체는 곧 남성들에게 공공연한 성적 감상의 대상이 되었다(그림 3-48).[75]

"의복은 반드시 선미(線美)를 잘 나타내어야 되겠다"라는 글과 같이, 감춰진 옷 속에서도 여성의 '곡선미'를 보고자 하는 움직임은 의복의 '선미', 즉 신체의 곡선미를 드러낼 것을 요구했다. "유방부에서 허리까지의 곡선과 허리에서 둔부까지"의 곡선미는 "여성미 가운데 가장 아름다운 미"로 평가받으며 의복의 개량과 양장화가 촉진되었다.

이제 양장을 통해 드러나는 '각선미'와 함께 신식 여성들에게는 허리의 선미인 '요선미'도 요청되었다(그림 3-49). 기사는 이제 "미인이 되자면 허리로부터"라며 허리와 몸매가 드러나는 드레스를 입은 서양 여성의 "스마트한 허리의 아름다움"을 강조했다.

이와 함께 조선 여성은 허리선이 드러나지 않는 전통 한복 차림의 뒷모습으로 작게 배치하여 과거의 '요조숙녀'와 근대 여성의 변화된 미의식을 비교하게 했다.

곡선미는 허리띠를 착용하면서부터 드러나기 시작했다. 「여학생 신유행 혁대 시비(是非)」에서는 "어디서 누가 먼저 시작했는지 치마 위에 널따란 혁대를 두르기 시작하더니 그것이 유행이 되어 지금은 여학생들뿐만 아니라 시골의 촌색시까지 다투어 두르게 되였습니다"라며 허리띠 유행의 시작을 알렸다.[76] 가슴띠를 둘렀던 전통 한복과 어깨끈을 달았던 개량 한복에서 유방부에서 허리까지 그리고 허리에서 둔부까지의 곡선미는 발견하기 어려웠지만, 허리띠로 허리를 잘록하게 조임으로써 몸의 굴곡이 그대로 드러나 골반과 가슴으로 이어지는 곡선미가 실현될 수 있었다. 그러나 "허리가 잘록하도록 힘껏 맨" 허리띠는 1920년대 중반까지도 "보고 있는 내가 도리어 민망하고 낯이 붉어"진다고 했듯이, 여성의 몸을 드러낸다는 것은 "구역이 더럭더럭" 나듯이 낯선 일이었다. 그럼에도 여학생을 중심으로 다양한 색상의 두꺼운 허리띠를 착용해 "잠자리 허리같이 졸라 매이고 다니는 것"이 유행했으며, 몸에 관한 미의식도 차츰 변화하게 되었다.[77]

신체의 곡선미가 중시되며 여성의 가슴에 관한 미의식도 변화했다. 전통 의복에서 가슴띠는 의복 개량화가 진행되면서 위생을 해하는 문제점으로 지적되었는데, 가슴띠로 가슴을 동였다는 사실은 근대 이전까지 유방이 신체미의 대상으로는 인식되지 않았음을 뜻한다. 유방에 관한 미의식은 근대 이전까지 전무했기 때문에 문헌에서도 거의 언급되지 않았으며, 미인 그림 역시 가슴이 드러나지 않는 방식으로 그려졌다.[78] 1900년대에 촬영된 엽서 사진들에서는 젖가슴을 내놓고 거리를 활보하는 여성과 길에서 아이에게 젖을 물리는 모습을 볼 수 있는데, 이는 단지 유방을 수유 기관으로 인식했던 전통을 보여 준다. 그러나 양장을 입게 되면서 가슴은 몸의 굴곡을 드러내는 신체의 미점으로 변화했으며, 몸의 굴곡을 강조하고 보정해 주는 브래지어는 "말쑥한 숙녀", 즉 모던걸을 만들기 위해서 필요한 물품 중에서 가장 먼저 언급되었다.[79]

이 밖에도 신체의 곡선미를 효과적으로 드러내기 위해 갖춰 입었던 거들과 슬립 역시 양장을 위한 속옷으로 보편화되었다. 가슴에서 허리, 골반과 다리로 이어지는 신체의 곡선미는 미인의 신체미로 제조되었다. 곡선미가 유행하면서 허리와 가슴, 엉덩이에 관한 관심이 과하게 생겨난 현상은 이처럼 근대적 미의식에 기인한 것이었다.

균형과 비례의 미인

「미인 제조 비법 공개」에서 밝힌 "과학적 견지로 보는 세계 공통 미인 표준"은 "전 인류 간에 공통"하는 미인의 표준을 소개하며 "사람의 머리 얼굴 어깨 팔 가슴 허리 다리 각 부분의 균형이 잘 잡혀야 한다는 점"을 들었다. 이러한 인체미는 이전까지와는 다른 방식의 서구적 미의식이 적용된 것으로, 이는 곧 "인체미의 근본인 전형"으로 소개되며 근대 미인의 기준이 되었다.[80]

1. 키는 두부(頭部) 전체의 길이의 여덟 배, 얼굴 길이의 열 배
2. 얼굴은 머리 난 데서부터 눈썹까지, 눈썹에서 코 밑까지, 코 밑에서 아래턱까지가 같고
2. 안면은 손바닥과 길이가 같고
4. 두 팔을 벌려서 그 길이가 키와 같다.

이처럼 오늘날 미인의 신체를 평가하는 기준인 8등신 미인상은 근대에 처음 전해진 미의식이었다. 미의 원리를 조화와 비례에 두는 전통은 서구에서 고대부터 정립되었으며, 인체의 비례 관계를 계량화함으로써 훨씬 조화로운 미를 설명하려는 움직임은 기원전 6세기까지 거슬러 올라간다.[81] 정확한 비례와 균형은

아름다운 형상의 첫 요건으로, 폴리클레이토스는 인체 각부의 가장 이상적 비례를 수적으로 산출하여 그것을 『카논』으로 정리했고, 비트루비우스(Vitruvius)는 전체상을 세분하여 얼굴은 전체 키의 10분의 1이 되어야 하고 머리는 8분의 1, 가슴 길이는 4분의 1로 하는 적절한 신체 비율을 제시했다.

성서인이 제시한 "세계 공통 미인 표준"도 이러한 수학적 서구 미의식의 전통을 차용했다. 8등신 미인상에 관한 미의식은 그 후에도 계속 이어졌다. 「여성미찬」에서도 신체미의 표준을 "머리는 둥글고도 적어도 신장의 8분의 1을 넘지 않을 것"으로 정하고 "발육한 가슴, 잘숙한 허리, 발육한 전부"라 한 것은 이러한 미의식을 적용한 것이었다.[82]

신체가 발견되며 미적 대상으로 인식된 것도 근대의 일이었듯이, 신체의 균형과 비례라는 미의식은 당시 조선인들에게 낯선 개념이었다. "유행이 때를 따라 변하는 것처럼 미인이라는 표준도 시대를 따라서 몹시 변해 왔으니" 시대에 맞지 않는 전통적 미의식도 변화되어야 했다. 이제 신체미는 "미에 대한 상식"이 되었으나 서양인의 기준인 8등신 신체미는 조선인에게는 적용되기 어려웠다. 하지만 문명과 동급으로 여겨진 미의 서구화 속에서 미인의 "얼굴이며 온몸의 피부와 골격"으로 "시대의 문명"을 짐작할 수 있다고 했듯이, 여성의 신체 역시 서구의 기준에 맞춰 개량되며 그것이 문명의 척도로 통용되었다.

나아가 신체미는 '복장과 화장'보다 우선하는 보다 "영구한 미, 실질의 미, 근본의 미"로 제조되고 있었다. 「미인 제조 비법 공개」는 미인의 기준이 이제는 얼굴에서 몸으로 이동하며, 중요한 것은 '몸맵시'를 연구하는 것으로, 그보다도 더 근본적으로는 '육체의 균형'을 아름답게 잡는 것이 요구되었음을 보여 준다. 그 방법은 "체조, 수영 또는 무용이 필요하다는 것이요, 구가정에 있어서 그것을 하지 못하는 부녀는 되도록 산보 원족을 자주 하는 것이 아쉬운 대로의 한 방법이 되는 것"이라고 했다. '운동'은 이제 건강뿐 아니라 미와 연관된 활동으로 확대되며 건강 미인의 표상을 제조했다.

> 옛날은 미의 표준이 일부에 그쳤으므로 눈만 곱게 생겨도 미인으로 얼굴만 하얘도 개미허리에 가냘픈 몸매도 미인축에 들었고 차츰 외국 유행이 흘러 들어와 다리가 고와야 각선미가 있어야 미인 축에 든다고 해서 정강이를 드러내고 종로 거리를 횡행한 일도 이것들이다. 이렇게 미의 표준이 시대를 따르고 유행을 따라 머리에서 얼굴로 가슴으로 허리로 다리에까지 변대(變代)해 온 것입니다. 그러나 이러한 부분에 국한된 미는 벌써 과거 시대의 표준이였고 오늘 현대 여성의 미의 표준은 부분부분을 종합한 즉 윤곽의 아름다움 건

전한 체질 발육된 근육 이것이 잘 조화되고 여성 독특의 곡선미를 표현하는 데 있다고 할 것이다. (중략) 우리의 체격을 향상시키는 그곳에서 비로소 우리 미의 표준이 서질 것입니다.[83]

미인의 표준은 머리에서 다리로 확대되었으며 건전한 체질과 발육된 근육이 조화되는 체격으로 향상함으로써 이를 세울 수 있다고 했다. 또한 "오늘 이 시대가 요구하고 이 사회가 바라는" 여성상은 "건강한 여성 똑바른 체격을 가진 여성", 즉 신체미와 건강미를 갖춘 여성이었다. 건강미라는 새로운 미의식은 건강의 가치가 근대 초기 부국강병의 기치에서 벗어나 이제 신체의 발육과 균정을 통해 몸의 조형성을 판단하는 미적 영역에서 발현되고 있음을 보여 준다. 여성의 건강한 신체는 국가적으로 요청되던 건강한 국민 생산을 위한 몸에서 미인이 되기 위한 요건으로 변화했으며 신체미의 이상적 지향점이 되었다. 관리의 대상으로서 발견된 신체미와 건강미는 소비 사회로 진입한 조선에서 신체 또한 상품이자 자본으로 인식되기 시작했음을 의미하며 서구를 통해 전래된, 즉 전통과 분절적인 곳에서 발견되는 근대적 미의식이었다.

미인 측정기와 미인 채점법

1930년도의 「처녀 시절의 미용법은 무엇」 기사에서는 "동양 여자의 키의 표준을 대강 오 척가량을 하고 체중을 십이 관 반", 즉 키 약 151.5센티미터에 몸무게 46.8킬로그램으로 보고 "여기에 표준하여서 가슴의 뼈가 내비치지 않을 정도로 살이 찌는 것이 상태이오, 그렇지 않은 것은 병적"이라고 했다.[84] 이처럼 신체 사이즈와 몸무게로 미를 수치화하는 방식은 전적으로 서구의 미인 평가 기준에 따른 것이었다.

「얼굴 자랑 마시오, 미인측정기가 생겼습니다」는 미국 할리우드의 막스 팍터 씨가 발명한 미인측정기를 소개하며, 이 기계로 "머리와 얼굴의 325개소를 측정하면 그 사람이 얼마나한 정도로 미인인지" 명백하게 알 수 있다고 했다(그림 3-50). 헬멧처럼 생긴 이 미인측정기를 머리에 쓰면 얼굴 부위별로 상정된 이상적 치수에 맞춰 미모가 측정되고 이를 통해 미인의 점수를 매길 수 있다고 했다. 이 측정기의 기준을 글로 적으면 다음과 같을 것이다.

한번 당신의 얼굴을 거울에 비추어 보고 어느 정도만큼 당신 얼굴이 이상적에 가까운가를 비교해 보십시오. 이제 이 전형적 얼굴에 대해서 설명하겠습니다. 1. 얼굴의 전 길이(全長)가 코 길이(鼻長)의

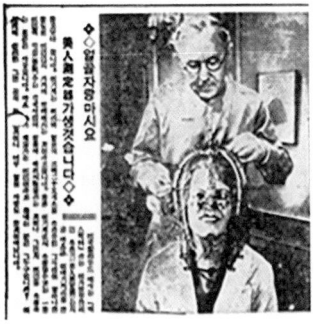
그림 3-50. 「얼굴 자랑 마시요, 미인측정기가 생겻습니다」, 『동아일보』 1934년 11월 15일

그림 3-51. 「애고(愛苦)로운 동정녀 실비아 시드니」, 『조선일보』 1938년 8월 9일

삼 배가 되어야 할 것 2. 두 눈 사이가 꼭 한 눈 길이가 될 만한 공간이 있을 것 3. 아래위(上下) 입술이 꼭 같이 두껍든지 얇든지 할 것 4. 양쪽 눈썹의 자연 그대로가 코의 정점에서 만나야 할 것 5. 눈썹과 눈꺼풀 사이의 거리와 눈꺼풀과 눈 하부 거리가 같아야 할 것 6. 눈썹의 출발점으로 붙어 아래로 직선으로 그르면 그것이 눈머리(眼頭)와 작은 코(小鼻) 끝을 통해야 할 것 7. 작은 코끝에서 다른 쪽을 그어서 양쪽 볼 넓이가 코 길이의 두 배가 되어야 할 것. 대개 이상과 같은 된 것 얼굴을 전형적 미인이라고 합니다. 당신은 메돌법으로 된 자를 가지고 당신의 얼굴을 재어 보십시오.[85]

미인 제조 **255**

이와 비슷한 시기에 잡지에 실린 「이상형의 미인」에서는 미인의 얼굴 각 부분의 길이와 비례, 간격, 두께 등을 측정해 이상적인 '전형적 미인'의 조건을 제시했다. 『조선일보』의 「이상적 얼굴」역시 이와 비슷한 기준을 소개했다.[86] "얼굴 길이는 꼭 코 길이의 삼 배"이며 "눈과 눈 사이는 꼭 한 눈 길이"만 하고 "초승달 같은 눈썹을 원주의 일부분으로 하고 원을 그리면 그 원주는 꼭 그의 코끝을 지나게 된다"라는 기준은 위의 글과 대부분 비슷하다. 당시 할리우드 배우였던 '실비아 시드니(Sylvia Sidney, 1910~1999)'의 얼굴이 이러한 기준에 가장 부합하므로 "가장 이상에 가까운 완전한 얼굴"이라고 평가했다(그림 3-51).

　이제 미인은 전통 시대의 은유적이고 추상적인 수식에서 벗어나 수학적으로 계량된 미의 기준을 토대로 제조되었다. 누에 같은 눈썹, 가을 호수처럼 깊고 맑은 눈 등 미인에 관한 공감각적이고 주관적인 비유와 평가는 이제 계량된 수치와 시각이 중심이 된 직관적 기준으로 대체되었다. 이처럼 이상적 미를 상정하고 그에 맞춰 미를 계량할 수 있다는 믿음 속에서 미인의 얼굴은 구체적으로 측정할 수 있는 대상이 되었으며 이러한 방법은 미인을 측정하는 표준이자 과학적 방법으로 소개되었다.

　　연영급 키에 적당한 체중이 20점

머리를 감았을 때 광택과 빛을 생각해서 5점

눈은 흐리거나 무섭게 보이면 안 되고 광채가 나고 맑되 흰자위가 누른빛을 띠우지 아니한가를 생각해서 5점

입은 어딘지 모르게 행복스러워 보이면 5점

입으로 호흡을 하는 사람은 공

이는 충분히 주의해서 잘 씹어 먹는지를 보아 5점

피부는 명랑, 빛깔, 매끈거리는 것, 살결을 보고 뺨이나 입술에 대하여 10점

손톱은 깨끗하고 매끈한지 손톱을 손질 잘한 것으로 5점

발은 모양이 좋고 꿈치부터 엄지 손까지 선이 직선인지 또 구두를 신은 조화를 생각해서 10점

자세는 어깨가 좌우 균형하고 팔은 뻣뻣하지 않고 배선도 어여쁘고 두 발은 얼마쯤 떨어져서 평행이 되면 5점

앉았을 때 선이 좋은 것으로 2점

걸음 걸을 때 운동의 조화 3점

십육 척쯤 떠나서 보통 회화를 들을 수 있는 건전한 청력 5점

팔을 쭉 뻗고 책을 읽을 수 있는 시력이면 5점

건강은 심신 상쾌, 열정, 가세력, 목소리 들을 생각해서 10점

의복은 개성적이면서 때와 경우를 생각하는 것을 중심으로 5점[87]

『동아일보』에 소개된 '미인 감정 채점법'은 "미인 될 사람을 평정하는 방법으로 신체 각 부분에 점수를 주어가지고 합계를 하여 백 점이 되면 완전한 미인으로 합격"이 된다는 미인 점수표였다. 기사는 미인의 키와 머리, 눈, 입, 치아, 피부, 손톱, 발, 자세와 걸음걸이까지 점수를 매기고 있다. 채점 기준이 추상적으로 표현된 부분도 있지만 미인을 평가할 때 얼굴의 아름다움과 함께 발과 팔, 자세 등 신체와 자세, 건강에 이르기까지 미인의 평가 기준이 확대되고 있는 것을 볼 수 있다.

나아가 얼굴뿐만 아니라 신체를 측정하는 미인 측정기도 발명되었다. 「미인을 측정하는 기계」는 "기계 앞에 참가자를 세우고 측정기를 돌리면 그 사람의 그림자가 남아" 심사원이 그 그림자로 점수를 채점하는 기계였다(그림 3-52). 이 미인 측정기는 1937년 '미스 캘리포니아'를 선정하는 데 사용되면서 이제 미인의 신체미는 수학적으로 구현할 수 있는 가치로 전환되었으며, 또한 미인의 기준은 얼굴보다 신체에 있음을 알렸다.

「누가 제일가는 미인일까, 허리를 재고 빛깔을 심사」에서도 역시 신체 계량이 서구 미인 대회의 주요 심사 기준이 되어 왔음을 알 수 있다(그림 3-53). 이러한 점수표와 기계들은 단순한 신체 측정을 넘어서 미를 수치화하고 계량할 수 있는 대상으로 인식했음을 보여 준다. 이는 숫자로 명기될 수 있는 아름다운 신체에

그림 3-52. 「미인을 측정하는 기계」, 『동아일보』 1937년 7월 21일
그림 3-53 「누가 제일가는 미인일까, 허리를 재고 빛깔을 심사」, 『조선중앙일보』 1936년 6월 7일

관한 객관적 기준이 마련되고 욕망되었음을 의미하며, 이렇게 정립된 미의 공식은 미인 대회에 적용되었을 뿐만 아니라, 일반 여성들도 그들의 아름다움을 수치화된 기준에 따라 등수를 매기며 미의 정도를 판단하게 했다.

서양 대표 미인의 신체미

미가 측정되고 계량할 수 있는 대상으로 여겨지면서 미인의 점수를 매기고 순위와 등급을 나누는 방식은 근대적 미인 대회로 이어졌다. 각국의 대표 미인을 뽑는 서구의 미인 대회는 대중에게 이상화된 서구적 미의 기준이 몸매에 있음을 알리는 계제가 되었다. 의상 변화를 통해 형성된 신체에 관한 새로운 미감과 함께, 서양 미인의 전신을 담은 신체 이미지는 서구 미인 대회 보도 기사와 미인으로 직접 호명된 대회 참가자들의 사진으로 1920년대 중반부터 소개되기 시작했다. 서구적 미의식이 곧 문명의 기호로서 인식되던 당시 상황에서 신체에 관한 새로운 미적 기준은 대중 매체를 통해 학습되고 이식되며 이상적 미인상으로 선망되었다.

해외 미인 대회는 1925년 수영복 차림의 「미국미인 공진회의 대표 미인」인 '미스 아메리카' 사진과 함께 처음 소개되었다(그림 3-54). '미스 아메리카' 선발 대회는 1921년부터 애틀랜틱시티

그림 3-54. 「미국미인 공진회의 대표 미인」,   그림 3-55. 「'파리' 얼굴 경기회에서 당선된
『조선일보』   미인들이랍니다」, 『조선일보』
1925년 10월 25일   1925년 11월 23일

에서 해변 피서객을 유치하기 위해 기획된 행사로, 매년 참가자의 수영복 심사와 퍼레이드가 큰 화제가 되었다. 수영복을 통해 몸매를 그대로 드러낸 서구 대표 미인들의 사진을 보며 독자들은 미의 표준을 얼굴과 함께 그들의 신체미로 판단하게 되었다. 1927년에도 「미국에서 선출된 제일(第一) 미인」의 사진과 함께 "그 균형 잡힌 육체미를 보십시오"라고 했듯이 미인의 심사 기준은 아름다운 얼굴보다는 몸매에 맞춰져 있었다.[88]

미인 제조 **261**

미인의 기준이 얼굴에서 신체로 전환되는 과정은 해외의 미인 대회를 소개하는 기사에서 살펴볼 수 있다. 1925년까지도 미인 대회는 '얼굴 경기회'였다. 그러나 「'파리' 얼굴 경기회에서 당선된 미인들이랍니다」에서는 얼굴 경기회라는 제목과 달리 기사 속 미인들이 등과 다리가 훤히 드러난 드레스 차림으로 등장했다(그림 3-55). 즉 얼굴보다도 입상자의 노출된 몸에 초점을 맞추며, 근대 미인상의 변화를 반영한 셈이다. '얼굴 경기'라는 말처럼 1920년대 중반까지도 미인의 기준은 얼굴에 있었다. 하지만 복식이 개량되되면서 이전까지 가려졌던 여성의 신체가 드러나게 되고, 이에 관한 새로운 미의식이 요구되기 시작했다. 매체에 소개된 서구의 대표 미인과 영화 속 할리우드 여배우의 이미지는 체형으로 확대된 미인상의 이상적 대안이자 새로운 미의 기준이 되었다. 대부분 수영복 차림으로 시각화된 대표 미인의 이미지는 미인 심사 기준이 그들의 얼굴과 함께 그 체형에 맞춰져 있었음을 보여 주며, 이는 신체의 균형과 비례의 미를 미인의 전형으로 인식했던 서구의 미의식이 반영된 것이라고 할 수 있다.

　1927년 「세계의 표준은 서반아형 미인」이라는 기사는 "키가 작고 몸이 가늘고 눈자위 검은 이가 제일"이라는 세계 미인의 기준을 제시했으며, "미국의 미용술은 얼굴뿐만 아니라 몸 전체를

그림 3-56. 「등덜미 미인대회」, 『매일신보』 1931년 9월 7일

그림 3-57. 「미인 경기회 it 탄압법」, 『매일신보』 1932년 11월 6일

그림 3-58. 「미스 1936년 키 작은 유선형의 퀴그레양」, 『동아일보』 1935년 4월 11일

그림 3-59. 「누가 곡선미에 일등을 할 것인가」, 『동아일보』 1937년 6월 30일

아름답게" 하는 것이라고 설명했다.[89] 또한 이를 위해서는 물을 많이 마시고 고기보다는 야채를 먹어 "날씬한 몸매"를 유지할 것을 권고하기도 했다.

"얼굴이 예쁘고 미운 것으로 미인이라고 판단하는 것은 이제는 시대에 뒤진 소리"로, "현대 미인의 조건은 무엇보다 더 등덜미 아름다운 것이 제일 첫째"라며 미국에서 열린 '등덜미 미인대회'가 소개되기도 했다(그림 3-56). 이제 신체미는 용모보다 중요한 미의 요건으로 발전했다. 1932년 영국에서 열린 '곡선미 경기회'에서는 "그 아름다운 얼굴을 내놓으면 심사원의 마음이 산란해져서 공평한 심사를 못할 념려가 있다"라며 아예 여성들의 얼굴을 마스크로 가렸다는 기사가 소개되기도 했다(그림 3-57).

서구의 미인 대회는 시대적 미의식과 담론을 시차 없이 미인에 적용했다. 1930년대 중반에는 '유선형' 담론이 유행하면서 여성 신체에서도 유선형이 중시되었고, 미국 미인 대회 '미스 1936년'의 기준을 대표하는 후보자로 "유선형의 퀴그레 양"을 소개했다(그림 3-58). 유선형 유행은 신체의 곡선에 관한 미의식을 일깨웠으며, 미인 대회 또한 얼굴보다도 「누가 곡선미에 일등을 할 것인가」를 가리는 행사가 되어 갔다(그림 3-59).

뿐만 아니라 「다리 곱기로 일등 당선이 된 '이나엘 벤' 양입니다」라는 기사와 같이 각선미를 심사하는 이색 미인 대회가 소개되기도 했다(그림 3-60). 심사 기준으로 쭉 빠진 듯이 곧고 가는 다리가 선호되며, "위가 굵어서 아래로 내려오면서부터 민틋하게 가늘어야" 했다. 이처럼 각선미는 미인의 신체에서 가장 중요한 미점을 차지하는 부위였다. 일간지는 해외에서 열린 각선미 대회의 일등 미인과 각선미를 생명으로 여겨 20만 원을 보험을 붙인 서양 여배우의 사진 혹은 서양 '모던 부인들'의 잘 발육된 다리, "건강한 각선미"에 관한 기사와 사진을 실었다(그림 3-61, 그림 3-62). 반면 "규중의 조선 여성"은 "다리가 짧고 또 무릎께부터 종아리께까지가 조금씩 비뚤어져 나간 사람이 많습니다"라며 각선미가 있는 사람이 극히 적다고 했다.[90] 또한 "굽은 다리를 올곧게" 하거나 "안짱다리와 수중다리"를 고치는 방법 등 "가장 중대한 미의 하나"가 된 다리 관리법을 소개하기도 했다.[91]

해외 미인 대회 보도가 일간지에서 성행하기 시작한 1920년 대에는 할리우드 영화가 대중에게 주목받으며 급속하게 보급되었다. 이 시기에는 영화 속 여배우들이 서양의 유명 미인으로 소개되고 미의 전형으로 선망되면서 조선의 미인관에도 큰 영향을 미치고 있었다. 이처럼 다양한 대중 매체가 출현함에 따라 이미지를 통한 시각적 경험의 폭이 이전 시대와는 비교할 수 없을 정도로 넓어졌고 시각화된 여성의 신체는 새로운 미의식을 제조하며 미의 담론 속에 포섭되어 갔다. 영화는 서구 여배우들의 몸을

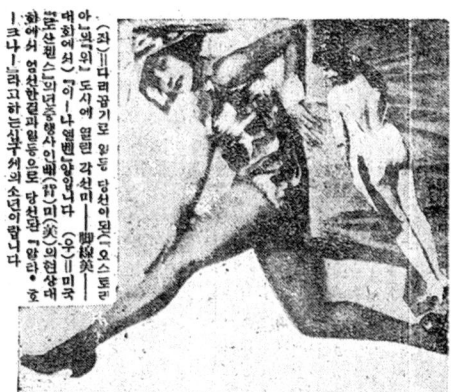

그림 3-60. 「다리 굵기로 일등 당선이 된 '이나엘 벤' 양입니다」, 『동아일보』 1930년 10월 2일

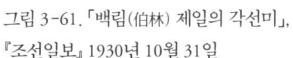

그림 3-61. 「백림(伯林) 제일의 각선미」, 『조선일보』 1930년 10월 31일

그림 3-62. 「각선미를 위하여」, 『동아일보』 1932년 3월 26일

사실적이고 입체적으로 시현시킴으로써 관객들에게 신체에 관한 서구적 미의식을 효과적으로 학습하게 할 수 있었다. 이처럼 사진과 영화를 통해 신체미로 대표되는 서구 미인들의 이미지가 전해지며, 미의 서구화를 지향하는 시대적 분위기 속에서 이러한 미의식은 빠르게 대중화되었다.

미인의 신체 화장법

근대 초기 건강과 위생 차원에서 강조되었던 청결은 비누나 세분, 치약과 같은 상품을 소비하면서 일상적으로 체화되었다. 치약과 비누는 화장품으로 분류되었으며, "미와 위생을 겸케 하여라"라는 광고와 같이 "건강과 청신미(清新美)" 즉 미와 위생의 가치를 등가적으로 배치하여, 이들이 상품 소비를 통해 관리되는 표지가 되었음을 보여 준다. "건강과 미용도 일일에는 얻지 못한다. 효과의 우량한 라이온 치마분으로 매일매일 이를 닦으면 비로소 이는 튼튼하게 되고 귀녀의 건강과 아름다움을 얻을 것입니다"라는 치약 광고 역시 건강을 아름다움의 기표로 치환했다.[92] 근대 초기에는 위생이 부국강병을 위해 건강한 국민을 양성하는 것을 목표로 시작되었으나, 소비 사회에 이르면 "머리의 치장은 위생의 한 방식"이라고 할 만큼 미용술의 차원으로 확대

되며 심미안을 관리의 대상으로 포섭해 나갔다.[93]

> 여러분! 여러분은 아름다워지는 데 두 가지 방법이 있음을 아십니까? 화장과 건강! 그렇습니다. 더 좀 더 아름다워지시려는 여러분께서는 먼저 규칙적 생활에서 오는 건강을 증진하게 하고 마음으로부터 활달한 사지와 장미색 두 뺨 그리고 빛나는 눈동자의 소유자가 되기를 힘쓰는 동시에 자기에게 적합한 이상적 화장법을 획득하여서 천성의 결점을 보충하고 매력 있는 조화된 화장법을 배우지 않으면 안 될 것입니다.[94]

건강 역시 부국강병의 기치에서 미의 요건으로 변화했다. 미인이 되기 위한 미용법은 화장이나 유행에 맞는 의복뿐만 아니라 신체 건강에서 시작된다는 인식은 1920년대 후반부터 등장하기 시작했다. "지금의 화장법이라면 얼굴을 화장하는 것이 아니라 신체 전체에 대한 미용"으로서 "안으로 흘러나오는 건강미"를 위한 다양한 미용법이 소개되었다.[95]

식이 요법과 다이어트

"신체가 건강하면 미의 근본이 될 것"과 같이, 미용은 몸의 건강에서부터 시작된다는 인식은 다양한 식이 요법을 통한 건강 관리를 제안했다. 「미용과 음식물의 관계는 퍽 깊다」라는 기사는 "우선 몸 먼저 거두어야 될" 미용법으로 "활력소를 품은 신선한 음식물을 취하는 것"을 첫 단계로 꼽으며 "화장은 맨 나중 문제"로 미뤘다.[96] 「처녀 시절의 미용법은 무엇」 역시 충분한 수면과 운동, 적당한 식사를 강조하며, "처녀 시절의 화장법은 본 살을 잘 가꾸는 것"으로 이를 위해 식사 조절과 미용 체조, 산보를 장려했다.[97] 또한 동양 여자의 표준 키를 대강 5척가량, 체중을 12관 반이라고 했는데,[98] 이는 약 151.5센티미터에 46.8킬로그램으로 미의 기준을 수치화한 첫 예라고 할 수 있다.

> 처녀 시절에는 흔히 살이 너무 쪄서 뚱뚱보라 하여 그것을 근심하는 일이 퍽 많습니다. 지방이 많으면 자연히 보기 싫어서 살이 빠졌으면 좋겠다는 생각을 하는 것도 무리한 일이 아닙니다. 그 가운데는 후리후리하고 날씬한 몸이 되고 싶어서 밥을 덜 먹는 사람도 더러는 있을는지 알 수 없습니다. 그 가운데는 초를 먹으면 살이 빠진다 하여 초도 먹으며 비소도 먹는 일도 있다 합니다. 이것은 너무 무모한 일입니다. (중략) 너무 살찐 이는 당분 지방 단백질을 적게 먹고 이 반대로는 아무쪼록 이런 것을 많이 먹어야 할 것입니다. 식사는 하루 세 때씩 먹는 외에 간식을 하여서는 안됩니다. 그리고 물은 살을 아름답게 합니다. 매일 아침에 일찍 일어나서 컵에다 물 한잔씩

먹으면 퍽이나 효과가 있습니다. 과실도 대단히 효과가 있습니다.

식이 요법으로 후리후리하고 날씬한 몸을 만드는 건강법들은 1930년대 일간지와 잡지에 활발하게 소개되었다. 「살찐 것이 성화라면 이런 것도 해볼 일 '바나나'와 우유로 날씬하게 되는 법」은 "현대 여성들은 살찐 것을 좋아하는 것보다 도리어 호리호리한 몸 되기를 바래는 편이 많습니다"라고 하며 "미국의 존스홉긴스 대학"에서 창안한 바나나 식이 요법을 소개했다.[99] 방법은 "두 주일 동안은 매일 네 개 내지 여섯 개의 바나나와 지방 빼 버린 우유를 석 잔 혹은 넉 잔" 마시는 것으로 현대의 식단과 별반 다르지 않다. 다만 당시 바나나는 조선에 대중적으로 보급되던 과일이 아니었기 때문에 이는 해외 사례를 그대로 소개한 예에 지나지 않은 듯하다.

여성이 날씬한 체형을 선호하게 된 것은 근대에 나타난 현상으로, 서구에서도 빅토리아 시대부터 여성의 날씬한 몸이 미적 이상으로 등장했다. 근대에는 사회가 산업화, 도시화되면서 식량이 풍부해졌고 이에 따라 사람들의 발육과 영양 상태가 좋아져 풍만한 몸이 보편화되면서, 반대로 날씬한 몸매의 희소가치도 커지게 되었다. 19세기 후반부터 단식이나 음식 조절로 몸을 관리하며 이상적 체중과 체형을 얻으려고 노력함으로써 날씬함은 부르주아 계급에서 지배 관념으로 등장했다. 특히 여성들이 날씬함을 갈망하게 되면서 식이 요법과 같은 다양한 미용법이 발달하기 시작했다.[100] 이러한 서구의 미의식이 조선에 전래되면서 신체를 자본으로 인식하는 소비 사회의 미의식과 함께 날씬한 몸매의 미인을 제조했다.

「현대적 화장술이 되는 음식물 미용법」은 "현대는 얼굴에 분이나 처덕처덕 바르는 것이 화장인 줄 알고 미용술인 줄 알던 시대"와는 전혀 다르며 "현대 미용은 정신미와 건강미와 기교미"에 있다고 했다. 기사가 소개한 "미용의 근본"이 되는 원소인 "식이 미용"에서 중점적으로 다룬 내용은 "살 여위는 식이법"이었다.[101] "살이 찐 사람은 (중략) 미용상으로 보아서는 보기 어려울 만큼 흉한 것이니까 누구든지 살이 찌면 '미'를 위해서 애를 쓰는 이들이 많습니다"라며, "적당하게 여위게 하려면 과분의 지방이 생기지 않게 할 것 즉 탈지법"을 장려했다.[102] 이는 여성 건강에 관한 논의가 '잘 먹어야 한다'는 영양 섭취의 문제가 아니라, 식이 요법으로 '날씬해져야 한다'는 외모에 관한 문제로 전이되었음을 보여 준다.

살 여위는 데 상당한 효과를 주는 것으로 하루 세끼 대신 두끼를 먹는 방법도 소개하면서 "식사 회수가 적으면 배가 고팠다가 갑자기 많이 먹게 되니까 도리어 살이 찌는 경우가 있으니 이

점에 유의"할 것을 권고하기도 했다.[103] 이와 함께 "한 가지 식품만을 특히 많이 섭취"하는 "편식적 탈지법"을 안내하며 "일상 활동을 하면서 실행하기는 위험한 것"이라며 추천하지는 않았다. 또한 "전신적으로 식이법에 주의할 것은 물론이지마는 각각 그 부분에 작용하는 운동"을 해야 함을 강조한 것은 오늘날 체중을 줄이기 위해 하는 다이어트 방법과 같다. 물론 "살결이 튼튼하고 곱게 하는" 피부 미용법과 식이 요법도 꾸준히 소개되었지만 몸매, 즉 신체미를 관리하는 "전신적인 식이법"은 이와는 다른 차원의 문제였다.[104]

> 세계 미인을 모아 놓고 그들의 미를 자본으로 하여 살아가는 할리우드에서는 당연히 미용과 화장에 대한 관심이 민감하며 살결을 곱게 하고 피부를 아름답게 하도록 제각기 늘 연구하여 어떠한 한 사람이든지 어떤 것이 좋다고 한번 말을 내면 우하고 일제히 그대로 따르는 것이 보통입니다. (중략) 할리우드 스타들이 가장 싫어하는 것은 뚱뚱해지는 것입니다. 아무리 육체미의 세상이라도 필요 이상으로 살만 찌는 것은 미에 대한 치명상으로 여기고 있습니다.[105]

건강한 몸이 곧 날씬한 몸으로 통용되고, 신체 관리법 역시 '몸매를 날씬하게 만드는 것'이라는 인식이 구축되면서, 1933년에 이르면 뚱뚱한 것은 이제 "미에 대한 치명상"으로 비판받기에 이른다. 기사가 인용한 것은 할리우드 유행 소식으로, 조선 여성들에게 동경의 대상이자 미의 이상이었던 할리우드 여배우의 신체 관리법은 조선에 동시대적으로 전해지며 선망되었다. "미를 자본"으로 살아가는 여배우들의 "미용과 화장"이 모방되면서, "할리우드 스타들이 가장 싫어하는 것은 뚱뚱해지는 것"이라는 기사가 조선의 미인관에 큰 영향을 미쳤음은 물론이다. 이처럼 날씬한 체형이 선호되는 현상은 서구, 특히 할리우드의 미의식을 통해 권위를 얻으며 대중적으로 제조되었다.

　날씬한 몸매를 이상화한 것은 소비문화에 따른 근대적 현상으로, 전근대적 이해 방식으로는 뚱뚱함이 후덕함으로 동경되며 오히려 날씬한 몸이 부정적으로 평가받기도 했다. 1913년 『매일신보』의 자양환(滋陽丸) 광고는 마른 사람을 "피골의 상연(相連)이 가탄(可歎)"에, 뚱뚱한 사람은 "피부의 농후(豐厚)가 가하(可賀)"에 연결해 놓았다. 오늘날 기준으로 보자면 뚱뚱한 남성은 고도 비만이라고 할 만하지만, 당시로서는 이런 체형이 건강의 상징으로 선망되었고 몸에 여분의 지방을 비축할 정도로 부유하다는 뜻임을 알 수 있다(그림 3-63). 그러나 이는 남성에게 해당되었던 것으로, 소비 사회에서 대상화된 여성의 신체는 이와 다른 기준의 미의식이 적용되었다.

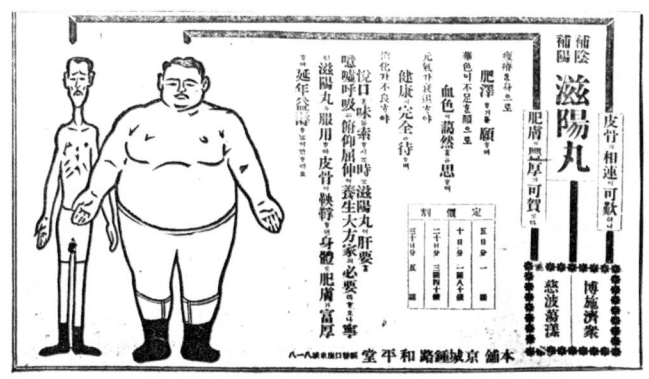

그림 3-63. 자양환 광고, 『매일신보』 1913년 3월 19일

살찐 여성은 미인이 될 수 없을 뿐만 아니라 나아가 "뚱뚱보의 여자는 정신적으로만이 아니라 병리학적으로도 불건전한 것"으로 인식되기에 이른다.[106] 『동아일보』 기사는 "뚱뚱보의 여선생은 엄금한다"라는 뉴욕시 교육국의 발표를 소개한 것으로, 150파운드(약 68킬로그램)를 기준으로 그보다 무거우면 교사가 될 수 없다고 했다. 그 이유로 "교사는 우생학의 견지에서 모범적 체격의 소유자인 느낌을 어린이들에게 줄 필요가 있는 것"과 "교사는 종래와 같이 정신적 지적 방면뿐 아니라 육체적 방면까지도 고려하여 선정하지 않으면 아니 되는 것"을 들었는데, 이는 살찐 여성이 우생학에서도 열등한 지위를 차지하며 정신적, 육체적

으로 모두 문제가 있다는 뜻이었다. 나아가 1938년에는 "심장이 지치기 때문에", "살찐 사람은 수명이 짧다"라며 체중을 생명과 연관 짓기도 했다.[107] 근대 소비 사회는 이처럼 극단적 방법을 통해서라도 자본으로 통용되는 신체의 아름다움을 관리하고 가꾸기를 요구했다.

미인 되는 미용 체조법
─────────
식이 요법과 함께 병행되어야 하는 운동은 "미인 되는 신식 체조"인 미용 체조법이었다. "미인 많기로 세계에서 유명한 스위스(瑞西)에서 미인 되는 표준이 높아서 여간 용자(容姿)로서는 미인 축에 들 수가 없다 한다. 요즈음에 새로운 실내 체조법이 유행되는데 그는 체격을 훌륭하게 만들기 위하여 사진과 같은 방법으로 매일 아침에 체조를 한다"라고 했으나, 사진은 체조법보다는 짧은 치마 아래 온전히 드러난 서구 여성의 다리와 신체에 초점이 맞춰져 있다(그림 3-64). 이처럼 "얼굴에 바르는 분이라든지 연지나 화장수"를 이용하는 화장법뿐만 아니라 몸매를 가꾸기 위한 운동이 "일층 근본적 미용술"이라는 견지가 확산되면서, 운동은 더 이상 건강만을 위한 것이 아니라 미와 연계되는 중요한 활동이 되었다.[108]

그림 3-64. 「미인 되는 신식 체조」, 『매일신보』 1928년 6월 26일

현대인의 '미'의 표준은 그 얼굴에 있는 것이 아니고 그 체격, 스타일에 있다고 한다. 이러한 미적 표준의 유행도 물론 서양에서 건너온 풍조의 하나로서, 오늘날 조선의 소위 모던급의 남녀들도 그 스타일의 균정된 원만한 체구를 가지기 위해서는 어떠한 수단과 방법을 가리지 않고 머리를 싸매고 연구하기도 하고, '파리'나 '할리우드'에서 새로이 들여오는 전파에 귀를 기울이고 있는 형편이다. 요사이 서울만 하더라도 아스팔트 위로 쏘다니는 모던걸들을 훑어보면 그 얼굴의 화장보다도 '몸집 가지기', 스타일에 얼마나 심심(深心)의 주의를 가지는가 함을 가히 엿볼 수 있는 사실의 한 토막인가 한다. 어찌 되었든 최근에 와서는 우리 조선에도, 건강하며 원만하게 균세가 잡힌 완전한 체격이라야 가장 현대적 미라는 사조가 일

반에게 알려지게 되어, 어떻게 하면 보다 훌륭한 스타일의 소유자가 되어 볼까 하는 모던급의 남녀(더욱이 여자)들이 많아 감이 사실이다. 이러한 의미에서, 최근에는 미용술이 굉장히 다방면으로 발달되어서 현대인이면 반드시 미용술에 의하여 자기가 가진 선천적 미에, 인공을 가한 후천적 미를 가공하지 않고서는 도저히 모던 사회에 있어서는 그 사교의 자격조차 갖추지 못한 감을 느끼게끔 된 현상이다. 이러한 미용술로서 최근 가장 이상적인 신안(新案)으로 알려진 방법이, 여기에 말하려는 '미용 체조법'이다. 이 미용 체조법도 요사이에 와서는 여러 가지 신형(新型)이 생겨진 모양이나, 목하 미주 '할리우드'에서 가장 효과적인 운동으로 많이들 유행의 왕좌를 점하고 있으며, 오래지 않아 서울에서도 유행하게 될 미용 체조법을 말하려 한다. 이 운동을 계속하여 실행하게만 되면 누구든지 반드시 건강적이며, 보다 훌륭한 균세가 잡힌 원만한 체격을 가질 수가 있다.[109]

현대인에게 미의 표준은 얼굴이 아니라 체격과 스타일에 있음이 강조되었다. 이에 따라 최근에 알려진 가장 이상적이고 새로운 미용술이자, 할리우드에서 가장 효과적인 운동인 미용 체조법을 소개하며, "모던 사회"에서는 신체의 미를 가꾸는 것이 사교의 자격이라고 소개했다. 이러한 현상은 과거에 비해, 신체

에 관한 개념이 매우 적극적으로 변화하고 있음을 보여 준다.[110]

이처럼 미의식이 신체로 확대되면서 운동도 아름다운 몸을 만들기 위한 것으로 갱신되었고, 여성들은 식이 요법으로 날씬한 몸매를 유지함과 동시에 미적 관리 대상이 된 신체 각 부분의 조화와 균형미를 얻기 위한 운동으로서 미용 체조를 권장받았다. 미용 식이법과 체조는 해외 미인들의 사진과 영화 속 여배우들을 통해 학습된 육체미의 기준을 체화함으로써 자신의 육체를 개량하는 방법으로, 이는 1920년대부터 폭발적으로 증가한 미인 담론의 미적 기준을 내면화하는 과정이라고 평가할 수 있다.

우선 각선미의 발견과 함께 시작된 "다리 미용술"에 관해서는, 「미는 다리에도, 다리의 미용술」 기사에서 볼 수 있듯이 "다리는 너무 살이 쪄도 못쓰고 너무 말라도 못씁니다"라며, 구부러진 다리 또한 아름답지 않으니 이는 사진 속 서양 여성의 체조 동작으로 교정할 수 있다고 했다(그림 3-65). 「걷기 좋은 가을! 아가씨 다리들이여 꼿꼿하고 날쌔시라」 역시 "각선미를 창조하는 법"이라는 이름으로 체조 방법을 자세히 소개했다.[111]

신체를 구성하는 상품들과 함께 발견된 신체 부분에 관한 미의식은 각선미를 시작으로 허리와 팔, 등을 비롯해 몸 전체로 확대되었다. 이에 따라 미용 체조 또한 각선미를 가꾸기 위한 다리 미용술 혹은 등을 아름답게 하는 미용술 등 신체를 부위별로 관

그림 3-65. 「미는 다리에도, 다리의 미용술」, 『조선일보』 1929년 4월 25일

리하는 체조에서부터 「체격을 좋게 하는 미용 체조」와 같이 굽은 등의 교정과 목, 어깨, 팔뚝 선, 각선미 등 신체 각 부분을 종합적으로 다루는 체조로 변화되었다(그림 3-66, 그림 3-67).

> 육체의 건강미 그것은 몸이 고르게 발달되는 것이 첫째요 몸이 고르게 발달되는 그것은 미용 운동이 제일입니다. 미용 운동 중의 가장 중요한 몇 가지를 가르쳐 드릴 테니 미인 되시려는 분은 다 함께

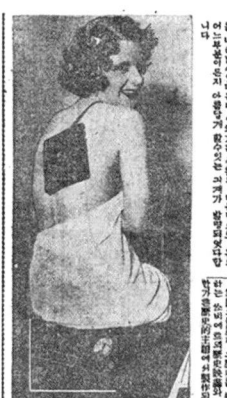

그림 3-66. 「등에도 미용술」, 『동아일보』 1930년 9월 18일

그림 3-67. 「체격을 좋게 하는 미용 체조」, 『조선일보』 1937년 11월 2일

그림 3-68. 「살찐 부인의 미용 체조」, 『조선일보』 1932년 3월 10일

시험해 보십시오.

「체격을 좋게 하는 미용 체조」에서는 "아낙네로서 육체의 미"가 중요함을 강조하며, '육체의 건강미'를 더하는 것이 미용 체조임을 설명했는데, 그 전제 조건은 우선 날씬하게 마른 육체미의 여성이어야 했다. 뚱뚱한 것을 병적이고 열등한 것으로 인식하는 시대에 미용 체조는 「살찐 부인의 미용 체조」에서처럼 날씬한 여성 만들기가 목표였다(그림 3-68).

「살찐 부인의 미용체조」는 "날마다 식전에 운동하시면 몸이 아름답게 되는 체조법"으로 사진과 함께 소개되었다. 체조는 순서에 따라 10단계로 나뉘며, 1단계는 복부 운동으로 "바른편 무릎 운동을 하시고 그다음은 왼편 무릎을 또한 오 회가량 하신 후에는 다 무릎을 한꺼번에 운동을 시작하여 또한 좌우로 다섯 번씩" 한 후에는 2단계 후반신 운동으로 이어졌다. 이 체조법은 가슴과 늑골부, 발, 어깨 등을 골고루 움직임으로써 아름다운 몸, 즉 날씬한 몸을 가질 수 있다고 했다.

중년 부인에게는 "허리의 살이 빠져 몸맵시 나게" 되는 운동이 권장되었는데 "옆으로 보아서 젊은 여성들은 가슴때기 아래가 쏙 들어가 등에 착 붙은 듯이 보이는데 살찐 중년 부인네를 보면 이와 반대로 배가 불룩 나와 있습니다. 이와 동시에 허

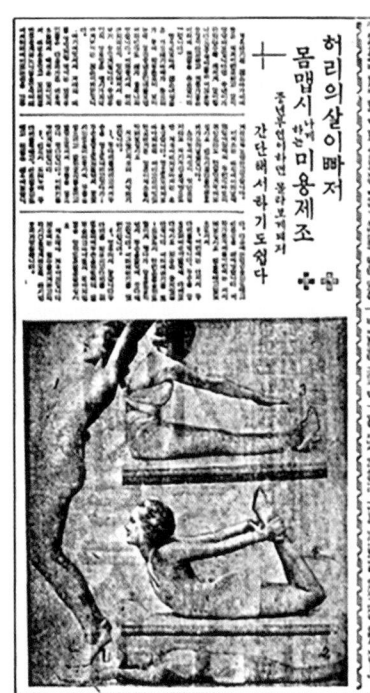

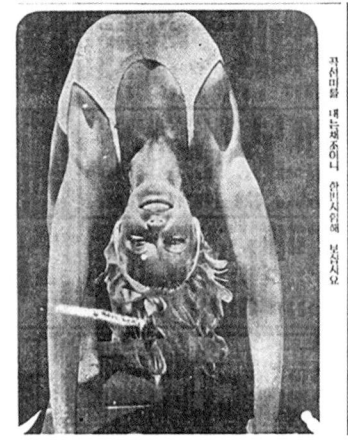

그림 3-70. 「곡선미를 내는 체조이니 한번 시험해 보십시오」, 『동아일보』 1938년 1월 28일

그림 3-69. 「허리의 살이 빠져 몸맵시 나게 하는 미용 체조」, 『조선일보』 1938년 1월 27일

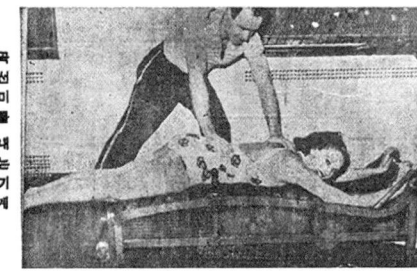

그림 3-71. 「곡선미를 내는 기계」, 『동아일보』 1937년 7월 1일

리 근저의 선이 밋밋해져서 참 보기 흉하게 됩니다"라면서 이는 "양복 입은 때 맵시가 괴약하게" 보이는 요소로 지적되었다(그림 3-69). 따라서 "자태와 미를 생명처럼 여기는 외국 부인들"이 하는 미용 체조로 "살을 없애어 배에서 허리에 이르는 선을 고르게" 할 수 있다고 했다. 이처럼 허리와 복부의 살을 빼는 체조법은 양장 보편화와 함께 당시 유선형 담론이 유행하면서 등장했는데, 이는 신체의 곡선미가 부각되어 "미인이 되자면 허리로부터"처럼, 요선미를 가꿔야 한다는 새로운 미의식이 형성되면서 함께 고안되었다.[112]

"현대 여성의 미의 표준은 부분 부분을 종합한 즉 윤곽의 아름다움 건전한 체질 발육된 근육 이것이 잘 조화되고 여성 독특의 곡선미를 표현하는 데 있다"라고 했듯이 곡선미는 여성에게만 적용되는 특유의 미의식으로 강조되었다.[113] 이를 위해「곡선미를 내는 체조이니 한번 시험해 보십시오」와 같은 체조법이 소개되었고, 나아가 미의 기준에 맞추기 위해서는「곡선미를 내는 기계」의 힘을 빌리는 것도 서슴지 않으며 요선미를 제조하기에 이르렀다(그림 3-70, 그림 3-71).

미용 체조는 "양복 입은 때 맵시"라든지 "양장을 하게 됨에 따라서 목, 어깨, 팔뚝도 늘 내놓게" 된 것처럼 의복의 변화로 구상된 새로운 미의식을 관리하고 장려했다.[114] 그 기원이 서구에 있었듯 미의 기준 역시 서구에 맞춰졌으며, 대부분 수영복 차림의 서양 여성으로 구성된 미용 체조법 모델 사진과 그들의 신체 이미지를 통해 신체미라는 근대의 미의식을 자연스럽게 내면화할 수 있었다. 이처럼 조선 여성은 서구 여성의 신체를 이상적 육체미의 기준으로 삼아, 운동을 통해 그와 닮고자 노력해야 했다. 또한 여성의 매력이 "몸의 균정, 명랑한 목소리, 그리고 적당한 운동"에 있다는 기사는 "할리우드에 유명한 미용 비평가"의 권위를 얻으며 조선 여성들에게 더욱 선망되었다.[115] 또한 신문에 소개되는 체조 동작에 관한 글과 사진만으로는 학습이 어려운 이들을 위해서 종로청년회관의 '체육 강습회'나 '여자 미용 체조법의 신발표'와 같은 강습이 진행되기도 했다.[116]

건강미와 스포츠 미인

1935년 11월호 『신가정』에 소개된 '미스 스포츠'는 미의 기준을 "용모 자태의 아름다움"보다 "체육 발달에 중요한 관점"을 두며 "건강미에 만점"을 받은 여성을 선발하는 대회였다(그림 3-72).

> 단순히 용모 자태의 아름다운 것보다도 체육 발달에 중요한 관점을 두고 건강미에 만점을 받아 세계적으로 1935년에 오직 한 사람 전형된 미스 스포츠! 이 명예의 면류관을 쓴 여자는 스페인의 서울 마

드리드에 있는 멜세데스 까고 양이랍니다. 얼마나 아름답고 씩씩합니까!

1939년 미스 아메리카를 소개하는 기사 역시 미인 대회가 개최된 이래 매년 "미인의 체격은 좀 더 훌륭히 되고 더욱이 체중, 신장, 흉위 같은 것들"이 좋아졌기 때문에 "미인이라는 것도 건강미를 가리키는 경향이 보이는

그림 3-72. 「1935년 미스 스포츠」, 『신가정』3(11), 1935

것은 주목할 현상"이라고 했다.[117] 이처럼 신체에 관한 미의식은 식이 요법과 미용 체조법으로 만드는 균형 잡힌 몸매와 함께 운동을 통한 여성의 '건강미'에 관한 논의로 확장되었다.

'아름다워지는 방법'으로 건강한 신체에 주목하게 됨에 따라 건강미는 근대 미인이 갖춰야 할 요건이 되었다.[118] 건강은 화장에 선행되어야 할 요건으로 "신체 전체에 대한 미용"으로 인식되었다.[119] 이처럼 미의 근본이 되는 건강을 위해 빠짐없이 언급되었던 것이 운동으로, 앞서 소개한 다양한 식이 요법 또한 운동

을 병행함으로써 효과를 볼 수 있다고 했다.

운동은 여학생들의 신체를 건강하게 하고 발육을 도모하는 데 꼭 필요한 것으로 인식되며 학교를 통해 보급되었다. 근대 초기 위생 담론과 결합하며 건강한 신체 창출과 근대 국민 양성을 위한 부국강병의 목표로 수렴되었던 운동은, 1920년대 후반부터 '미'와 '미용'의 목적으로 전환되어, 건강하고 균형 잡힌 체격을 갖추기 위한 체조들이 소개되기 시작했다.

그중에서도 걷기 운동은 체위 향상에 제일 좋은 운동으로 소개되었다.[120] 근대 초기에 유길준도 『서유견문』에서 여성들이 바깥출입을 하고, 규칙적으로 운동하는 것은 여성 자신을 위해서뿐 아니라 자녀의 건강을 위해서도 필요하다고 강조했다. 하지만 유길준이 국민으로 수렴되는 근대적 신체 혹은 국민을 생산하는 어머니로서 '건강'한 몸을 만들기 위해 이를 강조했다면, 1920년대부터는 신체 미용 즉 육체미 차원에서 서술되며 '산보'와 같은 운동으로 근대적 여성미를 얻을 수 있다고 보았다.

그 다리 모양이 맵시 있고 쭉쭉 빠진 듯하면 그보다 더 고상한 것이 없을 듯합니다. 여자로서 쭉 빠진 듯이 곧고 가늘면서도 튼튼한 힘 세인 다리의 소유자라면 과연 남이 부러워할 만한 자리에 있는 자라고 할 수 있겠습니다.[121]

기사는 미용술이 "얼굴뿐만 아니라 몸"으로 확대됨에 따라 "얼굴 다음으로 제일 많이 띄게 된" "다리의 건강미를 일층 훌륭케 하는 법"으로 '경쾌한 보행 운동'을 소개했다. 이처럼 걷기 운동은 일상적으로 구현할 수 있는 '미용법'이자 '건강 증진법'으로 꾸준히 강조되었다.[122]

"신여성의 미가 건강과 신체의 균정한 발달"에 있으며, "우리 몸의 아름다움은 반드시 체육으로 세련된 진정한 육체미에서 온다"라는 점에서 운동은 근대적 여성미의 중요한 요소로 자리 잡으며, 1920년대부터 체조부터 탁구, 농구, 정구, 테니스, 스키, 스케이트, 수영에 이르기까지 다양한 운동이 조선에 소개되었다.[123] 또한 "체육이라는 것은 여자로 하여금 육체를 건전케 할 뿐만 아니라 동시에 여성다운 자태 또는 얼굴까지라도 어여쁘게 할 수 있음으로서 일반 여자는 남자보다도 더욱 힘써야" 한다고 권고했다.[124]

근대기 서구를 통해 전해진 다양한 운동은 '스포츠'라는 단어로 호명되며 신체의 균형과 건강을 위한 신여성의 취미로 장려되었다. 서구를 문명의 표지로 받아들였던 당시 시대적 배경 속에서 스포츠는 그 자체만으로도 근대성의 표상으로 여겨졌으며, 건강미의 보증이자 근대 미인이 갖추어야 할 자격으로 인식되었다. 또한 여성의 신체가 자본이자 경쟁력으로 유통되었던 소비 사회에서 스포츠는 아름다운 신체를 위한 효과적 관리법이자 신문화라는 유행 측면에서 여성들에게 적극적으로 수용되고 학습되었다.

스포츠를 즐기는 신여성은 구여성과 달리 "건강하고 탄력이 넘치며, 씩씩하고 아름답되 대담하고 명랑"하게 여겨졌으며 스포츠를 함으로써 신여성은 스스로 구여성과 차별화될 수 있었다.[125] "옛날의 부인에 비하면 평균해서 신장이나 체중이나 흉위나 모든 것이 잘 발달되었으며 일반적으로 늠름하고 훌륭한 체격의 소유자를 신여성 중에서 많이 발견"할 수 있는 것은, "현대 유한적 유희의 하나인 스포츠가 신여성 계급에도 점차로 보급"되고 있기 때문이라고 진단되었다.[126] 이처럼 스포츠는 새롭게 재편된 신체의 가치관과 더불어 발전했으며 이와 함께 도입된 여러 종류의 운동복들, 서구의 정구복과 체조복, 수영복 등도 대중의 큰 관심을 불러일으켰다.

운동이 신체미와 더불어 강조되면서 등장한 새로운 미의 기준은 "빛나는 건강미"였다. 신문은 「건강 증진 시대」라는 특집 기사로 새로운 미의식을 소개했으며, 근대 미인화로 기능한 화장품 광고 역시 "현대의 여성미는 건강미"라는 문구와 함께 테니스나 스케이트, 스키, 수영 등 스포츠를 즐기는 신여성의 모습을 담았다(그림 3-73~75).[127] 이처럼 운동하는 여성들의 모습은

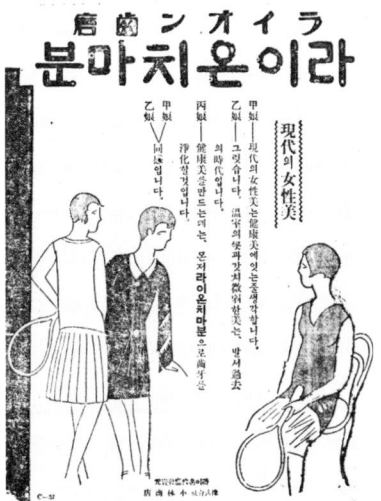

그림 3-73. 라이온 치약 광고, 『매일신보』 1931년 10월 23일

그림 3-74. 구라부 미신 크림 광고, 『매일신보』 1935년 2월 26일

그림 3-75. 헤치마 코롱 광고, 『매일신보』 1929년 7월 13일

근대적 미의식과 결합하며 미용 제품과 화장품 광고에 '건강 미인'으로 시현되며 일상적으로 체화되었다. 또한 피부를 백색으로 만드는 백분보다 '뛰어난 혈색미'가 강조되었으며, 미의 표준은 건강에 있는 것으로 "미인이라는 것도 건강미를 가라치는 경향"으로 전환되었음을 보여 준다.

이렇게 부상한 건강미는 1930년대 말 이후 전시 체제로 접어들면서 제국주의적 가치와 결부되어 국력을 상징하는 총후 여성의 표상으로 변화되었다.

젊음의 미의식

"청춘미이다, 건강색이다"라는 문구처럼 '청춘미', 즉 젊음은 건강미와 결부되며 부각되었다. 화장품 광고에서도 "다섯쯤 젊어지는" 화장품과 "영구히 젊게 되는 크림", "젊게 되는 화장 맵시" 등이 강조되었다. 구라부 화장품은 20대와 30대, 40대의 일본 모델 사진과 함께 "언제든지 젊으니 어떻게 그럴까"라며 사용할수록 젊어지는 화장품의 효능을 선전하기도 했다. 화장품뿐만 아니라 "몸이 쇠약해지지 않고 언제나 젊고도 건강한 몸"을 갖게 되는 「젊어지는 체조법」도 소개되며 아침마다 7분씩만 한다면 "건강에도 미용에도" 좋은 체조로 부인들에게 권장되었다(그림 3-76).

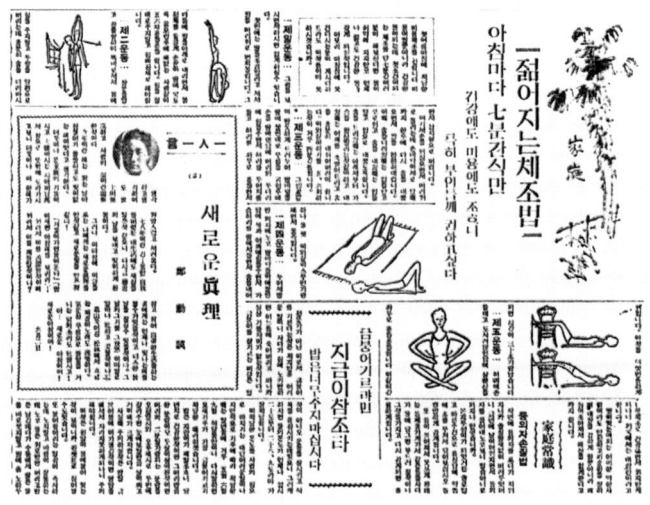

그림 3-76. 「젊어지는 체조법」, 『동아일보』 1937년 6월 5일

서구에서도 노화는 뚱뚱함과 유사한 질병으로 인식되었으므로 근대로 전환되던 무렵에는 젊음이 이전 시대보다 큰 가치를 갖게 되었다. 이처럼 젊음이 건강미에 포섭되며 중요성이 부각되자 노화는 극복해야 할 대상이 되었으며, 광고는 늙음을 거부하고 다시 젊어지고 싶어 하는 여성의 욕망을 적극적으로 이용했다. 미인을 꾸준한 관리를 통해 가꿔지고 만들어지는 것으로 본 근대의 미의식은, 이제 나이를 초극해 젊음까지 관장하며 '젊음=미', '늙음=추'라는 도식을 완성했고, 이는 곧 노화를 치료하

는 성형 수술로 이어졌다.

이처럼 근대 신체의 미의식을 경영한 것은 소비 사회였다. 육체는 가꾸고 다듬어짐으로써 상품처럼 평가받고 가치가 측정되는 자본이 되었다. 건강이 경쟁 논리 속에 편입되면서 얼굴뿐만 아니라 몸매도 개인의 사회적 지위를 나타내는 표지가 되었으며, 근대기 부와 자본을 상징하는 새로운 척도는 뚱뚱한 몸이 아니라 관리하는 젊고 날씬한 몸이었다. 날씬함과 젊음은 육체를 가꿀 여력과 재산이 있음을 상징했으며, 운동이 취미와 여가 차원에서 장려된 것 역시 같은 맥락에서 이해할 수 있다.

소비 사회에서 "유행이 신식과 구식, '미'와 '추', 도덕성과 부도덕성 등의 대립 개념을 무차별적으로 차례차례 교대시킨다"라는 사실은 알려져 있으나, "뚱뚱한 몸과 날씬한 몸을 교대시킬 수는 없다. 그곳에는 절대적 한계 같은 것이 있다. 유행에 지배된 영역인 '몸의 선'의 영역에서는 역설적이지만 유행의 주기적 변화가 더는 일어나지 않는"다라고 했듯이, 몸은 개인을 표상하는 자본이자 상품으로 유행하는 의복과 마찬가지로 끊임없이 관리되어야 하는 대상이 되었다.[128] 그리고 그 기준은 서구의 '황금 비율'과 같은 미적 균형, 비율에 관한 관념이 도입됨에 따라 점차 명확해지고 수치화되기에 이른다.

미인의
표정 제조

미인에게는 외모의 아름다움과 신체의 곡선미, 건강미를 비롯해 얼굴 표정과 몸놀림 혹은 몸짓과 같은 포즈에서도 근대성이 요구되었다. 미인의 "몸짓 눈짓"에서도 "시대의 문명"을 읽을 수 있다고 했듯이, 근대 미인의 표정도 근대적으로 제조되었다.

'표정'은 마음속에 품은 감정이나 정서 등 심리 상태를 겉으로 드러냄으로써 발화를 대신하는 것으로, 언어적 기능이 있다고 할 수 있다. 이러한 표정의 미의식은 여성이 얼굴을 쓰개치마로 가리던 근대 이전 사회에서는 형성되기 어려웠다.[129]

근대 이전까지 여성들은 외출할 때 쓰개치마나 장옷으로 얼굴을 가려야 했으며, 『증보산림경제(增補山林經濟)』(1766)에 따르면 아들을 출산하기 위해 여성이 지켜야 할 덕목으로 "어떤 일을 들어도 놀라거나 기뻐하지 않을 것"이 요구되기도 했다.[130] 이처럼 전통 시대의 여성들은 외면과 내면을 겉으로 드러내지 않고 감출 것을 요구받았으므로, 근대 이전까지는 여성 묘사에서 감정 표현을 절제한 무표정한 형상이 대다수를 차지했다.[131]

지금은 표정 시대입니다. 그전에는 얼굴이 선천적으로 어여쁘게 생겨야만 미인인 줄 알았는데 지금은 그렇지 않습니다. 아무리 어여쁘게 생겼다 하더라도 목석같이 표정이 없는 것 같으면 미가 나타나지 않습니다. 얼굴이 그다지 예쁘게 생기지 않았다 하더라도 꿈꾸는 듯한 눈의 표정이라든지 무언중에 만 가지 말을 하는 입의 표정이 그로 하여금 어딘지 모르게 사람을 끄는 매력을 가진 사람이 있지 않습니까. 이것은 순전히 표정에서 나오는 미라고 보겠습니다. 그런데 우리 얼굴 중에서 가장 표정을 많이 나타내는 곳은 어디냐 하면 눈과 입이라고 하겠습니다. 그중에서도 입은 가장 미묘하고도 복잡한 감정의 표현을 하고 있는 것입니다. 평범한 얼굴의 여성이라도 한번 살짝 웃을 때에 비상한 매력을 갖게 하는 분이 있지요. 그러나 항상 웃는 낯으로 잇고 보면 그것은 역시 변화 없는 표정이 되어 버려서 별다른 효과를 보지 못하게 됩니다. 그러므로 때에 맞추어 자연스럽게 미소를 띠는 것이 가장 아름답다고 보겠습니다.[132]

의복 개량으로 장옷이 폐지되고 여성의 얼굴이 드러나면서

1930년대에 이르면 '표정 시대'라고 할 만큼 사회는 여성의 드러난 얼굴과 그 표정에 주목했다. 기사에서 보듯이, 전에는 얼굴이 예뻐야만 미인인 줄 알았는데 이제는 아무리 예뻐도 목석같이 표정이 없으면 아름다움이 나타나지 않는다며, "표정에서 나오는 미"가 미인의 요건이 되었음을 알 수 있다. 특히 여성의 자연스러운 미소가 가장 아름다운 것으로, "평범한 얼굴의 여성이라도 한번 살짝 웃을 때에 비상한 매력"을 갖게 된다며 미인을 평가하는 기준을 여성의 표정으로까지 확대했다.

표정이 사회적 언어로서 대두되며 논의된 데는 "사람과 사람의 접촉이 극히 복잡하고 미묘"해진 "우리들의 생활편"의 변화가 있었다.[133] "인품 의복 범절과 동작 여하가 유일한 의사표시"로 기능하면서 표정은 "친절과 명랑과 간결"의 시각적 언어로 부상했으며 '미소'는 표정에서 중요한 역할을 담당하게 되었다. 조선 사람은 표정이 없음을 비판하는 기사들이 실리며, 미소 짓는 서구 여성의 사진과 함께 "소개하는 사진과 같은 거룩한 표정"을 연구하고 학습하기를 권하기도 했다.[134]

표정과 함께 발견된 것은 외모의 아름다움과 동등하게 서술된 몸의 표정인 "동적의 미", 즉 움직임의 아름다움이었다. "여성은 정적으로 아름답더라도 동적으로 아름답지 않으면 미인이 되지 못한다. 동시에 정적의 미가 없을지라도 동적의 미만 있을 것 같으면 미인 될 수 있다"라고 했듯이, 이러한 미의식은 동(動)보다는 정(靜)을 중시한 유교적 가치 기준에 따라 움직임을 제한하거나 일정한 격식을 두었던 전통과 상반되는 것이었다.[135]

> 제일 눈에 띄는 것은 처녀들의 보조(步調)이다. 한마디로 표현하라면, '계집애들 걸음걸이가 여간 멋지지 않다'는 것이다. 둘째는 '눈'이다. 눈을 여러 가지로 움직여가지고 보조와 맞춰서 그 기분을 내는 기능이다. 종로 네거리에서 십칠팔 세의 붉은 댕기를 보라. 얼마나 그 걸음걸이에 혁명이 일어났는가. 전일의 처녀들은 무릎 아래로만 걸었다. 그러나 지금의 처녀들은 넓적다리에서부터 전진을 한다. 그리하여 걸음마다 멋진 타입이 표현된다. 터벅터벅 활보를 할 때마다 그의 상반부는 눈으로써 생동하는 의식을 나타내니 그들의 동자(瞳子)는 언제든지 무엇을 그리는 듯 또는 세상을 초개같이 보는 두 가지 중의 한 가지 빛을 나타낼 때가 많다. 그러므로 그들의 걸음걸이에 시선을 기울였던 사람은 다시 그의 동자에 넋을 잃고야 말 것이다. 어쨌든 처녀들의 걸음걸이는 정말 멋들어졌다. 이것도 모두가 째즈 시대가 낳아 놓은 새 장난의 한 가지이니, 막는다는 것도 실없는 일이요 막는 재주도 없을 것이다.[136]

짧은 치마 아래로 노출된 다리와 뾰족한 구두라는 근대적 외양은 "넓적다리에서부터 전진"하는 신여성들의 걸음걸이의 혁명으로 완성되었다. 걸음마다 멋진 타입이 표현되는 그들의 몸짓은 근대의 움직임을 표상했다. 이처럼 '표정의 미'와 '동적 미'는 근대 이전에는 드러나기 어려운 미의식으로, 이것이 근대 미인의 조건으로 통용되기까지 다양한 사회적 요인이 작용했다.

표정 미인과 활동 미인

1910년대까지도 남아 있던 전근대적 가치 체계 속에서, 여성은 감정을 얼굴에 드러내지 않도록 요구받았으며, 그 외양 또한 "명주 장옷"으로 "얼굴의 눈만 내어놓고" 외출해야 했다.

> 부인네들은 출입을 대개 밤에 하는데 새파란 명주 장옷을 입고 얼굴의 눈만 내어놓고 다니었다. 이것은 그때에만 하여도 내외법이 엄중하여 부인네가 남의 남자에게 얼굴을 보이는 것을 심히 부끄러운 일로 하기 때문이다.[137]

여성의 얼굴은 오랫동안 쓰개치마와 장옷에 가려져 사회적 기능을 상실했다. 쓰개치마와 장옷은 여성을 감시하고 구속하는 가부장적 집약물이었다. 따라서 장옷을 폐지하는 일은 여성을 규율하던 구습에서 벗어남을 의미하며, 또한 얼굴을 드러냄으로써 닫혔던 외부 세계로 확장과 교류를 뜻하는 것이기도 했다.[138] 장옷이 양산으로 대체된 불완전한 해방이기는 했으나 이를 통해 여성의 얼굴이 재발견되었으며 1920년대에 표정에 관한 논의가 지면에 등장하기 시작했다.

표정 연구

1920년대 중반부터 "표정 발달은 근대 문명의 특색"으로 인지되며 일간지와 잡지에서는 「여성의 표정미」 혹은 「표정 연구」 등 다양한 표정을 짓는 여성 사진을 실으며 독자들에게 새로운 시대에 맞는 새로운 표정법을 소개했다.[139] 1926년 『조선일보』에 게재된 「여성의 표정미」에서는 "표정으로 추를 감출 수 있다"라며 "표정미"라는 새로운 미의식을 유포하고 표정 변화에 따라 달라지는 "미의 감각"에 주목했다.

> 표정은 정신생활의 향상과 발달을 기다려 비로소 발달하는 인과 관계를 가진다. 그러한 고로 국민의 표정 여하를 보고 그 나라의 문화 정도를 추정할 수 있다는 설까지 있다. 농촌 주민보다 도회인의 표정이 일층 발달하였고 미개한 민족의 표정에 비하면 문화 민족의 표정은 확실히 세련되었다 (중략) 서양 남녀 배우의 진묘여실(眞妙如

實)한 표정을 보면은 우리는 이 점으로 대단히 후진이다.[140]

표정은 정신생활의 향상과 발전을 통해 발달하는 것으로 국민의 표정이 곧 그 나라의 문화 정도를 추측하는 기준이 된다고 했다. 따라서 농촌보다는 도시인의 표정이 더욱 발달되며, 표정은 "미개한 민족"과 "문화 민족"을 구분하는 요건으로 제시되었다. 이는 "희노애락을 색(色)에 발하면 소인이라는 유가의 설이 이에 크게 관계"된 것으로, 이 "유가 논리를 심리학적 견지로 보면 그는 확실히 정신적 사형선고에서 불외(不外)한다"라고 했다. 이처럼 감정 표현을 억제하는 문화는 유교 사회에서 공유되었던 전통으로, 특히 여성들이 자신을 표현하는 것은 더욱 금기시되어 왔다. 그러나 이제 이러한 사고는 "정신적 사형선고"가 되었으며, 표정은 곧 도시와 문화와 근대를 상징하게 되었다.

지향해야 할 점이 "서양 남녀"의 "진묘여실한 표정"이라고 했듯이, 이러한 표정은 서구로부터 이식된 아름다움이었으며, 이는 "클로스업의 미인"을 볼 수 있는 영화를 통해 대중적으로 학습될 수 있었다.[141] 영화관은 "슬픈 얼굴을 잘 짓는 여자, 웃기 잘하는 여자, 무심한 때 의견 달 수 없게 하는 표정을 잘하는 여자, 잔인한 표정을 잘하는 여자" 등 스크린 속 배우를 통해 다양한 표정과 움직임을 배울 수 있는 공간이었다. 특히 초기에 도입된 서구의 무성 영화는 배우들의 얼굴 연기와 움직임만으로 서사를 구성해야 했기 때문에 이들의 과장된 표정과 행동은 대중이 표정을 학습하는 데 큰 영향을 끼쳤을 것이다. 영화를 통해 대중은 "외국 사람, 그중에도 쏙쏙 뽑은 스타들의 선명한 회화와 동작에 참여"하며, 클로즈업된 배우의 얼굴에서 근대적 표정을 발견하고 학습할 수 있었다.[142]

당시 인기를 누린 영화 속 배우들의 모습과 함께 인쇄 매체에 실린 사진과 삽화 또한 전에 없던 '표정미'라는 새로운 미의식의 모델이 되었다. 『동아일보』에는 여배우 신일선(申一仙, 1907~1990)의 다양한 표정을 사진 화보로 담은 「표정 연구」가 1927년 2월 18일부터 3월 5일까지 10회에 걸쳐 실렸으며, '본얼굴'부터 시작해서 '놀라움'과 '원한', '시기', '설움의 추억', '업숭이', '빈정거림', '고통', '희망', '만족'까지 열 가지 감정에 따라 얼굴이 어떻게 변하는지를 보여 주었다(그림 3-77). 『매일신보』도 다음 해 4월 3일부터 5회에 걸쳐 조경희(趙敬姬)를 모델로 한 「표정 연구」 사진을 연재했다(그림 3-78). 각각 '웃음'과 '아양 필 때', '놀랠 때', '님 그릴 때', '성낼 때'의 표정을 담은 사진들은 당시 대중이 인간의 감정을 어떻게 구분하고 정의했는지 보여 주며, 이를 근대적으로 인식하고 배우고자 했음을 알 수 있다.

여성들은 사진 화보 속 배우의 표정을 보며 근대적 미의식을

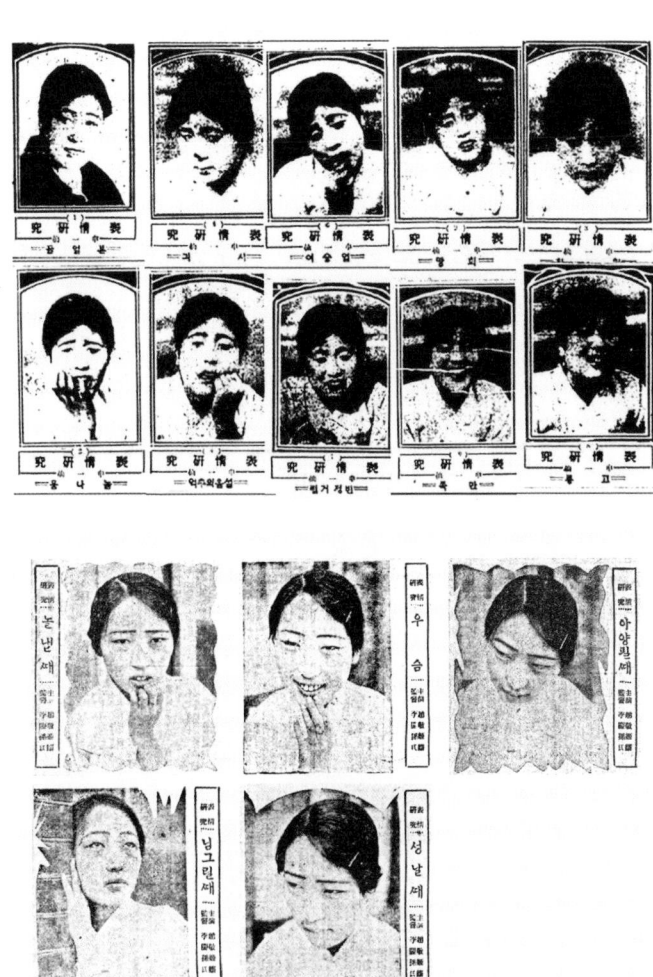

그림 3-77. 「표정 연구」, 『동아일보』 1927년 2월 18일~3월 5일
그림 3-78. 「표정 연구」, 『매일신보』 1928년 4월 3일~4월 7일

익혔다. 표정미가 현대 여성의 보배이자 미인의 조건이 됨에 따라, "내가 좋아하는 여성을 그리라면 그 여자의 눈은 항상 눈물이 글썽글썽하고 꿈꾸고 난 듯이 그윽한 맛이 있으며 또 잘 웃고 잘 울며 목소리가 아무 노래를 하여도 들을 만하고 감정이 자유롭게 활발하게 움직여지는 그런 여자" 즉 감정 표현과 표정에 능수능란한 여성을 꼽는 글도 실렸다.[143]

「'내가 이상하는 표정' 이것이 전형적인 '양키걸?'」에는 미국의 화가 여섯 명이 각자 이상적 미국 여성을 그렸는데, 그들의 얼굴과 미소 짓는 표정은 당대 조선 여성들이 지향해야 할 근대적 미인상으로 인식되었다(그림 3-79). 『신가정』에서는 서양 여성의 사진과 함께 '그게 뭐더라?', '암만 생각해도!', '옳지 옳지……', '그래 이제 생각난다', '그걸 몰랐담', '아니 그렇지도 않아!'와 같이 이제까지 다루지 않았던 독특한 감정을 소개하기도 했다.[144] 이처럼 서구 미인들의 사진과 기사, 영화와 스틸 컷 이미지가 대중 매체를 통해 유포되면서 서구적 표정미는 자연스럽게 확산되었다. 1937년 「표정에 매력이 있어야 현대적인 미인」에서는 여배우 "시모느 시몽"을 가리켜 "이마나 코나 턱을 하나씩 뜯어 보면 아주 보잘것없이 생긴 여자이지마는 그 여자가 한 번 웃거나 하여 어떤 표정을 한 때에는 이상하게도 그 얼굴에 야릇한 매력"이 나타난다며, "얼굴에 표정의 아름다움이 없고 보

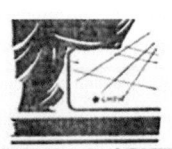

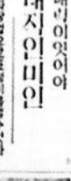

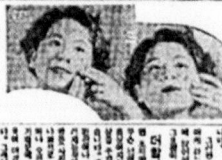

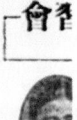

그림 3-79. 「'내가 이상하는 표정' 이것이 전형적인 '양키걸?'」, 『동아일보』 1935년 11월 7일
그림 3-80. 「표정에 매력이 있어야 현대적인 미인」, 『동아일보』 1937년 10월 5일

면 미인이라는 일컬음을 받을 자격이 없는 시대"가 되었다고 했다(그림 3-80). '표정 시대'는 이처럼 근대 조선에서 새롭게 발견된 여성의 얼굴에 서구로부터 이식된 표정과 그 미의식이 체화되는 과정에서 제조되었다.

> 눈의 표정이 제일 큰 역할을 하는 것은 연애인데 모든 연애의 최초에는 다 이 눈의 회화(會話)로부터 시작됩니다. 더욱 활동사진이 흔해진 뒤부터는 여배우들의 눈의 표정을 확대하여 크게 보기 때문에 최근에는 눈의 화장과 '눈으로 말하는 기술'이 퍽도 많이 발달을 하였습니다. (중략) 조선 부인은 대체로 눈의 표정이 퍽도 적습니다. 이것은 눈이 적은 까닭인지요. 조선의 대표적 미인이니 무어니 하는 젊은 여자들의 눈의 표정을 보아도 잘 알 수 있는 일이라 하겠습니다.[145]

표정미가 강조되면서 얼굴에서도 표정의 주된 역할을 하는 눈과 입의 움직임이 중요해졌다.[146] 특히 "눈은 마음의 창"으로 "애정이 깊어진 때에는 눈이 커져가지고 보통 때보다 아름답게 보이는 경향"이 있다고 했다. 근대의 자유연애 풍조 속에서 눈의 표정미는 "연애의 최초"이자 "눈의 회화"로 강조되었다. 기사는 배우의 얼굴을 클로즈업해 촬영하는 영화가 "눈의 화장과 눈으로 말하는 기술"의 발달을 가져왔지만, 조선 여성은 "조선의 대표적 미인"이라 할지라도 "눈이 적은 까닭"에 눈의 표정도 적을 수밖에 없음을 지적했다. 눈의 표정미를 갖추기 위해서는 우선 큰 눈을 가진 서구적 미인상이 요구되었다는 뜻이다.

표정은 주로 얼굴에 드러나는 감정 변화로 설명되었지만, 1920년대 후반부터 얼굴은 물론 '육체 표정'이나 '손의 표정', '허리의 표정'과 같이 신체 각 부위로 확산되며 움직임이나 연출법, 포즈, 자세 등을 총칭하는 의미로 사용되었다.[147] 이러한 변화는 신체로 확산된 미의식과 동일한 맥락에서 전개되었으며, '신체의 표정미'는 육체미나 건강미와 같이 관리되고 학습되어야 할 미의식으로 제조되었다.

1930년대 '몸의 표정'은 곧 '포즈'라는 단어와 함께 쓰였고, "31년도 첨단 여성은 결코 입으로 말을 하지 않고 몸의 가짐가짐, 즉 포즈로써 말을 한다"라며 강조되었다. 그러나 이런 행동양식에 익숙하지 않았던 조선인들에게 여성의 자기표현인 표정은 "허풍 떠는" 것으로 비치기도 했다.[148] 여성의 몸짓과 표정에 익숙지 않았던 것은 남성 역시 마찬가지로, "손을 붙잡고 흔들다가 그대로 잡은 채 다리와 고갯짓을 몹시 하면서 목소릴 높여서 떠드는" 모던 여성의 표정은 "상대자가 이성임을 의식한 성욕 발동"이 아니며 그냥 "여자다운 표현"이므로 "자연적이라고 인정"해야 한다고 했다.

「첨단 여성의 모던 표정술」은 신여성의 몸 '표정술', 즉 포즈를 다뤘다. 사진 속 여성의 동작은 각각 "넉다운, 완전히 정복당했다는 의미"나 "스탑!, 잠깐만 기다리라는 의미", "아! 하하하, 자기만족의 표시", "명중, 자기 뜻대로 되었다는 의미", "흥! 별꼴을 다 본다는 의미", "또 만나요", "웅 웅 그래요", "아이그 어떻게 할까?"라고 소개되었다(그림 3-81). "넉다운"이나 "스탑"과 같은 단어에서 알 수 있듯이 첨단 여성의 표정술은 대개 미국 영화 속 배우들의 몸짓에서 영향을 받은 포즈다. 모던 여성의 "신표정술"은 이처럼 안면 근육 외에도 신체를 움직여 의사를 표시하는 것으로, 손가락과 어깨, 가슴, 발, 입, 모든 기관에 표정이 있으므로, 말을 적게 하고 표정을 풍부히 짓도록 연습할 것을 장려하기도 했다.[149]

이처럼 외양이 서구화되면서 여성의 자세와 표정까지 서구적 방식 안에 편입되었으며 이는 표정미라는 미의식으로 제조되었다. 표정미는 서구적 미의식이 근대 조선의 생활 양식 속으로 깊게 침투되었음을 보여 주는 시각적 지표라고 할 수 있다. 또한 사회적 언어로 공유된 표정의 학습과 체화는 근대 여성의 사회화와 사회 진출을 의미하기도 했다.

그림 3-81. 「첨단 여성의 모던 표정술」, 『신여성』 6(4), 1932

활동 미인의 등장

「활동사진을 관람하는 취미」에서는 안면 근육 활동을 통해 표현할 수 있는 정서가 180여 가지라고 지적하며, 영화배우는 영화 배역에 따라 "희로애락의 표정"을 자유자재로 연기할 수 있어야 한다고 했다.[150] 이는 연극배우보다 훨씬 어려운 점으로 영화의 클로즈업을 통해 배우의 다양한 표정 연기가 변별적으로 평가되고 있었음을 뜻한다.

1920년대 초까지 '활동사진'이라고 일컬었듯이, 영화는 '움직이는 사진'을 뜻했다. 이는 영화의 물질적 존재 방식을 가리킬 뿐만 아니라 얼굴과 몸의 자유자재한 '활동'을 통해 구현되는 미국 할리우드 영화의 표현 방식을 가리키는 개념이기도 했다.[151] 할리우드 영화가 보여 준 촬영과 편집 기술, 즉 클로즈업 및 근사와 같은 다양한 앵글, 많은 쇼트로 구성된 전개, 촬영 위치의 변화는 지금껏 없었던 시각적 경험을 제공하며 조선 관객들에게 입체적 방식으로 근대적 표정과 몸짓을 학습하게 했다.

기생들의 처세술도 여간 변하지 아니하였다. 첫째 내음새에서 머리를 쓰게 되었다. (중략) 그들은 양장을 한다. 구두를 동경으로 주문해다 신는다. 손님을 한번 치어다 보아서 모던미가 없으면 고만 우울에 빠져 흥을 끊어 놓고 만다. 입짓 손짓 눈짓 일동일정(一動一靜)에 생명이 실렸으니 그것은 대개 몸을 놀릴 때마다 반드시 활동사진 여배우의 그것을 표본으로 하는 까닭이다. 그러함으로 재즈 기생과 모던걸과의 거리는 자연 접근되어 애인과 함께 요리집에 가서 재즈 기생을 불러다가 활동사진 이야기나 사랑에 대한 우론(愚論)을 토하기에 주저치 않는다.[152]

모던 미인임을 자처했던 기생들의 변화는 양장과 구두라는 물질, 즉 상품에만 머물지 않았다. '내음새'에 머리를 쓰게 되었을 뿐만 아니라 몸을 움직일 때는 반드시 활동사진 여배우를 표본으로 하여 그들의 입짓, 손짓, 눈짓 등 모든 동작에 생명이 실었다고 했다. 이러한 활동성은 일간지 사진이나 삽화보다도 활동사진, 즉 영화를 관람함으로써 학습할 수 있었다.

「새로운 경향의 여인 점경(點景)」에서도 '하이카라 색시'의 매력은 양장한 옷맵시에 꼭 어울리는 '여배우적 세련된 표정'에 있었으며, 몇 년 동안이나 큰 거울 속에 비친 제 영상을 흘겨보고 '억 천 시늉을 다 부린 나머지 얻어 낸 기술'이라며 감탄하기도 했다.[153] 이처럼 배우를 모방하는 "조선의 모던 아가씨"들의 "표정, 동작, 언어, 복장 또는 자태"는 청신하며 세련된 것으로 여겨졌다. 「부인의 미는 만들기에 달렸습니다」에서는 "화장하는 방법이라든가 표정 옷 입는 법 또한 몸 갖는 법 동작 등은 모두가 연기법"인데 이것은 "여배우가 아니라도 여러분 가정의 부인은 반드시 알지 안으면 안 될 것"이라고 했다.[154] 또한 "의복을 입는 법"과 "몸의 동작법" 역시 서로 맞아야 하며, 양장 차림에 어울리는 바른 자세와 걸음걸이로써 "부인의 미"를 나타낼 수 있다고 했다.

미인은 미모나 몸매뿐만 아니라 이러한 다양한 평가 기준에 따라 재단되고 제조되었다. 서양 영화가 인기를 끌며 배우들의 외모와 외양뿐만 아니라 포즈와 표정, 버릇까지도 근대적 미의식으로 통용되면서 모던 조선인들에게 모방되고 학습되었다. '정적(靜的)' 미인에서 '동적(動的)' 미인으로 변화하는 근대 미인상은 이처럼 영화 속 여배우를 닮아 가며 '활동 미인'화되었다. "동적의 미"가 "넓적다리에서부터 전진"하는 신여성들의 "걸음걸이의 혁명"에서 시작되었듯이, 미인이 되기 위해서는 자세를 바르게 해야 하며 목을 내밀지 말고 생생한 표정으로, 걸음은 활발하게, 무릎은 굽히지 말고 쭉쭉 펴서 걸어야 하는 등 '동적 미'의 중요성은 점차 커져 갔다.[155]

이처럼 여성의 활동성이 강조된 것은 당시 사회에 출현한 직업여성과도 무관하지 않았다. 신여성과 구여성을 구분하는 기준도 여성의 활동성과 쾌활함이었으며, 적극적이고 활발한 여성상은 직업여성들에게 요구되었던 첫째 조건인 "명랑성"을 충족해 주었기 때문이다.

미소 짓는 미인

표정의 발견과 함께 당시 소설이나 기사에는 미소 짓는 여성의 모습이 자주 등장했다. 1922년 『부인』에는 "웃을 때에는 윗니의 절반쯤이 드러나고"라며 이상적 미소를 설명했으며, 일본에서도 "옛 여성은 입을 크게 벌리고 웃는 일은 여자답지 않다고 하여 소맷자락을 대고 웃거나 손으로 가리고 웃거나 하여 기쁜 표정조차 마음대로 내지 못했습니다만 지금은 밝고 환하게 웃는 것이 오히려 현대의 여성다운 모습입니다"라며 미소를 미인의 덕목으로 제시했다.[156]

방긋 웃는 미소로 드러나는 치아에 관한 미의식은 전통적으로 제시되어 왔다. 『시경』, 「위풍」, '석인'의 "박씨 같이 가지런한 이(齒如瓠犀)"는 치아가 하얗고 고른 모습을 비유한 것으로 미인이 갖추어야 할 요건이었다. 이러한 미의식은 시대가 내려올수록 사라졌으나, 일본은 헤이안 시대에 혼인한 여성들의 치아를 검게 물들였던 풍습이 메이지 시대까지 이어지기도 했다.[157] 이처럼 전통 시대의 미소가 '현대 여성'의 덕목으로 재등장한 것은 1920년대 이후의 일이었다.

호리호리한 다리를 가뿐가뿐하게 쳐들며 파란 리본으로 이마를 꼭 매고 햇빛에 방실방실 웃으며 뛰노는 여학생 떼. 누구라 긴치마에 장옷 입던 시절을 상상이나 할 것이냐! (중략) 생글생글 웃는 미소! 쾌활한 웃음은 봄의 생기를 대지에 흩어 주고 있다.[158]

여학생들이 방실방실 웃고, 생글생글 미소 짓는 등, 기사 속에서 미소는 다양한 방식으로 묘사되었다. 『매일신보』의 「표정 연구」 기사에 실렸던 '웃음' 사진에서 알 수 있듯이, 미소는 근대에 소개된 표정미 중에서도 미인의 조건과 결부되어 가장 대중화되었다. 1933년 미국에서 열린 "웃는 얼굴 곱기 내기" 미인 대회 기사에서 '미소 미인'이라는 용어가 소개되었고, 그다음 해에는 「예쁜 웃음과 미운 웃음」 기사처럼 예쁘게 웃는 방법이 실리기도 했다(그림 3-82, 그림 3-83). 기사는 미소 짓는 서양 여성의 사진과 함께 "한번 방긋 파안일소할 때 사람을 녹일 듯한 그 매력"으로 "아름답고 명랑한 웃음을 웃도록 노력"해야 하며 "매일 한 번씩 반드시 거울 앞에서 표정 연구"할 것을 장려했다.

미소는 또한 『동아일보』의 「표정 연구」에서 볼 수 있듯이 '만족'을 나타내는 기호였다. 따라서 미소는 광고 도안에서 상품 구매를 통한 만족감을 의미하는 표정으로 그려졌다. 소비 사회에서 화장품과 미용품은 미소를 광고 도안에 적극적으로 활용하

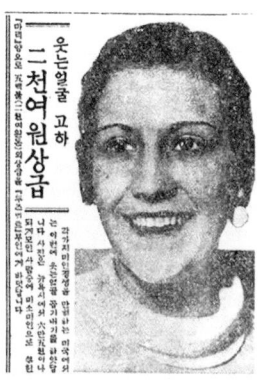

그림 3-82. 「웃는 얼굴 고하 이천여 원 상급」, 『동아일보』 1933년 1월 12일

그림 3-83. 「입분 우슴과 미운 우슴」, 『조선일보』 1934년 12월 5일

며 '미소 짓는 미인' 이미지를 대중화했다. "미려한 이는 항상 행복이오", "청춘 최상의 행복은 미안", "미와 행복을 낳는 구라부 백분"과 같은 문구를 통해 아름다움이 곧 여성의 행복임을 강조하던 화장품 광고들은, '표정 시대'에 맞춰 광고 문구뿐만 아니라 미인의 표정으로도 행복을 표현하기 시작했다. 미소는 화장품이 주는 아름다움에 따른 행복을 상징했으며 상품이 소비자에게 제공하는 만족감을 나타내는 기표였다. 방긋 웃는 미인의 표정은 광고 문구보다 시각적으로 더욱 큰 호소력이 있었다(그림 3-84).

이처럼 미소 짓는 여성 이미지는 "웃는 얼굴(笑顔)을 아름답게

미인 제조 313

그림 3-84. 레토 크림 광고, 『매일신보』 1938년 10월 28일

(美) 하는" 치약 광고에 먼저 나타났다. 치약은 상품 특성상 흰 이가 강조되어야 하므로 활짝 웃는 미인의 모습으로 그려졌다. 화장품 광고에서도 초기에는 일본 미인화 형식의 영향으로 무표정했던 여성 이미지가 옅은 미소를 띤 여성상으로, 그리고 점차 활짝 웃는 미인의 도상과 사진으로 변화했다. 이처럼 광고에 그려진 표정의 표출, 즉 미인의 미소는 중국 광고미술인 월분패화의 영향을 받은 것이기도 했다. 또한 월분패화의 미소 미인 역시 중국 연화(年畵)에 그려진 웃는 아이 도상에서 영향을 받은 것으로, 연화의 도상이 의미하는 길상성이 상품 소비를 통한 행복감으로 전이되었다고 할 수 있다. 미소 미인이 등장하는 광고는 이처럼 상품의 만족감과 이를 통해 얻을 수 있는 행복을 형상화한 것으

로, 광고 이미지를 통해 정착된 미소는 근대 미인의 조건이자 새로운 미의식으로 통용되며 대중화되었다. 광고에서는 "어여쁜 붉은 입술로 방긋이 웃어 주세요"라며 미소를 권장하기도 했다.

　미소 짓는 미인 도상이 대중화된 1930년대는 또한 신여성이 본격적으로 사회에 진출했던 시기로, 주로 서비스업에 종사하던 여성들의 근무 조건에는 예외 없이 미소가 요구되었다. 화장품의 주요 소비층이기도 했던 직업여성들이 "제일 먼저 가져야 하는 재산이 바로 명랑"이며, "모든 여사무원은 진홍 같은 입술에 항상 미소"를 띨 것을 요구받는 등, 근대 여성들은 사회적으로는 감정을 통제하며 미소를 연출해야 하는 이중 과제를 수행해야 했다.[159]

　광고 이미지와 영화 매체를 통해 여성들은 미소를 학습하며 근대 미의식을 내면화했다. 미소 짓는 여성상은 광고의 상업적 전략이 반영된 도상이었으나 결과적으로 새로운 근대적 미의식을 형성하며 다양한 매체들로 전파되어 근대의 표정을 풍부하게 만들었다.

4

미인 대회

미인 대회의 탄생
근대 미인 대회와 미인들
대표 미인과 근대 미인관

한국의 미인 대회는 1931년 "우리들은 반도(半島)의 자랑을 자랑합시다"라는 구호와 함께 시작되었다.[1] 김동환(金東煥, 1901~?)이 발행한 『삼천리』의 '삼천리 일색(三千里一色)'과 일본의 『오사카마이니치신문(大阪每日新聞)』의 '미스 조선'은 당시 "조선을 대표하는 려인(麗人)"으로 뽑힌 여성들이었다. 오사카마이니치신문사의 '미스 조선'을 뽑기 위해 일주일 동안 무려 15만 명이 넘는 독자가 투표에 참여했고, '삼천리 일색'이 되기 위해 삼천리사에 사진을 응모한 여성이 총 326명에 달했다. 이후 1940년에 잡지 『모던일본(モダン日本)』 조선 특집호가 기획한 '미스 조선'과 함께 식민지 시기 근대 조선에서는 공식 미인 대회가 총 세 차례 개최되었고, 모두 많은 참가자와 높은 관심 속에서 성황리에 진행되었다.

　이처럼 미인을 경쟁하게 하고 성적을 매겨 우승을 가리는 행사의 규범은 서구에서 전래된 것으로, 1920년대부터 인쇄 매체에 소개되기 시작한 서양의 미인 대회는 전통과 뚜렷하게 구분되는 미의 기준과 미인상을 대중에게 제시했다.

미인 대회는 미인에 관한 사회적 욕구와 개인의 욕망이 재현되는 장소였다. 단순히 미인을 뽑는다는 의미를 넘어서 여성의 신체를 바라보는 인식 변화와 시대적 미의식을 반영하며, 조선의 근대화와 그 체화 양상을 보여 주는 상징적 행사였다. 미인의 얼굴과 신체가 곧 그 문화권의 문명과 근대화 수준을 측정할 수 있는 척도로 여겨지면서, 대표 미인은 체화된 근대의 표상으로서 심사받고 평가되었다. 또한 매체의 상업화 전략과 결부되어 전개되었다는 점에서 근대성을 담보한 기획이었다고 할 수 있다.

식민지 시기 공모되었던 세 미인 대회는 각기 다른 성격으로 당시 시대적, 정치적 상황을 반영했으며, 지원 자격과 선발 방식 또한 모두 달랐다. 대회의 지원 자격은 곧 미인이 될 수 있는 사회 계층을 의미하는 것으로, 지원자에게 요구된 사항에 따라서 당시 미인의 기준과 요건을 추정할 수 있다. 그 지원 방법이 타인의 추천이었는지 자발적 지원이었는지를 통해서도 당시 여성의 지위와 활동에 관한 사회적 인식의 척도를 가늠할 수 있다. 또한 심사 위원은 당대의 심미안을 비롯해 미와 미인에 관한 대중의 시선을 대표하며, 이들이 제시한 심사평은 사회적으로 통용되는 절대적 미인 평가의 기준으로 제시되었다. 이제 근대 미인 대회와 대표 미인들을 만나 보자.

미인 대회의
탄생

미인이 되고자 하는 바람은 어느 시대건 항상 공유되어 왔으나, 여성 참가자들을 모집하고 경쟁을 통해 미인을 선발하는 형식의 미인 대회는 근대 이전까지는 성립되기 어려웠다. 미인의 개념과 범주 역시 내면과 외면이 분화되지 않은 심신 일원론의 전통 속에서 미덕과 유교적 가치 규범을 체현한 윤리적 미인관이 아닌, 외면의 아름다움, 즉 그 미모가 평가의 대상이 되었다는 점에서 전통적 미인상과 구분되었다. 더욱이 가부장 중심의 유교 사회에서 여성은 가정에 종속되며 외출까지 엄격하게 통제되었던 만큼, 미인 대회는 근대에 기획된 새로운 형식의 행사였다고 할 수 있다.

미인 투표의 '여류 미인'

1910~1920년대의 '미인 투표' 행사는 서구적 방식의 미인 대회

가 도입되기 이전 '여류 미인', 즉 기생을 대상으로 한 미인 선발 행사였다. 1920년 「미인 투표 경쟁」은 조선연초회사에서 주최한 미인 투표 행사로, 해당 담배를 구매해 그 용지에 투표하고자 하는 미인의 이름을 적어 보내는 방식으로 치러졌다.[2] "미인의 성명과 권반"을 기록해야 한다는 문구는 투표 대상, 즉 미인의 범위가 기생으로 한정되어 있었음을 의미한다.

> 조선연초회사에서 거행하는 미인 투표는 진실로 흥미 있는 바로 기한은 금월 1일부터 11월까지이며 투표하는 방법은 투표용지를 봉입한 연초 금종표와 피종표와 피라미드표를 사서 그 용지에다가 자기의 의향대로 투함코자 하는 미인의 성명과 권반을 기록하여 투표하는 바 자세한 사항은 본지 금월 3일부터 4면 광고판에 게재된 바 매일 본지 광고판에 게재되는 바와 같이 현재는 대동권번 김옥진이와 한성권번 김봉선이 자못 흥미 깊은 경쟁에 들어갔으며 어느 자가 월계관을 차지할는지 장담할 수 없으며 그 밖에 다른 기생들도 기회만 잘 타서 영리하게 하면 기일이 아직 먼고로 의외에 일등을 점득할는지도 알 수 없겠더라.

1920년대까지 대중의 관심이 필요한 각종 행사에 미인으로 호명되는 기생들이 동원되었다. 기생을 대상으로 한 '변장 미인

탐색'이나 '기생 경기' 운동회가 인기리에 기획되었고, 그중 미인 투표도 많은 대중이 참여하며 빈번하게 개최되었다.『주일신문(洲日新聞)』과『동아일보』,『조선일보』등 주로 일간지 주최로 열린 미인 투표는 '기생'이라는 단서가 붙지 않아도 "화류계에 있는 여류 미인과 매소부"를 대상으로 했으며, 별도의 응모 자격이나 참가 조건도 제시되지 않았다.3 투표 기간과 장소만 기재되어 각 후보자의 이름이나 얼굴도 알 수 없던 상황이었으므로, 미인 투표는 실제로 미인을 선발하는 대회라기보다는 기생들의 인기투표에 가까웠던 듯하다. 이처럼 미인 투표는 "애독자의 흥미를 공(供)키 위하여", "독자 위안"이 목적이었던 행사였으므로, 당선 미인이 아닌 투표자에게 추첨을 통해 경품을 주기도 했다. 또한 신문사가 발행한 투표용지를 사용하거나 아예 지면에 투표용지를 인쇄해 해당 신문의 독자들만 참가할 수 있게 해서 신문 홍보와 함께 판매를 촉진하기 위한 행사의 성격이 강했다고 할 수 있다.

  이처럼 기생을 대상으로 한 상업적 목적의 미인 투표는 근대 일본으로부터 전래된 것으로, 1891년 아사쿠사(浅草)의 료운카쿠(凌雲閣)에서 열린 '도쿄 백미인(東京百美人)'이 대표적 행사였다.4 료운카쿠의 관람객들이 도쿄 최고의 미인 예기(藝妓)를 선택해 투표용지로 사용된 입장권에 기재하는 방식으로 치러진 이 행사는 총 4만 8000표에 달하는 높은 투표수를 기록하며 큰 인기를 끌었고, 이후 많은 일본 신문사와 잡지사가 비슷한 형식의 대회를 기획하기 시작했다.[5] 국내에서도 1910년 일본인 기자가 미인 투표에서 저지른 부정을 고발한 『황성신문』 기사를 통해, 당시 이미 이런 형태의 행사가 전해져 성행하고 있었음을 알 수 있다.[6]

당시 미인 투표의 대상이 된 '미인'은 기생, 예기와 같은 계층의 여성을 의미하는 것으로 일반 여성은 배제되었다. 일반 여성들이 근대 사회로 편입되며 신여성이나 여학생, 직업여성 등으로 시각화되기 전까지 각종 매체에서 여성 이미지와 미인상을 대변했던 계층은 기생이었기 때문이다. 유교적 관습에서 비교적 자유로웠던 이들은 자신의 재능과 미모를 상품화함으로써 사회적 지위를 얻었고, 시각화된 그들의 이미지는 각종 매체를 통해 유포되며 대중의 큰 관심 속에서 사적 공간뿐 아니라 공적 장소에서도 소비될 수 있었다. 미인 투표 행사는 이들이 자신의 이름과 미모를 대중에게 널리 알릴 기회였으며, 대중 매체는 이를 상업화하며 독자들을 끌어모았다.

그러나 기생을 대상으로 한 미인 투표는 1920년 중반 이후 시대의 아이콘으로 부상한 신여성의 등장과 해외의 여러 미인 대회 기사가 소개되며 점차 사라졌다. 이처럼 미인 투표가 미국에서 전해진 근대적 양식의 미인 대회로 교체되어 감에 따라 미인으로 호명되던 기생들의 자리도 점차 서양 대표 미인들로 대체되었다. 미스 아메리카와 미스 유니버스를 비롯한 각종 해외 미인 대회는 새로운 미의식과 담론을 제조했으며 이는 대중 매체를 통해 빠르게 확산되었다.

해외 미인 대회와 '미스 우주양'

신문 매체에 서양의 미인 대회가 소개되면서, 일반 여성 응모자를 심사하여 대표 미인을 공표하는 행사 규범을 비롯해 서구적 미인관과 미인상 역시 대중화될 수 있었다. 「미국미인 공진회의 대표 미인」은 해외 미인 대회를 다룬 첫 기사로, 북미 합중국의 "대표적 미인 공진회"에서 '미스 아메리카'라는 칭호를 받은 19세의 '페이 란피아' 양의 사진과 함께 그를 "미국의 대표 미인"으로 보도했다. 이처럼 미인 대회를 '미인 공진회'라고 칭하며, 대표 미인을 '미스 ○'로 호명하는 일이 조선의 독자들에게는 아직 어색한 일이었을 것이다.[7]

> 북미 합중국 60개 되는 중요한 도시에서 선택한 1925년도의 대표적 미인 공진회가 9월 11일에 '뉴욕'의 '아트랜틱씨티'에 열리었는데 관람자가 삼십여 만이나 되어 그 행렬이 5마일에 뻗치어 대성

황을 이루었으며 그 결과 미국의 대표 미인으로 추천된 두 사람은 다 미국 서부 지방 출생이오 제1등상을 얻어 명예있는 1925년도의 '미스 아메리카'란 칭호를 받게 된 이는 '미스 칼니포니아'라 하는 '페이 란피아' 양인 바, 양은 방년 29세이오 직업은 속기자이오 제2등상을 얻은 여자는 '미스 로스안잘스'라는 '아도리안 도르' 양이었다. 그리하여 이 '미스 아메리카' 관을 얻은 두 여자는 '칼니포니아' 처녀들의 목말을 타고 성대한 축하 연회에 참여하여 1만 5000인의 합창을 들었다고.[8]

미인 투표의 우승자가 대중의 선호도, 즉 인기투표 방식으로 선정되고 그 대상도 권번의 기생으로 한정되었다면, 1920년대 중반에 등장한 미스 아메리카 같은 해외 미인 대회는 오히려 전문인, 즉 여배우와 같이 미모와 관련된 직업을 가진 여성의 참가를 금지하고 심사 위원들의 심사에 따라 미인을 선발하는 새로운 형식의 미인 대회였다. 『조선일보』에 소개된 것은 제5회 대회로, 기사와 함께 실린 수영복 차림의 대표 미인은 독자들에게 '신체미'라는 새로운 미의식과 미의 기준을 알렸다. 이를 시작으로 미스 아메리카를 비롯한 서양 각국의 다양한 미인 대회와 당선된 미인의 사진이 신문과 잡지를 통해 전해지면서, 기생을 대상으로 했던 미인 투표 대회는 점차 지면에서 사라졌다.

세계 미인을 모은 후 그중에서 제일 어여쁜 이를 선출하는 만국 미인 제2회 대회가 미국 갈베에스트에서 개최되었는데 일류 미인들이 구미 각국으로부터 구름같이 모여들어 해안은 고운 꽃의 세계를 이루었었다 하며 엄밀한 심사를 한 결과 뉴욕 도모시-쁘리트 양이 일등상을 받았답니다.[9]

1927년에는 만국 미인 대회가 소개되었고, 1930년에 열린 "전 세계 미인 경기회"의 우승자인 '미스 유니버스'는 '미스 우주양(宇宙孃)'으로 번역되기도 했다(그림 4-1, 그림 4-2). 『매일신보』 지면에 소개된 것은 제2회 대회로, 영국과 러시아, 터키 등 세계 각지에서 몰려든 일류 미인들이 참여했다. '전 세계 미인 경기회'에서 선출된 미스 우주양은 자국을 넘어 세계를 대표하는 세계 제일의 미인으로 대중의 선망과 큰 관심 속에서 매년 지면을 장식했다.

미인 대회 참가 대상의 변화, 즉 달라진 미인의 범주는 필연적으로 미인상의 변화를 가져왔다. 조선이 서구적 근대화를 목표로 했던 만큼 1920년대 중반부터 전해지기 시작한 해외 미인 대회를 통해 서양 대표 미인의 이미지는 문명의 기표로 인식되며 선망되었다. 미인 투표 대회가 서구적 방식의 미인 대회로 교체됨에 따라, 미인으로 시각화되던 기생의 이미지도 서구 미인의

그림 4-1. 「사진 설명」, 『동아일보』
1927년 8월 6일

그림 4-2. 「세계 제일 미인으로 당선된
'고프' 양」, 『매일신보』 1930년 9월 13일

사진으로 대체되었으며, '미스 아메리카'와 '우주양'을 비롯한 각종 대표 미인의 서구적 미인상이 소개되면서 새롭게 생성된 미의식과 미인 담론은 대중 매체를 통해 확산되었다.

또한 「누가 제일가는 미인일까, 허리를 재고 빛깔을 심사」한다고 했듯이, 신체 사이즈와 몸무게로 미를 수치화하는 방식은 전적으로 서구의 미인 평가 기준에 따른 것이었다. 해외 미인 대회로부터 시작된 신체 계량이 미인 대회의 주요 심사 기준이 되어 왔으며, 이는 신체미에 관한 객관적 기준이 마련되고 욕망되었음을 의미한다. 숫자로 명기되고 정립된 미의 공식은 미인 대회에 적용되었을 뿐만 아니라, 일반 여성들도 그들의 아름다움을 수치화된 기준에 따라 등수를 매기며 미의 정도를 판단하게 했다.[10]

이제 미인의 기준은 얼굴에서 신체로 변화하며, 이상적 신체미도 계량할 수 있는 가치로서 키와 몸무게, 가슴과 허리, 엉덩이 둘레의 치수로 평가되기 시작했다. 이처럼 수치화된 육체미에 관한 기준이 서구를 통해 전해지고 있었지만, 미인 평가에 필요한 몸매, 신체에 관한 미의식은 일본과 조선 모두 낯선 개념이었으므로 이것이 각국 여성에게 직접적으로 적용된 것은 각각 1920년대 말과 1930년대가 되어서였다.

일본의 '사진 미인 대회'

일본에서 일반인을 대상으로 처음 열린 미인 대회는 1907년 미국 『시카고트리뷴(Chicago Tribune)』의 요청으로 일본의 『지지신문(時事新聞)』이 전국 22개 신문사와 함께 개최한 '일본일미인(日本一美人)' 선발 대회였다.[11] 대회는 시카고트리뷴사의 요구를 반영해 여우(女優)와 예기 등 전문인의 참가를 금지하고 일반 여성만을 대상으로 했다. 또한 미국 방식대로 응모자의 사진과 함께 신장과 흉위 등을 병기해 동봉해 줄 것을 요구했지만 실제로 이루어지지는 않았다.[12]

미인들을 한 장소에서 모으고 직접 심사하는 미스 아메리카와 같은 형태의 미인 대회는 당시 사회의 보수적 시선을 고려할 때 일본에 적합하지 않았으므로, 미인들의 사진을 모집해 심사하는 '미인 사진심사' 대회 형식으로 열리게 되었다. 이러한 미인 사진심사 대회는 앞서 『시카고트리뷴』과 같은 미국 일간지에서 고안되었던 것으로, 유럽 신문사에서는 이미 성행했던 미인 대회 양식이었다.[13]

일본의 첫 미인 대회는 기자들을 파견해 여학교 등지에서 캠페인을 벌여야 했을 정도로 참여가 저조했으며 스스로 사진을 응모한 여성도 거의 없었다. 1등으로 당선된 '스에히로 히로코(末弘ヒロ子, 1893~1963)' 역시 친척이 그녀의 사진을 익명으로 응모했다(그림 4-3). 히로코는 당선을 당혹스러워했으며, 당선된 후에는 학습 분위기에 좋지 않은 영향을 미친다는 이유로 학습원에서 퇴학당하기도 했다.[14] 당시 일반 여성은 가정에서 남성에게 예속된 존재였으며, 사회적으로 감상의 대상이 되는 것은 예기나 기생과 같은 특수한 계층의 여성이라는 인식이 강했기 때문이다.

또한 당시 미인들은 대부분 일찍 결혼해 학업을 마치지 못하는 경우가 많았다. 따라서 오히려 여학교를 마치고 졸업하는 여성은 미인이 아니라는 의미로 "졸업면(卒業面)"으로 불렸던 시기에 히로코에게 퇴학 처분을 내린 것은 미인을 대하는 시대적 상투였다고 해석할 수도 있다.[15] 히로코의 사진이 총 3회에 걸쳐 지면에 등장하면서 그의 하이칼라 여학생 스타일은 일본 여성에게 선망의 대상이 되었다. 히로코의 머리 모양을 좇아 큰 리본으로 묶는 스타일이 유행했으며, 부상으로 받은 다이아몬드 반지를 낀 히로코의 초상은 오카다 사부로스케가 〈다이아몬드의 여성(ダイヤモンドの女)〉(1908)으로 그리기도 했다(그림 4-4).[16]

> 미국에서 미인 경쟁이라고 하는 것이 있다. 국민 보건의 입장에서 건강미의 증진과 체육을 장려하며 미래의 미국을 만드는 우수한 제2의 동포를 낳을 어머니를 건설하는 일이다. 지금『후진세카이(婦人世界)』가 전일본 전형적 미인을 선정하는 것은 첫째 이런 견지에서 출발하며 체육의 장려와 건강미의 예찬이라는 큰 안목에서다.[17]

조선에서 '삼천리 일색'과 '미스 조선'이 개최되었던 1931년은, 일본에서도 『주간 아사히(週刊朝日)』의 '미스 닛폰(ミス日本)'과 『후진세카이』의 '전일본 전형적 미인 선정' 등 각종 미인 대회

그림 4-3. 「일본일미인 당선자 스에히로 히로코」, 『지지신문』 1908년 3월 5일

그림 4-4. 오카다 사부로스케, 〈다이아몬드의 여성〉, 일본 1908, 48×34cm, 후쿠토미 다로(福富太郎) 컬렉션 자료실

가 공모된 해였다.[18] 미인 대회는 이처럼 단순히 아름다운 여성을 뽑는 행사가 아니라, "국민 보건의 입장에서 건강미의 증진과 체육을 장려"하는 일이며 미래의 국가를 만들 "우수한 제2의 동포를 낳을 어머니"의 '건강미'를 예찬하기 위한 것이었다. 그러므로 근대적 가족, 즉 '어머니'의 범주에 편입될 수 없었던 예기나 기생은 더 이상 미인 대회의 참가 대상이 될 수 없었다. 이처럼 서구적 문명화를 목표로 했던 일본과 조선에 소개된 미국 미인 대회는 이전까지 성행했던 기생 미인 투표 방식의 미인 대회

미인 대회 **333**

를 미국의 방식으로 변화시켰으며, 이를 통해 미인 대회와 미인에 관한 개념도 바뀌게 되었다.

『후진세카이』는 또한 "현대는 여성 진출의 시대"로 미인 대회는 "여성의 지위를 향상하는 문화적 공헌"이라고 평가했는데, 이는 미인 대회 보급으로 여성이 사회적으로 각광받고 이것이 여성의 사회 진출로 이어지리라는 인식을 보여 준다. 당시는 직업여성의 사회 진출이 본격화되던 시기로, 사회에 여성을 알려야 할 필요성이 대두되고 있었으며 조선의 상황 역시 마찬가지였다. 이로써 미인 대회는 기생 계층을 제외한 여학생과 직업여성, 신여성 등 일반 여성의 참가를 독려하는 행사로 자리 잡게 되었다.

근대 미인 대회와
미인들

다양한 매체를 통해 시각화된 미인 이미지와 해외 미인 대회는 조선에서도 대표 미인을 선발하고자 하는 열망을 가져왔다. 미인이 되고자 하는 욕망은 일반 여성들에게 항상 존재해 온 것으로, 1910년대부터 지면에는 「미인 문첩(問諜)」이나 「미용 연구」와 같은 특집 기사가 연재되었으며 각종 화장품 광고를 통해 미인 이미지가 가시화되고 있었다.[19] 또한 미인에 관한 관심은 사회 전반으로 확장되며 1920년대 일간지와 잡지들에는 온갖 '미인' 기사가 범람했다. 미인 대회는 이처럼 미인에 관한 대중의 높은 관심과 함께, 미인을 욕망하는 여성들의 관심이 적극적으로 표명된 기획이었다.

하지만 대중의 높은 관심에도 조선 일반인을 대상으로 한 미인 대회는 1920년대까지도 열리지 못했다. 1928년에 경인선으로 통학하는 학생들 사이에서 "통학 여학생의 미인 투표를 모집"한 일이 있었는데, 기사는 이를 "아름답지 못한 거동"이자 "통학 여학생을 우롱하는 행위"로 비난했고, 나아가 투표를 발기한 남학생은 "불량 학생"으로 규정되어 처벌받기도 했다.[20] 이처럼 당시까지도 보수적 가치관 속에서 대중이 일반 여성을 대상으로 한 미인 대회에 부정적 시각이 있었음을 보여 준다.

이러한 분위기 속에서 1930년대에도 미인의 실물을 직접 심사하는 서구의 미인 대회 방식은 조선에서 이뤄지지 못했고 대신 일본의 사진 미인 대회와 같이 미인들의 사진을 모집해 심사하는 방식으로 진행되었다. 사진 미인 대회는 참가자의 사진과 함께 신체 사이즈를 기재하는 서구의 방식을 따랐으며, 응모되는 사진은 후보자의 상반신을 찍은 것이 대부분이었으나 동봉된 신체 치수로 그 육체미를 판단할 수 있게 했다. 미인 대회를 통해 여성의 아름다움이 국가적 차원에서 평가될 수 있음이 최초로 확인되면서, 여성 스스로도 후보자와 대표 미인들의 이미지를 통해 자신의 외모를 측정하고 그 미의 기준을 학습, 체화해 나가게 되었다.

『삼천리』의 '삼천리 일색'

1931년 5월 『삼천리』는 발간 3주년을 맞아 「반도의 대표적 려인

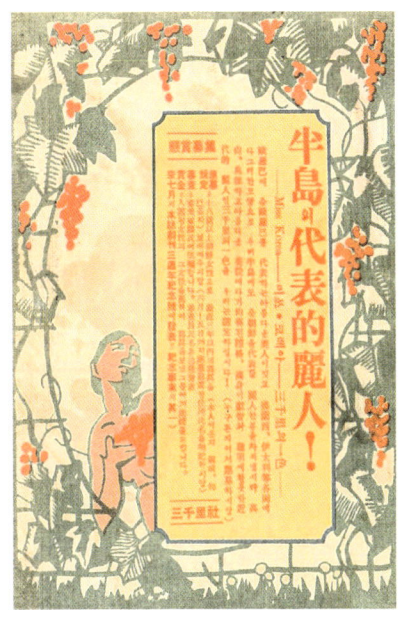

그림 4-5. 「반도의 대표적 려인」, 『삼천리』15, 1931

(麗人)」을 뽑는 행사를 기획했다. 게재된 광고에는 반도의 대표 미인을 의미하는 단어로, 'Miss Korea'와 '미쓰 코레아', '삼천리의 일색'을 모두 동급으로 표기했다(그림 4-5).[21]

구라파에 전 구라파를 대표하는 아름다운 미인이 잇고 불란서, 이태리 등 각국에 다 그러한 모양으로 우리 반도에도 전 조선을 대표할 려인 한 분을 찾아냅시다. 고상, 전아하고 아름다운 미모에다가

미인 대회 **337**

균제된 체격, 만신(滿身)이 헌지(獻知)와 총명(聰明)에 찬 듯한 근대적 려인인 삼천리의 일색을 우리는 선정하십시다! (누구든지 어서 응모하시압)

  삼천리 일색의 응모 대상은 18세 이상의 조선 여성으로, "처녀든지 각씨든지 부인이든지" 제한은 없지만 다만 "기생, 여급만은 제외"한다고 명기했다. 이처럼 응모 대상을 제한한 것은 서양의 미인 대회가 전문인, 즉 여배우와 같이 미모와 관계된 직업을 가진 여성의 참가를 금지했던 규범의 영향을 받은 것이었다. 또한 최근 3년 이내의 사진을 "본인이든지 친척"이든지 보내 달라고 했다. 당첨 상금도 입선된 여성과 그 사람을 응모해 사진을 보낸 이에게 모두 준다고 했는데, 이는 당시 보수적 분위기 속에서 참여자가 적을 것을 우려했기 때문이다. 여성의 '아름다운 미모'와 함께 '균제된 체격'과 '만신'이 미인을 선정하는 기준으로 언급된 것은 서구의 미인 대회와 신체미라는 새로운 미의식에서 영향을 받았다고 할 수 있다.

  다음 호에 실린 「본지 삼 주년 기념 특대호 발행 예고」에는 삼천리 일색의 모집이 "비상한 인기 가운데 해내해외(海內海外)로 수백 매의 묘령 여성의 사진이 답지(踏至)"하고 있다며 독자의 참여를 격려하고, "화려강산 우리 반도가 나은 절대가인들은 이 땅 인사(人士)에게 용기와 향기와 그리고 또 늘 인생 생활을 청신케 하는 아름다운 힘을 줍니다"라는 미인 효용론을 제시하기도 했다.²² 또한 "오사카마이니치(大阪每日) 같은 데서조차 조선 미인 모집에 분주하고 있습니다"라며 같은 해 『오사카마이니치신문』의 '미스 조선' 대회보다 시기적으로 앞서 기획되었음을 강조했다.

삼천리 일색이 되기 위해 사진을 보내온 326명 중 10월 『삼천리』 3주년 기념호에서 당선자가 발표되었다. "심미계(審美界)의 권위"를 지닌 이광수(李光洙, 1892~1950), 염상섭(廉想涉, 1897~1963), 김안서(金岸曙, 1896~?), 안석주, 이승만(李承萬, 1903~1975), 이상범(李象範, 1897~1972), 허영숙(許英肅, 1897~1975), 나혜석(羅蕙錫, 1896~1948), 김일엽(金一葉, 1896~1971), 최승희(崔承喜, 1911~1969) 등 사회 각층 인사로 구성된 심사원들이 "여러 날을 두시고 엄숙하고도 공정한 심사"를 통해 발표한 입상자는 총 열네 명이었다.²³ 그중에서 특선, 즉 삼천리 일색에 당선된 최정원(崔貞嫄)은 여자고등보통학교에서 수학한 18세 여성으로 본사 측 심사원으로 참여한 소설가 최정희(崔貞熙, 1912~1990)의 동생이었다(그림 4-6).

삼천리 일색이라는 표제 아래 실린 사진 속 최정원은 단아한 한복 차림으로 비스듬하게 앉아 얼굴을 정면으로 돌린 채 화면

그림 4-6. 삼천리 일색 최정원 사진, 『삼천리』3(10), 1931

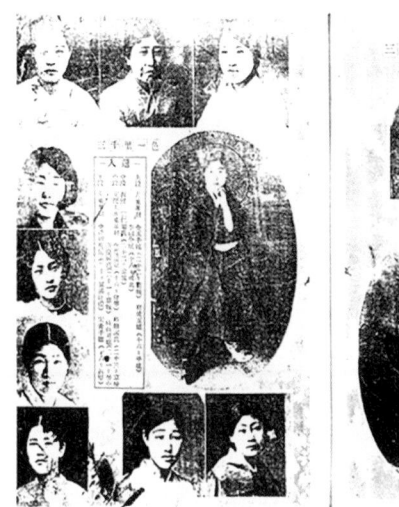

그림 4-7. 「'삼천리 일색' 발표」, 『삼천리』3(10), 1931

밖을 응시하는 모습이다. 상반신이 모두 드러나 있으나 한복에 가려져 신체미를 평가하기는 어려우며, 아직까지는 신체 사이즈가 명기되지 않았기 때문에 삼천리 일색은 몸매보다는 용모를 미인의 요건으로 평가했음을 알 수 있다. 둥근 얼굴과 쌍꺼풀 없는 눈, 반듯하게 탄 가르마 등은 전체적으로 조선의 고전 미인상을 연상하게 한다. 차선으로 뽑힌 양장 차림의 박부봉과 단발머리 입선자도 있었지만, 대부분 최정원과 같이 쪽 찐 머리와 개량 한복 차림이다(그림 4-7).

"심사원 제씨의 입선 14씨에 대한 심사평"과 "'삼천리 일색' 발표에 대한 사회 인사의 세평"을 모아 다음 호에 '조선 미인관'을 게재할 계획이니 독자들에게도 "이번 발표된 미쓰 코레아에 대하야 평이고 감상이고" 보내 달라고 했지만, 11월 호와 그 이후에서도 그에 관한 기사는 실리지 않았다. 다만 11월 호 편집자의 「감사와 사죄」란에 시대적 상황의 악화에 따라 중요한 기사들이 부득이한 사정으로 게재되지 못하게 되었음을 사과하는 글이 실린 것으로 보아, 만주 사변의 여파로 많은 기사가 편집되었음을 추측할 수 있다.

대신 1931년 12월 호에 「미의 조건」이라는 기사가 실려 삼천리 일색의 선정 기준을 조금이나마 추측할 수 있다. 육체미 항목에 이상적 신장과 체중을 기재하며, "신장에 비하여 체중이 매우 가벼우리만치 후리후리"해야 한다는 요건은 당시 소비문화 속에서 관리되고 제조되는 신체의 미의식을 반영했다.

어떤 기준으로 이들이 평가받고 선정되었는지는 정확히 알 수 없지만 '삼천리 일색'은 "화려강산 우리 반도의 사천 년 내 절세가인"을 찾고자 한 조선 최초의 대표 미인 선발 대회로 "백화만개(百花滿開)의 인세(人世)의 대화원(大花園)"이었음은 자명하다.

그림 4-8. 「미스 조선 후보자 화보」, 『오사카마이니치신문』 1931년 10월 8일

『오사카마이니치신문』의 '미스 조선'

1931년 10월 8일 자 『오사카마이니치신문』에는 「미스 조선 후보자 화보(ミス朝鮮候補者グラフ)」라는 기사가 등장했다(그림 4-8).

> 미스 조선을 뽑아 주세요. 이 중 조선의 려인을 대표하는 미스 조선은 누구인가요. 공평하고 엄정한 전 조선 독자 여러분의 투표로 미스 조선(내지인과 조선인 각 1명)을 선정합니다. 투표의 최고점 자로 미스 조선을 결정합니다.

오사카마이니치신문사가 주최한 미스 조선의 참가 대상은 조선에 거주하는 일본인과 조선인 여성이었다. 삼천리 일색과 마찬가지로 사진 미인 대회 형식으로 진행되었는데, 응모한 여성의 수가 일본인 178명, 조선인 47명으로 도합 225명에 달했다. 신문사에서는 일본과 조선의 명사 스물두 명에게 심사를 의뢰해 일본인과 조선인 각 열 명의 '미스 조선' 후보자를 선정하고 이들의 사진을 지면에 실었다.

신문에는 후보자들의 사진과 함께 투표 방법이 자세히 소개되었는데, 투표자는 추천하고자 하는 미인의 이름을 엽서에 기재해 10월 15일까지 오사카마이니치신문 '경성지부(京城府) 남대문통(南大門通)'으로 송부하기를 바란다는 내용이었다. 또한 당선자뿐만 아니라 당선자를 투표한 사람에게도 상품을 준다고 선전하며 투표를 독려했다. 독자들은 신문 속 미인의 사진을 비교하며 누가 '조선의 려인'인지 품평하고 이 중 누가 '미스 조선'이 될지 궁금했을 것이다.

'미스 조선'이라는 명칭은 서구 미인 대회의 대표 미인을 부르는 방식에서 가져온 것으로, 일본에서도 자국의 미인을 '미스 ○'라고 칭한 것은 1930년대 이후부터였다. 조선에서는 「여우(女優) 언파레이드 영화편」의 기사에서 배우 신일선을 가리켜 "미스 조선'이라고 불렀으면 하는" 여배우라고 한 것으로 보아 오사카마이니치신문의 미인 대회가 열리기 전부터 '미스 조선'이라는 명칭이 조선의 대표 미인이라는 의미로 통용되었음을 알 수 있다.[24]

『오사카마이니치신문』에 게재된 사진들처럼 얼굴을 강조한 미인의 시각화 방식은 『조선미인보감』의 편집 전통과 이어진다고 할 수 있다. 신문사는 일본과 조선에서 각각 미인 후보 열 명을 선발해 그 사진을 지면에 실었는데 이름이나 번호를 보지 않더라도 옷차림만으로 국적을 구분할 수 있었다. 조선인 후보자들은 대부분 가르마를 타서 넘긴 머리에 흰 저고리를 입은 정면 사진들이 실린 반면, 일본인 여성들은 화려한 기모노나 양장 차림으로 다양한 포즈를 취했다. 지면은 20명의 사진을 사각형과

그림 4-9. 「미스 조선」,
『경성일보』 1931년
10월 21일

타원형의 사진 틀로 편집해 엇갈리게 배열했으며 후보자의 사진 밑에는 성명과 함께 나이, 출신 학교를 기재해 이들이 모두 여학생 이상의 신분이었음을 밝혔다. 또한 사진 하단에 키와 몸무게를 함께 기재했는데, 이는 미인 평가 항목에 신체미를 부과하며 조선의 미인을 수치화한 출발점이 되었다.

투표수가 총 15만 매를 넘을 만큼 높은 인기 속에서 일본인 기쿠치 도키코(菊地時子)와 조선인 이명숙(李明淑)이 가장 많은 표를 얻어 각각 미스 조선으로 선출되었다. 미스 조선은 『오사카마이니치신문』뿐만 아니라 많은 매체에 보도되며 조선의 대표 미인을 알렸다(그림 4-9).²⁵ 총독부 기관지였던 『경성일보』와 『매일신보』가 일본과 조선의 당선인을 모두 알린 데 반해 『조선일보』가 이명숙만을 미스 조선으로 소개한 데는 '조선'이라는 민족적 기표가 작용한 듯하다.

미스 조선 이명숙의 사진은 후보자들 사진 중에서도 단연 특이한 포즈를 취하고 있어 독자들의 시선을 끌었을 것이다. 고개를 살짝 옆으로 숙이고 두 손을 모아 볼에 댄 채 활짝 웃는 모습은 다른 이들의 정적인 모습과 구분되었다. 이명숙은 당선 기사에서 "건강한 고아 순미의 명화(名花)"이자 "경성 여자상업학교 출신, 방금 직업전선에 나선 근대적 여성"으로 소개되었다. 또한 일본 대표 미인으로 선정된 기쿠치 도키코는 갸름한 얼굴선이 돋보이도록 측면으로 비스듬하게 얼굴을 기울인 사진을 통해 "균정의 청초"한 여인으로 평가받았다.

『모던일본』의 '미스 조선'

1940년에는 『모던일본』 조선판 간행과 천황 기원 2600년을 기념하여 "현대 조선 여성을 대표하는 영예의 여인을 선정"하는

그림 4-10. 「미스 조선 현상 당선 발표」, 『모던일본』 조선판, 1940.

'미스 조선' 선발 대회가 기획되었다.[26] "꽃과 아름다움을 겨룰 만한 미인들" 중에서 "조선을 대표하는 미스 넘버원"이자 그 아름다움으로 "명랑 조선을 상징"할 대표 미인을 선발하는 행사였다. 앞의 두 대회와 마찬가지로 사진 응모와 추천으로 이루어졌으며, '내지와 반도'의 조선인 여성을 대상으로 했다.

모던일본사의 미스 조선은 투표가 아닌 심사로 선정되었는데, 심사 위원은 모두 남성으로 기쿠치 간(菊池寬, 1888~1948)

과 구메 마사오(久米正雄, 1891~1952), 야마카와 슈호(山川秀峰, 1898~1944), 이하라 우사부로(伊原宇三郎, 1894~1976) 등 일본인 심사자 여섯 명이 참여했으며, 조선인으로는 안석주와 박기채(朴基采, 1906~?) 등 작가와 화가, 영화감독 등 사회 각층의 유명 인사가 참여했다. 『모던일본』은 당선자들의 사진과 함께 심사원들의 심사평을 게재해 미스 조선의 선정 기준을 밝혔다.

1940년의 미스 조선은 '반도의 비너스'로 평가받은 19세의 평양부 기생 박온실(朴溫實)이 선정되었으며, 김영애(金永愛), 정온녀(鄭溫女), 이순진(李順珍) 등 '준 미스 조선' 3인도 함께 소개되었다(그림 4-10).²⁷ 오사카마이니치신문에 이어 모던일본사의 미스 조선도 미인의 신체 치수를 표기해 수치화된 미를 제시했으며, 나아가 입상자들의 얼굴 사진과 함께 전신사진을 실어 미인의 용모뿐만 아니라 신체미도 심사 요건이었음을 알렸다. 하지만 눈썹과 눈썹 사이가 넓어 포용력이 있고 누구에게나 호감을 줄 것 같은 이미지, 고운 피부, 자연스러운 머리 모양, 예지하고 지적인 빛을 띠는 눈, 둥근 얼굴과 통통한 볼 등 심사평은 대부분 후보자의 얼굴에 맞춰져 있었다.

병풍과 다다미로 장식된 일본식 가옥 내부를 배경으로, 정갈하게 쪽 찐 머리에 한복을 차려입은 박온실의 모습은 조선의 식민지 상황에 관한 은유로도 읽을 수 있다. "동양의 고전미라고 할 수 있는 청초한 아름다움", "보고 있노라면 조선의 산과 하늘이 떠오르는 듯한 느낌", "조선에 있는 듯한 기분"이라는 심사평에는 당대 미의식으로 통용된 반도색과 조선색이 반영되어 있었다.

조선색은 일본이 조선을 제국의 지방으로 재편하며 도출된 지방색이자 식민지적 미의식으로, 이를 통해 그동안 열등하고 퇴영적 취향으로 비판되던 조선의 고전과 전통은 조선의 아름다움으로 재평가되었다. "내지인에게는 찾아볼 수 없는" 모습이자, "조선의 옛 도자기와 같은 아름다움" 혹은 "조선의 전통적 아름다움을 구현하고 있다"라는 일본인 심사원의 심사평은, "기생을 보고 있으면 청정한 아름다움"을 느끼며, "이왕가 박물관에 소장된 이름난 도자기들의 청순한 백청색 분위기와 어딘가 통하는 데가 있다"라고 한 1939년 『모던일본』 조선판 「기생의 미」 기사와도 상통한다. 즉 기생을 조선의 문화이자 전통으로 보고자 했던 당대의 제국주의적 미인관이 적용된 셈이다.[28] 박온실이 "조선의 여인으로 손색없는 아름다움"을 지니며 "조선의 하늘처럼 언제나 청명한 기분, 전통적 미소"를 지녔다는 안석주의 평가 역시 일본인 심사원과 동일한 기준에서 작성된 것으로, 조선에 관한 일제의 미의식이 내면화된 양상을 보여 준다.

평양부 기생이라는 박온실의 신분 역시 이러한 기표를 강화했다. 기생은 식민지의 은유적 대상물로서, 조선을 여성 또는 기생으로 대상화했던 기제와 맞물리며 지방색을 대표하는 '조선 미인'으로 부각되었다. 또한 일제의 식민지 관광 정책 속에서 일본인들이 "조선이라고 하면 금강산과 기생밖에 일반적으로는 알려지지 않은 것이 아닐까 생각한다"라고 언급할 정도로, 기생은 식민지 시기 조선의 미인이자 대외적 표상으로 이미지가 유통되고 있었다.[29]

대표 미인과
근대 미인관

식민지 시기 세 차례 열렸던 미인 대회는 선발 방식과 대상이 모두 달랐으며, 각기 다른 성격으로 당시의 시대적·정치적 상황을 반영했다는 점에서 중요성을 띤다. 대회의 참가 대상은 곧 미인으로 용인할 수 있는 사회 계층을 의미했다. 따라서 기생에서 일반 여성 즉 신여성으로 변화된 미인의 기준을 볼 수 있으며, 이들이 자발적으로 지원했는지에 따라 당시 여성의 지위와 활동에 관한 사회적 인식 역시 가늠할 수 있다. 심사 위원은 당대의 심미안과 미와 미인에 관한 대중의 시선을 대표하며, 이들이 제시한 심사평은 사회적으로 통용되는 절대적 미인 평가의 기준이 되었다.

삼천리 일색은 "입선자들에게는 각각 상품을 증정해 감사를 표하겠다"라는 기사로 알 수 있듯, 시상식이 따로 열리지 않았던 듯하다.[30] 하지만 오사카마이니치신문의 미스 조선은 여러

그림 4-11. 「미쓰 조선 양에 영예의 우승배」, 『매일신보』 1940년 9월 11일

일간지 기사를 통해 경성공회당에서 열린 표창식 행사를 보도했다.³¹ 표창식은 당선자인 이명숙과 기쿠치 도키코가 참석하여 "성대하게 거행"되었으며 표창식 후에는 "음악과 무용의 내용 풍부한 여흥"이 있는 "미스 조선의 밤" 행사도 열렸다. 다만 입장자를 부인 관람객으로만 제한하고 남성의 출입을 금지한 까닭은 사회의 보수적 분위기 때문이었을 것이다.

모던일본사의 미스 조선은 『매일신보』의 「미스 조선 양에 영

근대 조선의 미인 대회 비교

개최 연도 명칭	1931 미스 코레아 (삼천리 일색)	1931 미스 조선	1940 미스 조선 (반도의 비너스)
주관 매체	삼천리사	오사카마이니치신문사	모던일본사
당선자	최정원(18세)	이명숙(18세)	박온실(19세)
응모 대상	조선인 여성	조선 거주 일본인과 조선인 여성	일본과 조선 거주 조선인 여성
심사 방식	조선인 남녀 심사원 심사	독자 투표	일본인과 조선인 남성 심사원 심사
신체 치수	없음	신장: 약 157.5센티미터 체중: 약 48.5킬로그램	신장: 약 157센티미터 체중: 약 45킬로그램
직업	여학생	직업여성	기생

예의 우승배」 기사를 통해 박온실이 우승컵을 받는 시상식 모습을 보도했다(그림 4-11). "평양유지 안성기 씨를 비롯하여 철도국 부청 평양 관광협회 종방(鐘紡) 등의 관계자들"이 시상식에 참석했다는 기사는 대표 미인의 성격을 보여 주는 것으로, 철도국과 관광협회가 공모함에 따라 기생 이미지가 반도의 미인이자 관광 상품으로 유통될 수 있었다.

　미인들을 한 장소에서 모으고 직접 심사할 수 없었던 조선에서 당선 미인에게 상을 수여하는 시상식은 미인들을 공식적으로 모으고 볼 수 있는 유일한 공간이었다. 사진과 영화 등 매체를 통해서만 미인을 접했던 대중들은 이런 행사를 통해 대표 미인을 직접 만나는 기회를 얻고 그 실물을 확인할 수 있었다.[32]

근대에 기획된 미인 대회는 세 차례 모두 선발 방식과 대상이 달랐다는 점에서 독특하다고 할 수 있다. 그러나 행사를 주체한 곳은 모두 언론사였다. 미인 대회는 기본적으로 언론 매체의 영향력과 미인에 관한 대중의 관심을 기반으로 했고, 여기에 상업적 성격이 더해지며 매체의 판매 부수 촉진과 홍보 효과를 가져왔다. 당시 미인에 관한 기사와 이미지는 신문이나 잡지의 판매 부수와 직결되었고, 미인 대회는 독자 수를 늘려 사세를 확장하는 데 좋은 기회가 되었기 때문에 언론사들에서는 이를 적극적으로 활용했다. 『삼천리』의 '삼천리 일색' 기획이 당시 경쟁지인 『별건곤』을 견제하기 위함이었듯이, 『오사카마이니치신문』 또한 1930년대 조선의 일본어 독해 인구가 늘어남에 따라 자사 신문을 알리기 위한 행사로 미인 대회를 이용한 측면이 크다.

실제로 최정원과 미인 열세 명의 사진이 실린 『삼천리』 10월호는 판매량이 크게 늘어나 『별건곤』을 앞질렀으며, 미인 대회로 인지도를 올린 『오사카마이니치신문』 역시 미인 대회 이후 1930년대 조선에서 판매한 부수가 이전에 비해 두 배 증가하기도 했다.[33] 미인 대회는 이처럼 미인을 장려하는 사회와 매체, 미인이 되고자 하는 여성의 접합점에서 언론사의 상업성과 더불어 공모되었다. 현재의 '미스코리아' 대회도 언론사인 한국일보사가 주관하는 행사로 과거의 일간지나 잡지사를 통해 열린 미인 대회와 크게 다르지 않다.

나아가 모던일본의 미인 대회는 수상자에게 화신백화점이 협찬한 개량 한복을 부상으로 증정했는데, 이는 곧 미스 조선 스타일 의상으로 백화점 정문에 진열되고 홍보되며 많은 여성에게 선망되었다. 이처럼 근대 조선에서 열린 미인 대회는 미인에 관한 대중의 욕망과 선망 속에서 기획되며, 언론뿐만 아니라 상품 판매와도 결탁하여 공모된 상업적 행사였다.

응모 대상을 살펴보면 삼천리 일색이 조선에 사는 조선인 여성만을 대상으로 했다면, 오사카마이니치신문의 미스 조선은 조선에 거주하는 일본인도 참여했다. 모던일본의 미스 조선은 일본과 조선에 거주하는 조선인 여성이 대상이었다. 다만 기생과 여급을 대상에서 제외했던 1931년 행사와 달리, 당선자가 유학생과 여학생, 기생으로 이루어진 데서 볼 수 있듯이 신분 제약은 없었던 듯하다.

심사 방식 역시 각기 달랐는데, 남녀 조선인 심사원이 심사한 삼천리 일색과 달리 1931년 미스 조선은 독자 투표 방식이었고, 모던일본의 미스 조선은 남성만으로 구성된 일본인과 조선인 심사자가 선정했다. 안석주는 삼천리 일색과 1940년 미스 조선 미인 대회를 모두 심사한 유일한 심사 위원이었다.

대표 미인의 신분

선발된 미인의 직업도 여학생과 직업여성, 기생으로 모두 달랐다. 1931년 삼천리 일색과 미스 조선 당선자는 여학생과 직업여성이라는 당대의 새로운 계층을 대표하는 여성이었다. 여학생은 근대적 여성 교육을 통해 제조된 당대의 이상적 여성상이었다.

미인 대회를 수용하는 과정에서 우선적으로 변화된 것은 '미인'으로 호명되는 대상이었다. 근대 초까지도 일반 여성은 유교적 관습에서 자유롭지 못했다. 그러나 담배 상표 "Beauty"가 "관기"로 번역되고, 기생이 "조선 전도의 미인"으로 대표되며 이들의 소개를 담은 사진첩이 『조선미인보감』으로 간행되었듯이, 기생이 대중적으로 미인이라고 불리며 시각화되었던 전례가 있었다.[34] 기생, 예기 계층의 여성을 대상으로 한 미인 투표 역시 이러한 배경 속에서 등장했으며, '미인=기생'의 기표를 더욱 공고화한 행사였다고 할 수 있다.

그러나 이후 시대의 아이콘으로 부상한 신여성의 등장과 함께 미인의 주체 역시 기생에서 새로운 여성군으로 변화했다. "근래 조선서는 여자 사회의 유행 중심이 화류계"에 있었으나 "이제 유행의 중심은 여학생에게 옮겼다"라는 언술과 같이, 여학생을 향한 사회적 요청과 관심이 높아질수록 신여성에 대비되는 구여성은 개량과 계몽이 필요한 대상으로 구분되었고, 기생 또한 과거 봉건제의 잔재로 치부되기에 이르렀다.[35]

더욱이 "그 시대의 어여쁜 여자를 보아 그 시대의 문명의 형편을 짐작"할 수 있으며 어떠한 문명을 알고자 한다면 "그때의 미인을 보면 그만"이라고 했듯이, 미인은 "그가 몸에 감은 옷에서나 몸짓 눈짓에서나 또는 그의 얼굴이며 온몸의 피부와 골격에서나 그때의 여러 가지 형편이며 조화하는 바"를 그대로 가지고 있으므로, "그 시대의 문명을 누구보다도 온전히 가지고" 있는 존재로 평가되기 시작했다.[36] 이처럼 미인을 통해 문명화 정도를 진단할 수 있다는 믿음은 미인을 문명, 즉 조선이 지향한 당대의 이상과 근대화의 이념을 체현한 인물상으로 여겼으며, 이는 곧 신여성을 의미했다. 또한 문명과 동급으로 인식되었던 서구를 통해 전해진 미인 대회의 규정은 이러한 기표를 강화했다. 이러한 사회적 분위기 속에서 일반 여성을 대상으로 한 미인 대회의 부정적 인식 역시 1930년대에 일대 전환을 맞게 된다.

1931년의 삼천리 일색은 18세 이상의 조선인 여성이면 모두 응모할 수 있었으나 기생, 여급은 제외되었으며, 응모 규정이자 선발 기준이었던 고상, 전아하고 헌지와 총명에 찬 듯한 근대적 여인과 같은 항목은 미인의 근대적 지식 수준과도 관계된 내용으로 읽을 수 있다.

> 조선인 측으로는 경성의 이명숙 양이 당선되었는 바 그는 방년 18세의 고아순미한 전형적 미인이요, 학교로는 여자상업 출신이며 현재 직업여성으로 많은 활동을 하고 있는 근대적 여성이라 합니다. 또 한 분 최정원 양은, 동업 삼천리사에서 여러 달 전부터 전 조선적으로 모집한 삼천리 일색 중에서 1등으로 당선된 어여쁜 아가씨로 그도 역시 방년 18세로 대전 모 병원에 근무하는 직업여성이라 합니다.[37]

1931년 11월 『신여성』의 '여학생신문' 난에는 1931년 조선 대표 미인으로 당선된 두 여성의 기사가 실렸다. 선발 당시 최정원이 여학생 신분으로 표기되었던 것과 달리 『신여성』은 두 대표 미인을 모두 직업여성으로 소개했다.

최정원은 미인 대회 직후 병원에 취직하며 직업여성이 되었다. 당시에는 근대 교육을 받은 신여성들이 경제 주체로 자각함으로써, 여성의 진정한 독립이 경제적인 데서 비롯된다는 인식이 있었다. 따라서 "학교를 졸업한 여성"이 집으로 돌아가 "부모의 강권대로" 결혼하는 것을 "매매의 예약" 즉 "노예와 같이 팔리는 것"으로 보고, 차라리 '직업 부인'이 되어 "자기의 기술을 일시에 파는 것"이 낫다고도 했다.[38] 대중 매체 또한 도시의 직업여성을 긍정적으로 소개하며 여학생들의 선망을 부추겼다. 여학생이 등장했을 때와 마찬가지로 직업여성의 등장은 이전에는 볼 수 없던 새로운 여성상의 출현으로 사회적 관심의 대상이 되었다.

무표정으로 찍힌 최정원과 달리, 밝게 미소 지은 이명숙과 박온실의 사진은 직업여성과 기생으로서 "제일 먼저 가져야 하는 재산"인 명랑성과 미소가 요구되었던 그들의 신분과 관계된 초상이라고 할 수 있다.[39] 여성 취업 정보를 담은 기사에서 직업여성의 자격 조건으로 첫째는 건강과 명랑이며, 사람을 접대할 때 상대편에게 좋은 인상을 주는 사람이라고 했듯이 미소 짓는 얼굴은 직업여성의 미덕이었다.[40]

현대 가두에 나선 직업여성이 제일 먼저 가져야 하는 재산이 바로 명랑 그것인데 모든 여사무원은 진홍 같은 입술에 항상 미소를 띠워야 하고 조그마한 명령에는 곧 긴장하는 날카로운 신경을 가져야 합니다.[41]

또한 이 시기 일간지에는 표정은 정신생활의 향상과 발전을

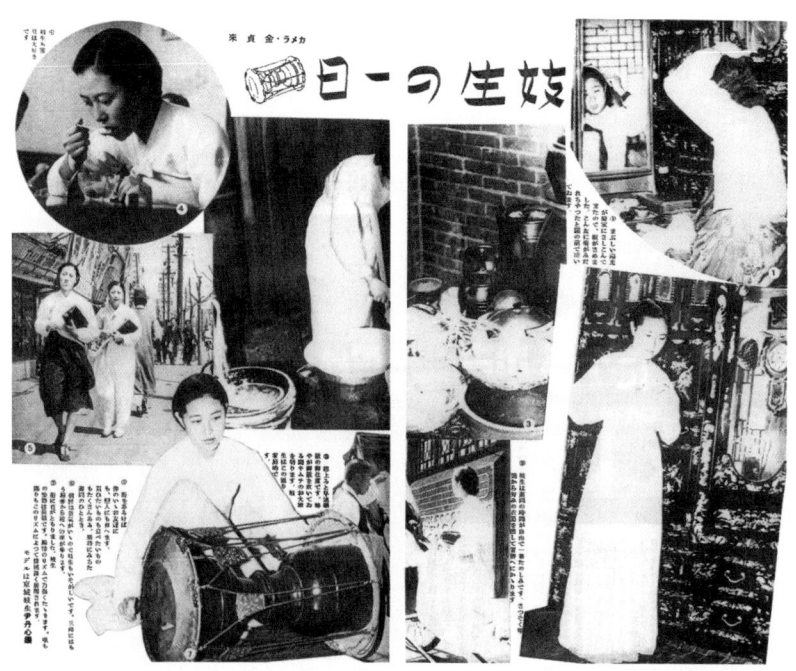

그림 4-12. 「기생의 하루(妓生の一日)」, 『모던일본』 조선판, 1940.

위한 것으로, 표정을 통해 나라의 문화 정도를 추정할 수 있다는 언술과 함께, 다양한 표정을 담은 「표정 연구」 사진이 소개되며 표정의 중요성이 강조되었다. 이명숙의 특이한 손동작 역시 31년도 첨단 여성은 포즈로써 말한다는 포즈에 관한 표정술이 미의 조건으로 통용되었던 시대적 배경 속에서 고안되었다고 할

미인 대회 **361**

수 있다.⁴² 또한 안석주가 '준 미스 조선' 정온녀를 "세련된 표정이 오히려 자신의 감정 표현을 제대로 드러내지 못했다"라고 평가했듯이, "표정에서 나오는 미", 특히 아름다운 미소는 "현대적인 미인"의 매력이자 미인의 조건으로 편입되었다.⁴³

반면, 기생 출신의 박온실이 미스 조선으로 선발된 1940년 미인 대회는 일반 여성만 참가할 수 있던 1931년의 두 미인 대회와 다른 양상이 나타나는데, 이는 매체 특성에 기인한 것이라고 할 수 있다. 『모던일본』의 조선인 편집자였던 마해송(馬海松, 1905~1966)이 기획한 『모던일본』 조선판은 내선일체 정책이 절정기였던 1939년과 1940년 지방으로서 조선을 다룬 특집호였다. 특히 1939년 호는 일본과 조선에서 판매되며 30만 부가 모두 소진될 정도로 큰 인기를 누렸다. 대동아 건설을 위한 "아시아 대륙의 전진기지"로서 조선의 지역적 특성이 강조되면서, "대륙으로 가는 최단 경로"이자 '내선만지(內鮮滿支)'를 잇는 철도 홍보와 함께, 기생 역시 조선을 대표하는 관광 상품으로 적극적으로 선전되었다.⁴⁴ 조선의 관광 정보와 다양한 명물, 기생 등을 다룬 1939년에 이어, 1940년 호 역시 경성과 경주 등 조선의 주요 관광지뿐 아니라, 「도쿄를 방문한 기생들」이나 「기생의 하루」 등 기사를 함께 실어 대중의 관심을 모았다(그림 4-12).

신여성과 일본 유학생 참가자를 제치고 평양 기생 출신 박온실이 미스 조선으로 선정된 까닭은, 평양을 기생의 본거지로 홍보하며 「기생 학교에서는 무엇을 가르치는가」와 「기생의 미」 등 큰 호응을 얻었던 기생 관련 기사와 이들을 다시 '미인'의 지위로 소환한 일본의 제국주의적 미의식에서 영향을 받았기 때문이다. 기생은 '조선의 미인'이자 '조선의 아름다움'을 상징하는 표상으로 유통되었으며, 박온실에 관한 심사평 역시 조선색으로 일관된 것으로 보아, 미인 대회의 선정 기준에도 이러한 미인관이 반영되었음을 알 수 있다.

이처럼 '미인'은 1930년대 기생에서 일반 여성, 그중에서도 신여성, 즉 여학생이나 직업여성으로 변용되었다가, 1940년대 일제에 의해 지방색과 조선색의 대상으로 미화된 기생이 다시 대표 미인의 자리로 돌아가게 되었다.

미인의 신체미

「이명숙 양과 미스 조선」은 "최근 모처로부터 들리는 확실한 소문을 들으면 그가 당선되기까지에는 별별 노력"이 많았다고 했다.[45] 아름다운 외모 그 자체가 상품이 되고 중요한 관심사로 부상하면서, 미스 조선이 되기 위해 여성들이 얼마만큼의 노력을 기울였는지 보여 주는 대목이다. 또한 "운동비로 사백 원이라는 거액을 아낌없이 들였다"라는 말에서 미용이 얼굴뿐만 아니라

매체에 표기된 근대 미인의 신체 치수

연도	신장	체중	BMI(표준 체중)
1930 「처녀 시절의 미용법은 무엇」, 『동아일보』	약 151.5 센티미터	약 46.8킬로그램	20.39(-3퍼센트)
1931 '미스 조선' 이명숙	약 157.5 센티미터	약 48.5킬로그램	19.55(-12퍼센트)
1931 「미의 조건」, 『삼천리』	약 157.5~160 센티미터	약 47킬로그램	18.36(-13퍼센트)
1940 '미스 조선' 박온실	약 157센티미터	약 45킬로그램	18.26(-13퍼센트)

운동을 통해 신체를 포괄하는 육체미, 즉 건강미와 결부된 것으로 확대되었음을 알 수 있다. 서구와 같이 신체를 드러내는 방식의 미인 대회가 개최되지는 않았지만, 신체미에 관한 미의식이 조선에서도 공유되었다.

일본에서도 1929년 『후진코론』의 '현상 근대 미인 사진 모집'을 통해 "농후한 표정미 육체미 재정의된 자태미 보행미"로서 미인을 보고자 하는 움직임이 있었지만 사진을 통한 심사에는 한계가 있었으며, 그 대안으로 이루어졌던 것이 1932년 『한자이코론(犯罪公論)』의 '전 육체미 미스 닛폰(ミスニッポン)' 현장 모집이었다. 대중의 요구에 따라 기획된 이 행사는 "얼굴의 시대

는 가고 육체의 시대가 왔다"라는 문구와 함께 수영복 차림의 여성 사진을 모집했다.[46] 하지만 국내에서는 1953년 여성 경염 대회의 수영복 심사에 이르러서야 비로소 몸매 심사가 이루어졌다.[47]

미인 대회에 관한 인식과 참여 대상이 달라지면서 미인의 신체미에도 변화가 생겼다. 신체미는 당시 소개된 해외 대표 미인들의 평가 기준을 따른 것으로, 『삼천리』가 밝힌 미인의 조건은 "아름다운 미모"와 "균제된 체격"이었지만, 사진 심사로는 미인의 체형을 알기 어려웠으며, 이는 대부분 한복 차림으로 응모된 전신사진도 마찬가지였다. 이처럼 조선의 대표 미인과 응모자의 사진은 얼굴을 중심으로 상체에 한정된 구도가 대다수였으나, 미스 조선과 같이 키와 몸무게 등 신체 치수를 필수적으로 기재하게 한 것은 수치화된 신체미의 기준을 정립한 서구적 미의식을 학습한 결과라고 할 수 있다.[48]

조선에서 미인 대회를 통해 신체 사이즈가 명기된 것은 1931년의 '미스 조선'이 처음이었다. 그러나 이보다 1년 앞서 소개된 「처녀 시절의 미용법은 무엇」에서는 "동양 여자의 표준 키는 5척가량에 체중은 12관 반이라며, 미의 기준을 처음으로 수치화했다.[49] 이는 약 151.5센티미터, 46.8킬로그램으로, 이명숙의 사진과 함께 명시된 신체 치수인 신장 5척 2촌(157.5센티미터), 체중

13관(48.5킬로그램)과는 차이가 있다.

그러나 신체 치수가 명기되지 않았던 삼천리 일색 선발 후 『삼천리』에 실린 「미의 조건」에서는 이상적 체형을 신장 5척 2촌 내지 3촌(157.5~160센티미터), 체중 12관 500문(47킬로그램)이라고 했는데, 이는 이명숙의 치수와 거의 비슷했다.[50] 1940년 미스 조선 박온실 역시 신장 157센티미터, 체중 45킬로그램으로 이들과 유사해 선호되는 기준이 있었음을 알 수 있으며, 이 밖에도 '준 미스 조선'인 정온녀(155센티미터, 47킬로그램)와 이순진(156센티미터, 44.9킬로그램) 등 모두 체형이 비슷한 여성들이 미인으로 선발되었다.

당시 기사와 수치에 오류가 많아서 정확도를 판단하기는 어려우나 대체로 마른 여성이 선호되고 있었음을 알 수 있다. 9년이라는 간극이 있음에도 두 '미스 조선'의 신체 치수는 거의 비슷하며, 이 수치는 사실 오늘날 미인에게 요구되는 신체 비율과도 다르지 않다. 이처럼 소비 사회에서 몸의 선, 즉 날씬한 신체는 여성의 자본이자 끊임없는 관리의 결과물로 제시되었다. 이들의 이미지는 사진으로 시현되고 유포되어 사회적으로 용인되는 미인의 실질적 기준을 제시했다.

근대 미인 대회와 대중 매체는 이처럼 미인을 시각화하고 교육하며 장려하고 욕망하게 했다. 해외 미인 대회의 소개로 부상한 건강미와 곡선미, 미의 수치화는 용모를 중심으로 서술되었던 미인의 기준을 신체로 확장했으며, 이는 조선의 미인 대회에도 그대로 적용되었다. 사진을 통한 심사 방식으로 몸매를 볼 수 없는 상황에서도 체형은 중요한 미의 조건으로 통용되었고, 미인은 신장과 몸무게를 기재하며 자신의 신체미를 숫자로 변환했다.

근대 미인의 정체성

1931년과 1940년에 열린 미인 대회는 당시 식민지 조선이 처했던 시대상을 반영했다. 오사카마이니치신문이 가리킨 '조선'은 일본의 식민지로서, '내선인'과 '조선인'으로 구분되는 대중들이 거주하는 지역적 개념의 공간이었기 때문에, 일본인 기쿠치 도키코와 조선인 이명숙이라는 두 명의 '미스 조선'이 필요했다고 할 수 있다. 1940년 '미스 조선'은 다시 민족성을 회복하지만 일본인 심사원들에 의해 일색 된 "조선의 전통적인 아름다움"이라는 심사평은 "내지인에게는 찾아볼 수 없는" 식민지 공간으로서의 조선을 의미했다.

반면 삼천리사의 '조선'은 "화려강산 우리 반도"로서 다른 국가, 민족성과 구분되는 민족적 공간이었다. '동포'로 호명되는 독자들과 '사천 년 래'의 "전 조선을 대표할 려인", "세상에 자랑할 려인"을 공선해 "우리 반도의 자랑을 자랑"하자는 구호 속 조선은 지역적 범위와 함께 민족성을 함의했다. 당시는 국가로서 조선이라는 나라는 없었으므로, 조선은 단지 일본의 식민지로서 한반도의 민족명, 유실된 국가명으로만 남아 있었다. '조선' 대신 '코레아'를 "우리 반도"의 미인이 대표해야 할 공간으로 설정한 삼천리의 의도도 여기에 있었을 것이다.[51]

미인 대회는 이처럼 주관 매체에 따라 미인의 성격이 결정되는 경향이 컸으며, 이는 과연 '무엇을 대표할 것인지' 고심한 결과라고 할 수 있다. 일본인이 발행한 『오사카마이니치신문』과 『모던일본』의 '미스 조선'에서 조선이 식민지 속국으로서 일본에 편입된 한정적 지역을 의미했다면, 『삼천리』의 조선은 민족주의적 입장에서 그 지역성과 민족성을 함께 내포한 공간이었다. 이들이 생각하는 조선의 개념이 달랐기 때문에 각 매체에서 선출된 대표 미인 또한 서로 다른 시대적 공간을 대표했다고 할 수 있다.

미인 대회 밖의 미인 대회들
───────────────
일반적인 미인 대회는 아니었지만 일본전보통신사(日本電報通信社)도 조선에서 '전국 대표 미인 본사 특선'과 같은 행사를 진행하며 현지 적응력을 높이고자 했다. '전국 대표 미인 본사 특선'

그림 4-13. '전국 대표 미인 본사 특선' 광고, 『매일신보』 1931년 6월 30일

은『매일신보』와『조선일보』,『경성일보』,『오사카마이니치신문』등 전국의 각 일간지를 통해 미인을 투표하는 행사로, 1929년에 대표 미인으로 뽑힌 매일신보사의 김월색(金月色), 조선일보사 배은주(裵銀珠) 등은 기생이었지만, 1931년에는 "조선의 여류 무용가로 이름이 높은 최승희"가『매일신보』의 대표로 발탁되며, 결승에서 4등을 차지했다(그림 4-13).[52] 이처럼 1931년 미인 대회에 추천된 후보가 기생에서 당시 스타 무용수였던 최승희로 변화한 것은 조선에서 최초로 기획된 미인 대회와 미인에 관한 인식이 변화한 데 따른 것이라고 할 수 있다.

1932년에는 건강미가 강조되면서 '전국 대표 미인' 역시 '여성 건강미 본사 특선'으로 진행되었으며, 당선된 다카하시 후미코(高橋富美子)는 몸매를 드러내는 수영복 차림으로 지면에 게재되었다.[53] 이처럼 미인 대회는 시대의 미의식이 즉각적으로 반영되던 행사였다. 이는 또한 '전국 대표 미인'이라는 표제 아래 조선을 일본의 지역으로 편입하고자 한 일본전보통신사와 제국 일본이 행했던 식민지적 상업화 전략이었다고 볼 수 있다.

이화여자대학교의 메이퀸 선발 대회도 학교에서 개최된 특이한 행사였다. 1908년에 시작된 이래 1925년까지 학교의 유공자나 존경받는 선생님들이 메이퀸으로 선출되었던 반면, 그 이후부터는 선출 대상이 학생으로 바뀌게 된다. 또한 1933년부터는 평가 기준이 "자세가 곧고 걸음걸이가 아름다우며, 균형 잡힌 체격"으로 변하여 '자세의 여왕'을 뽑는 행사로 전환되기에 이른다.[54] 이처럼 메이퀸의 '균형 잡힌 체격'이라는 조건 역시 건강미와 육체미가 강조되는 문화 속에서 구상된 미인의 미덕이라고 할 수 있다.

미인 대회에서는 미인에 관한 사회적 욕구와 개인의 욕망이 체현되어, 근대적 미의 기준을 생성·유포했으며 이를 통해 여성의 신체를 제도하고 규율하고자 했다. 이러한 근대적 미의식에 의해 재단된 미인상은 대중 매체를 통해 생성되고 확산되었다. 미인 대회를 통해 외모 지상주의와 여성 상품화가 전개된 것은 사실이나, 당시는 여성의 사회 진출이 시작되던 시기로, 미인임을 공적으로 주지하는 것이 여성의 사회적 자기표현의 수단이 되었다는 점에서, 이를 현재 시각에서 성 상품화나 대상화의 맥락으로만 해석할 수는 없다.

근대 미인에 관한 인식 변화와 함께 미인의 얼굴과 신체가 곧 그 문화권의 문명과 근대의 수준을 측정할 수 있는 척도로 여겨지면서, 미인 대회는 근대 이후 전개된 조선의 모더니티와 그 체화 양상을 보여 주는 상징적 행사로 자리매김하게 되었다. 미인 대회는 미의 기준이 실제로 적용된 예로, 대표 미인은 근대화 혹은 조선미가 표상된 이미지로서 대중적으로 유통될 수 있었다.

epilogue

미의 기준이 다원화됨에 따라 현대의 미인은 근대와 같이 하나의 목적이나 가치를 추구하지 않는다는 점에서 근대 미인의 의미는 더 특별하다고 할 수 있을 것이다. 더욱이 현대의 미의식 역시 근대를 바탕으로 구축되었다는 점에서 근대 미인의 가치는 더 중요하다.

책에서 다루지 않은 전시 체제기 일본과 조선의 미의식과 미인의 향방 또한 이전 시기와 다른 방식으로 전개되었다. 일본은 중일 전쟁 이후 1940년 국민 총동원 체제에 돌입하면서, 조선을 전쟁을 위한 거점으로 활용했다. 이 과정에서 여성에게는 '총후(銃後) 부인', 즉 군인의 아내이자 어머니로서 역할이 강조되며, 여성의 몸에 관한 시선도 변화했다. 미인의 요건으로 제조되었던 건강미가 전시 군국주의적 가치와 국력을 상징하는 덕목으로 변화하면서, 화려한 머리 모양과 화장 등 여성의 외모가 규제되었고, 1940년 11월에는 국민복령이 공포되면서 몸뻬 복장은 국민 표준복이 되었다. 광고의 양과 크기도 대폭 줄어들었으며, 화장품 광고는 "신춘(新春)이야말로 총후 여성의 각오를 화장에도 보일 때"라든지, "총후의 몸치장과 정용(整容)에", "전시 화장은 간소 명랑케"와 같은 문구로 시국을 반영했다. 또한 노동하는 여성이 장려되며 "다 같이 증산에로 진군합시다", "일을 합시다"라는 문구와 함께 몸뻬 차림의 여성이 쟁기나 삽을 들고 있는 모습이 그려졌다. 화장품이 "일에 열중하는 부인들의 살결을 튼튼하고 아름답게 수호"하므로 여성은 안심하고 노동하라는 메시지는, 아름다움의 가치가 전시 노동력으로 대체되었음을 보여 준다.

미인은 당대의 전형적 이데올로기를 몸에 새긴 여성상으로, 시대적 가치관과 미의식 속에서 제조되었다. 근대 이전에 추상적으로 서술되던 미와 미인관은 동아시아 문화권 속에서 신분과 전고를 표상하는 미인상의 전형화를 낳았다. 유교적 가치 속에서 부녀자의 덕을 그린 부용의 미인상은 유교적 예와 규범을 체현한 아름다운 몸으로 제시되었으며, 미모의 여성을 그린 미인상이 감계의 목적을 부여받음으로서 완상의 대상으로 유통될 수 있었다. 또한 근대 초기 부국강병과 민족 자강의 시대 의식 속에서 미와 미인은 식산흥업 혹은 건강한 국민 양성이라는 국가적 가치로 수렴되며, 위생과 건강이라는 서구의 가치를 통해 신체를 미육 하는 방식으로 체화되었다.

미인은 근대 매체를 통해 호명되고 시현됨으로써 대중성을 확보했고, 문명과 근대를 체현한 여성상의 등장과 자유연애라는 새로운 사회 풍조 속에서 미의 가치가 일반 여성들에게 확산되고 보편화되었다. 또한 소비문화 속에서 미인의 신체는 자본이자 개인의 재산으로, 유행을 통해 경영되며 이러한 양상은 여성의 사회 진출을 통해 확산되고 심화되었다.

미인 제조는 문명과 근대의 권력관계를 미의 가치로 포장했다. 식민지 조선은 제국 일본을 선망하며 일본 여성을 동경하는 식민주의적 미의식을 학습했으며, 이는 일본제 화장품 광고의 도상과 문구에서 노골적으로 표출되었다. 근대 여성들은 미의 서구화에 가치를 두고 서양 여배우를 동경하는 동시에 일본의 미적 식민주의에 맞춰 자신의 몸을 제조했다. 여성의 외모는 전통과 근대 혹은 내지와 식민지를 구분하는 기준이었고, 그 외모를 통해 신분 상승의 욕망이 발현되었다.

근대 조선의 광고 속 미의식과 미인상을 제조했던 가장 큰 흐름은 일본식으로 조형된 서구적 미감이었다. 달걀형 얼굴에 극단적으로 큰 눈과 작은 입을 배치한 구라부 미인상은 당시 가장 대중적 미인 도안이자 미인화였다. 또한 할리우드 영화가 유행하면서 서구적 미인상을 표방한 배우의 사진과 도안이 유포되었으며, 이들과 같은 미인이 되기 위해 육체에 변형을 가하는 적극적 미인 제조의 움직임도 감지되었다. 미인상의 모더니티는 미인의 얼굴에서 신체로 확대되며 서구 미인들의 사진을 통해 육체미와 건강미가 중요한 평가의 기준으로 상정되었다. 비율과 비례에 따라 측량된 서구의 계량적 미의식도 근대에 처음 보급되고 학습되었다. 또한 미인상에 표정미와 활동미가 더해지며 근대 미인의 표정을 더욱 다양하게 시각화했다.

이러한 당대 미인상들은 모두 남성에 의해 여성으로 대상화되고 제조되었다는 점이 공통되는데, 이는 사회를 주도하던 성별이 판단 주체로서 역할을 했기 때문이다. 여성을 이처럼 문명화의 대상으로 상정하고 그 신체를 근대화의 현현으로 인식했다는 점은 분명 현재의 시각에서 비판의 소지가 있으나, 남성이 근대의 주체로 자부되던 당시 상황을 감안한다면 이를 근대의 사회적 현상으로 이해할 수 있다. 근대기 신여성에 의해 발화되기 시작한 여성 해방의 목소리가 아직 주류화되지 못한 상황에서 남성의 인식이 곧 사회의 평가로 통용되었으며, 이에 대한 반론의 여지는 극히 미미할 수밖에 없었다. 근대 여성 대부분은 남성의 시각과 평가를 체득하고 내면화했으며, 이는 여성이 스스로 자신의 몸과 정체성에 주목하게 되면서 더욱 심화되었다. 미인에 관한 사회적 관심과 더불어 여성들이 적극적이고 능동적으로 근대적 여성미를 체현하고자 했듯이, 남성의 평가와 여성의 선망은 근대 동안 동시에 제조되고 전개되었다고 할 수 있다.

화장품 광고는 근대 여성의 미와 미인상을 가부장제와 식민주의, 자본주의 등 총체적 관계 속에서 조명하며, 여성의 정체성과 미의식을 확립하는 데 큰 영향을 미쳤다. 아름다움은 곧 여성의 '힘'으로, 화장품 광고 속 여성 이미지는 문명과 문화, 근대화와 같은 시대적 가치를 의미했다. 귀부인의 모습부터, 신여성과 여학생, 여배우, 서양 여성 이미지에 이르기까지 화장품 광고는 욕망의 대상을 이상화하고 미인화했다. 광고뿐만 아니라 근대의 삽화와 사진, 화단 역시 동일한 미의식 속에서 경영되며 상호 영향 관계 속에서 전개되었다.

근대를 거쳐 현대에 이르기까지 외모에 관한 높은 관심만큼 미인 담론과 이미지들이 범람하고 있지만, 그 속에서 미인을 정의하기는 쉽지 않다. 그러나 그 기준을 정하고 평가하려는 시도는 지역과 시대를 넘어 끊임없이 존재했으며 그것은 '미인 대회'라는 이름으로 불려 왔다. 근대 조선에서 세 차례 개최된 미인 대회는 각각 그 대상과 선발 방식도 달랐지만, 여성의 신체를 바라보는 시대적 변화, 즉 미를 수치화하고 계량할 수 있다는 서구적 미의식을 바탕으로 전개된 조선의 모더니티와 그 체화 양상을 보여 줬다. 미인의 얼굴과 신체는 곧 그 문화권의 문명과 근대화의 정도를 측정하는 기준이었으며, 대표 미인은 육화된 근대의 표상으로서 심사받고 평가되었다. 이러한 미인 대회를 통해 외모 지상주의와 여성의 상품화가 전개된 것은 사실이지만, 당시는 여성의 사회 진출이 시작되던 시기로, 미인임을 공적으로 주지하는 것이 여성의 사회적 자기표현의 수단이 되었다는 점에서 현대의 미인 대회와는 다른 맥락임을 보여 준다.

미인 대회는 미의 기준을 실제로 적용한 예로, 근대 동안 문명화와 근대화라는 큰 목표 속에서 경영되었다. 그러나 미의 가치가 다원화된 현대에 이르면 난무하는 각종 대회와 다양한 심사 기준 속에서 이것이 얼마나 평가되고 정의되기 어려운 것인지를 역설적으로 보여 준다고 할 수 있다. 연령과 참가 자격도 다양해졌고 오늘날에는 젠더 문제가 개입되며 미인에 관한 논의는 한층 더 복잡해졌다.

미의식과 미인상이 변화하는 양상 속에서 과연 시공을 관통하는 절대적 미와 보편적 미인이 존재할 수 있는가에 관한 질문은 미에 관한 철학과 형이상학적 담론들을 차치하더라도 답하기가 쉽지 않다. 사실 현대에도 미인은 태어나는 것인가 만들어지는 것인가에 관한 논의가 계속 이어지고 있으며 저명한 학자들 사이에서도 의견의 일치를 보지 못하는 난제라고 할 수 있다.

이처럼 미인이 유전자에 새겨진 본능이든 후천적 자질이든 간에, 근대의 미의식과 미인상은 분명 시대적 기준과 기호, 필요성에 의해 제조된 것이었음은 확실하다. 시각 매체의 발달과 함께 커지는 이미지의 위력과 근대화의 흐름 속에서 조선은 근대 미의식과 미인상을 학습하고 구상했다. 외모가 경제·사회적으로 생존의 핵심 요인으로 부상하면서 형성된 현대의 외모 지상주의 역시, 근대 광고가 선전한 '미인 만능'의 권위 속에서 만들어진 담론의 산물이었다. 누구나 미인이 되고자 노력하고 있음은 자명하며 그것을 규정하고자 하는 목표는 시대를 거치며 지속되어 왔다. 근대에 근대화, 문명화를 이루는 것이 곧 미인이 되는 것을 의미했다면, 오늘날에도 여성들은 현대화를 이루기 위해 미인이 되고자 노력한다. 이처럼 근대 조선이 감내해야 했던 다양한 외부의 조건들과 표방된 내부의 이상 속에서 형성된 '미인 제조'는 시대적 이념과 가치 속에서 형성되며 현대까지도 이어지고 있다.

주

1. 미인 탄생

1 "美, 甘也, 從羊大, 羊在六畜給主膳也" 許愼, 『說文解字 附檢字』, 中華書局, 1963, 78쪽.
2 이상우, 『동양미학론』, 시공아트, 2012, 164~165쪽.
3 성진숙, 「미 개념 유형에 따른 유가미학 해석방법에 대한 고찰: 기존 유가미학 연구 성과를 중심으로」, 『동양철학연구』64, 2010, 88쪽; 장파 지음, 유중하 옮김, 『동양과 서양 그리고 미학』, 푸른숲, 1999, 87~88쪽.
4 허균, 『성소부부고(惺所覆瓿藁)』권13, 「제이징화첩후(題李澄畵帖後)」; 홍선표, 「화용월태의 표상: 한국 미인화의 신체 이미지」, 『한국문화연구』6, 2004, 38쪽 재인용.
5 "子謂韶盡美矣又盡善也" 유교경전번역총서 편찬위원회 지음, 유교문화연구소 옮김, 『논어』, 성균관대학교 출판부, 2005, 92쪽; 임종욱 엮음, 『고사성어 대사전』, 시대의 창, 2008, 935쪽.
6 "可欲之謂善 有諸己之謂信 充實之謂美" 이우재 역주, 『이우재의 맹자 읽기』, 21세기북스, 2012, 825쪽.

7   "一里尙有美人, 以我國之衆, 豈無其人乎? 不可謂之無好人. 間雖有假之者, 其於勸勵風俗, 不爲無益, 亦安知他日遂成風化, 眞孝子順孫輩出於其間乎?"『세종실록』권87, 세종 21년(1439) 12월 28일.

8   "山有榛 隰有苓 云誰之思 西方美人 彼美人兮 西方之人兮"; 권중달,『동양의 고전을 읽는다』, 휴머니스트, 2006.

9   "結微情以陳詞兮, 矯以遺夫美人"『楚辭』九章,「抽思」; "惟草木之零落兮, 恐美人之遲暮"「離騷」;『인조실록』권36, 인조 16년(1638) 4월 26일.

10 "秋風溺溺水洋洋 廻首長空思渺茫 惆悵美人隔千里 江邊蘭芷爲誰香".

11 정철의 「속미인곡」을 비롯해 김춘택(金春澤)의 「별사미인곡(別思美人曲)」과 이진유(李眞儒)의 「속사미인곡(續思美人曲)」, 양사언(楊士彦)의 「미인별곡(美人別曲)」 등은 모두 정철의 「사미인곡」과 같이 충군(忠君)의 지극한 정을 읊었으며, '임금'을 미인에 빗대어 표현했다.

12 "古者天子后立六宮, 三夫人, 九嬪, 二十七世婦, 八十一御妻"『禮記』,「婚儀」; "后宮列女萬餘人"『史記』,「秦始皇本紀」.

13 『연산군일기』권59, 연산군 11년(1505) 9월 20일.

14 연산군은 승정원에 "푸른 이슬은 밤에 맺혀 비단 치마 적시고, 가을바람은 소슬하여 애띤 간장을 녹이누나. 난간에 기대 기러기 소리 들으니 달빛이 차갑고, 눈물진 눈시울에 슬픈 마음 이기지 못하네"라는 어제시(御製詩)를 내리며 '미인(美人)'을 대신해 지은 시라고 했는데, 시에 쓰인 단어가 부녀자의 것과 같다는 승지들의 평으로 보아 궁인 '미인'을 칭하는 것으로 추정되기도 한다. "翠露凝宵濕絳裳, 金風蕭瑟斷芳腸. 憑闌閒雁蟾光冷, 淚滿星眸不勝傷"『연산군일기』권63, 연산군 12년(1506) 7월 30일.

15 소혜왕후 지음, 육완정 역주,『내훈』, 열화당, 1984, 30~31쪽.

16 宋若昭,『女論語』第1 立身; 국사편찬위원회 엮음,『'몸'으로 본 한국여성사』, 경인문화사, 2011, 231쪽 재인용; 이숙인 역주,『여사서』, 여이연,

2003, 57~58쪽.

17 이덕무, 『사소절(士小節)』, 「부의(婦儀)」; 국사편찬위원회 엮음, 위의 책, 2011, 231, 243쪽 재인용.

18 무라사와 히로토 지음, 송태욱 옮김, 『미인의 탄생』, 너머북스, 2010, 135~141쪽.

19 고개지(顧愷之)가 그린 권계화 〈여사잠도(女史箴圖)〉도 그림을 그린 화가와 그림 감상자가 모두 상류층 남성이며, 그림 형식도 사적 완상에 적합한 두루마리였다는 점을 고려한다면, 감상자가 그림 속 아름다운 궁중 여인의 자태를 보면서 느끼는 관음증적 쾌락도 무시할 수는 없다. Julia Murry, "The Admonitions Scroll and Didactic Image of Women in Early China," *Orientations* 32(6), 2001, pp. 35~40; 조인수, 「중국 그림 속의 아름다운 인물」, 『가인, 동양미술 속의 아름다운 사람들』, 이화여자대학교박물관, 2011, 141~150쪽 재인용.

20 "秀色可殫千載佳話"는 이상적(李尙迪)이 《건곤일회첩(乾坤一會帖)》에 쓴 발문이다. 仁孝文皇后, 『內訓』, 제3愼言; 이숙인 역주, 앞의 책, 2003, 129쪽 재인용.

21 숙종 1년(1675) 4월 1일조와 영조 51년(1775) 11월 30일조 등에서 '미인'은 아름다운 여성을 뜻하는 용어로 사용되었으며, '가인'은 태조 6년(1397) 3월 8일조와 광해군 14년(1622) 6월 22일조에서 '아름다운 여인'이라는 의미로 사용되기도 했다. 이외에도 아름다운 여성을 일컫는 어휘로는 국색(國色), 국향(國香), 미색(美色), 미희(美姬), 요화(妖花), 일녀(一女), 일색(一色), 절색(絶色), 천녀(天女), 화중화(花中花) 등이 있으며, 절대가인(絶代佳人)과 절대화용(絶代花容), 만고절색(萬古絶色), 우혜우혜(虞兮虞兮), 만년장가(萬年長佳), 빙자옥질(氷資玉質), 해어지화(解語之花), 선자옥질(仙姿玉質), 설부화용(雪膚花容), 천향국색(天香國色) 등 다양하다.

22 홍선표, 앞의 논문, 2004, 40쪽.
23 『시경』「소남(召南)」편 「하피농의(何彼襛矣)」에는 '복사꽃'과 '오얏꽃'의 비유가 등장하며, 고황(顧況)의 「비가(悲歌)」에서도 미인의 얼굴을 꽃과 같다고 표현했다. "何彼襛矣, 華如桃李"『詩經』, 「召南」, 「何彼襛矣」 "美人二八顏如花, 泣向春風畏花落" 顧況, 「悲歌」.
24 홍선표, 앞의 논문, 2004, 42쪽.
25 "手如柔荑 膚如凝脂 領如蝤蠐 齒如瓠犀 螓首蛾眉 巧笑倩兮 美目盼兮"『詩經』, 「衛風」, 「碩人」.
26 "瑰姿瑋態, 不可勝贊. 其始來也, 耀乎若白日初出照屋樑. 其少進也, 皎若明月舒其光. 須臾之間, 美貌橫生. 曄兮如華, 溫乎如瑩. 五色並馳, 不可殫形. 詳而視之, 奪人目精" 장징 지음, 이목 옮김, 『미녀란 무엇인가』, 뿌리와이파리, 2004, 164~165쪽 재인용.
27 "口不能言, 有數存焉於其間"『莊子』外篇 「天道」 九章; "道可道, 非常道"『道德經』第一章; 장파 지음, 유중하 옮김, 앞의 책, 1999, 67, 75쪽.
28 서거정, 『사가집(四佳集)』, 「보유(補遺)」권1, 「제행화미인도(題杏花美人圖)」; 홍선표, 앞의 논문, 2004, 41쪽 재인용.
29 "桃花猶是賤 梨花太如霜 停勻脂與粉 儂作杏花粧".
30 "周穆王時 西極之國有化人來 穆王乃爲之改築 簡鄭衛之處子娥媌靡曼者 施芳澤 正蛾眉 設笄珥 衣阿錫 曳齊紈 粉白黛黑 佩玉環." 열어구 지음, 임동석 역주, 『열자』, 동서문화사, 2009, 154~158쪽.
31 "盤礡胸中萬化春 筆端能與 物傳神".
32 孫紹遠, 『聲畵集』卷2, 「美人」; 盧輔聖, 『中國書畵全書』2, 上海書畵出版社, 1993, 376~377쪽; 홍선표, 앞의 논문, 2004, 34~35쪽 재인용. 사녀화와 더불어 그림을 감상한 사람의 인상을 적은 제화시도 발달했는데, 당송(唐宋) 시대 제화시를 모은 『성화집(聲畵集)』(1187)에는 '미인'이라는 항목 아래 모두 14제(題) 17수(首)의 사녀화 제화시가 수록되었고, 청

(淸) 강희(康熙) 연간에 편찬된 『어정역대제화시류(御定歷代題畫詩類)』에는 총 세 권 분량의 제화시가 수록되었다. 제화시는 미인상이 구현한 구체적 미인관뿐만 아니라 미인화를 바라보는 문인들의 감상 태도와 미인에 관한 인식을 보여 준다. 강경희, 「명대 여성작가의 미인도 제화시 연구: 미인도를 바라보는 또 하나의 시각」, 『중국어문학지』39, 2012, 70쪽.

33 홍선표, 앞의 논문, 2004, 37~39쪽.
34 홍선표, 『조선 회화』, 한국미술연구소, 2014, 320쪽.
35 이덕무, 『사소절』, 「부의」.
36 "削衿之衫, 撑幅之帬, 服妖也" 이덕무, 『사소절』, 「부의」; 강명관, 『그림으로 읽는 조선 여성의 역사』, 휴머니스트, 2012, 259쪽 재인용.
37 이덕무, 『사소절』, 「부의」.
38 『영조실록』권101, 영조 39년(1763) 5월 6일.
39 『세종실록』권93, 세종 23년(1441) 9월 29일.
40 신용개(申用漑), '문성부원군유공묘지명(文城府院君柳公墓誌銘)', 『이요정집(二樂亭集)』; 강명관, 앞의 책, 2012, 69쪽 재인용.
41 성현, 『허백당집』, 「제여인도후」.
42 이식(李植), 『택당집(澤堂集)』권9, 「구십주여협도발(仇十洲女俠圖跋)」; 강명관, 앞의 책, 2012, 77쪽 재인용.
43 "牝鷄無晨 牝鷄之晨 惟家之索" 『서경(書經)』, 「주서(周書)」, 「목서(牧誓)」.
44 장징 지음, 이목 옮김, 앞의 책, 2004, 77~78쪽.
45 주42와 같음.
46 허균, 『성소부부고(惺所覆瓿藁)』권13, 「제이징화첩후(題李澄畫帖後)」; 서직수, 『십우헌집초(十友軒集抄)』 "美人圖拈韻 含嬌含態雲爲雨 夜夜陽臺夢幾思"; 고연희, 「미인도의 감상코드」, 『대동문화연구』58, 2007, 322, 329쪽.
47 송시열(宋時烈), 『우암계자손훈(尤菴械子孫訓)』; 국사편찬위원회 엮음,

48 이상좌(李上佐)가 기녀 상림춘(上林春)의 요청으로 산수인물도를 제작한 예와 신한평(申漢枰)이 김광국(金光國)의 부탁으로 미녀도(美女圖)를 그린 예 등이 있다. 또한 신미사행(1811)의 사자관이었던 피종정(皮宗鼎)이 일본에 선물로 가져간 신윤복의 〈기마절류도(騎馬折柳圖)〉와 〈서원아집도(西園雅集圖)〉, 〈당현종상마도(唐玄宗賞馬圖)〉 등을 통해 신윤복도 다른 화원 화가들처럼 주문을 받아 그림을 제작했음을 알 수 있다. 임미현, 『조선 후기 미인도 연구』, 숙명여자대학교 박사학위 논문, 2018, 121~122쪽; 신선영, 「일제강점기 신윤복 풍속화의 부상과 재평가」, 『미술사학연구』301, 2019, 78쪽.

49 신윤복의 〈미인도〉가 대중에게 공개되고 재평가된 역사를 정리한 글로는 김지혜, 「신윤복 〈미인도〉의 부상」, 『대동문화연구』109, 2020 참조.

50 北澤憲昭, 『眼の神殿-"美術"受容史ノート』(美術出版社, 1989); 佐藤道信, 『〈日本美術〉誕生-近代日本の'ことば'と 戰略』, 講談社, 1996; 홍선표, 「한국미술사에서의 근대와 근대성」, 『동아시아 미술의 근대와 근대성』, 학고재, 2009, 414쪽. 어원의 의미처럼 '미술'은 실리를 추구하는 산업 분야이면서 동시에 심미적 활동이기도 했다. 이러한 이중성은 일본 안에서도 논쟁의 대상이었으며 1900년대 조선에서도 뚜렷하게 인식되지 못했다. 권보드래, 『한국 근대소설의 기원』, 소명출판, 2012, 68쪽.

51 홍선표, 위의 글, 2009, 51~52쪽, 300~301쪽 재인용. '예술'이라는 말은 『후한서(後漢書)』에 처음 등장하며, 「효안제기(孝安帝記)」에는 유진(劉珍) 및 오경박사(五經博士)를 시켜 동관오경(東觀五經) 및 제자(諸子), 전기(傳記), 백가예술(百家藝術)을 교정하게 했다는 기사가 나오는데, 여기서 예(藝)란 서(書), 수(數), 사(射), 어(御)를, 술(術)은 의(醫), 방(方), 복(卜), 서(筮)를 가리키는 용어였다. 근대에 번역된 '미술'을 오늘날의 '예술'에 가깝게 사용했던 것은 동아시아에서 모두 공통적으로 일어난 현

상이었다. 니시 아마네는 『미묘학설(美妙學說)』(1877)을 통해 "서양에서 지금 미술로 꼽는 것은 화학(畵學), 조상술(造像術), 조각술, 공장술(工匠術)"이라고 하면서도 "시가, 산문, 음악 또 한자 서예도 이 종류로 모두 미묘학의 원리에 적당한 것이며, 또한 연장한다면 무악(舞樂), 연극의 종류에까지 미친다"라고 하여 '미술'이라는 말로 미술과 음악, 문학, 무용, 연극 등 예술 활동 대부분을 망라했다. 중국의 캉유웨이(康有爲) 역시 『일본서목지(日本書目志)』(1897)에서 일본 서적을 소개하면서 미술 항목으로 미술과 회화, 서화는 물론이고 음악, 연극, 체조, 유희에 점서, 관상 등의 항목까지 두루 포함했다. 권보드래, 위의 책, 2012, 61~64쪽.

52 사토 도신 지음, 연구공간 수유+너머 '일본 근대와 젠더 세미나팀' 옮김, 「'일본미술'이라는 제도」, 『근대 지의 성립』, 소명출판, 2011, 80~81쪽.

53 다카야마 린지로(高山林次郎)의 『근세미학(近世美學)』(1895)이 출간되고, 1899년 문학부에 '미학' 강좌가 개설되어 오쓰카 야스지(大塚保治)가 강의를 맡으로써 일본 학계에 '미학'이라는 학명이 일반화되었다. 김문환, 「한국근대미학의 전사」, 『한국학연구』4, 1992, 343~349쪽.

54 일본은 개화 과정에서 서구 문화와 접경지대에 있었으므로 이를 직접적으로 받아들여 번역하고 조어하며 예술 용어를 성립했다. 그러나 조선은 개화 이래 한동안 일본을 발전 모델로 받아들임으로써 이러한 역사적 경험을 하지 못했다. 또한 식민지로 전락한 조선에서는 일본이 성립한 용어들이 때로는 식민 지배 이데올로기에 기반한 식민 정책학에 의해 조작적으로 고착되기도 했다. 이인범, 「예술용어와 예술현장: 한국 근·현대 예술의 기원과 성격」, 『미학·예술학연구』20, 2004, 13쪽.

55 현현생, 「천국과 인세(人世)의 귀일(歸一)」, 『태극학보』16, 1907; 홍선표, 앞의 글, 2009, 51쪽.

56 「미술장명(美術將明)」, 『대한매일신보』, 1907년 7월 10일. 조선에 전해진 '미술' 역시 일본의 예와 마찬가지로 예술과 미술의 개념이 혼용된 채

사용되었는데, "미술, 조각, 회화"라는 식으로 시각 예술을 드는 가운데 사용되는가 하면 "서화금가(書畵琴歌)"가 모두 미술의 지류라는 포괄적 용법으로 쓰이기도 했다. 「만국역사(萬國歷史)」, 『대한매일신보』, 1905년 9월 1일; 변영주, 「대화수문록(大和隨聞錄)」, 『대한유학생회학보』2, 1907; 권보드래, 앞의 책, 2012, 62, 65쪽 재인용.

57 "第八編 敎育史 (第卅八章) 第五章 下敎育令. 於此敎育界에 曼有一事之可大書者하니 則美育이 是也라." 「일본유신30년사」, 『황성신문』, 1906년 12월 25일.

58 홍선표, 앞의 글, 2009, 35~36쪽.

59 학부편집국, 『신정심상소학』, 1896; 홍선표, 앞의 글, 2009, 37쪽 재인용.

60 이효덕 지음, 박성관 옮김, 『표상 공간의 근대』, 소명출판, 2002, 190~199쪽.

61 김성희, 「교육설」, 『대한자강회월보』5, 1906; 한창우, 「농상공의 필요」, 『기호흥학회월보』12, 1909; 정영택, 「교육의 목적」, 『기호흥학회월보』1, 1908; 홍선표, 앞의 글, 2009, 53쪽 재인용. 안곽, 「조선의 미술」, 『학지광』5, 1915.

62 이광수, 「동경잡신: 문부성미술전람회기」, 『매일신보』 1916년 10월 28일; 최남선, 「예술과 근면」, 『청춘』 11, 1917; 윤세진, 「소년에서 청춘까지, 근대적 지식의 스펙터클」, 『'소년'과 '청춘'의 창: 잡지를 통해 본 근대 초기의 일상성』, 이화여자대학교출판부, 2007, 24~25쪽.

63 한긔자, 「현대문명이 요구하는 미인」, 『부인』1(6), 1922.

64 채경은 경성 태생으로 11세에 양금과 승무, 검무에 능통하고, 12세부터는 놀음에 나가 이름을 알렸으며, 이 밖에도 거문고와 시조 등 잡가에도 능한 명창이라고 했다. 외모에 관해서는 "동탕한 얼굴이요, 가는 허리는 바람이 오히려 겁날지라"라고 언급되었다. 「예단일백인(15): 채경」, 『매일신보』 1914년 2월 15일.

65 『조선미인보감은』 당시 경성신문사 사장이었던 아오야나기 고타로(靑柳綱太郞)가 제작했다. 인쇄자 심우택(沈禹澤), 인쇄소는 성문사(誠文社)로, 조선연구회(朝鮮硏究會)와 신구서림(新舊書林)이 공동으로 발행했다. 조선연구회 엮음, 『조선미인보감』, 민속원, 2007, 5~17쪽.
66 「예단일백인」, 『매일신보』 1914년 1월 20일.
67 「예단일백인」이 연재된 다음 해인 1915년에 흥행을 목적으로 기생들을 대대적으로 동원한 시정 5주년 기념 공진회가 기획됨에 따라 이 특집은 그에 앞서 기생에 관한 대중적 관심과 인지도를 높이는 기회가 되었다. 이경민, 『기생은 어떻게 만들어졌는가』, 사진아카이브연구소, 2005, 21~23쪽.
68 『신문계(新聞界)』30, 1915. "妙艷是眉目이오 平圓是面貌요 溫存其性이오 慇懃其情이오 紅粧은 乍露短憺花로다 梅也似百花頭上開하니 琴韵은 一定是最善의오 綏歌慢舞春從春하니 一春外春更有라 人不老花長在로다." 조선연구회 엮음, 『조선미인보감』, 2007.
69 김수진, 「한국 근대 여성 육체 이미지 연구: 1910~30년대 인쇄미술을 중심으로」, 이화여자대학교 석사학위 논문, 2014, 21~22쪽.
70 「미인명첩교환경쟁」, 『매일신보』, 1915년 10월 26일. 이 밖에도 기생을 대상으로 기획된 행사로는 29일 밤의 미인대(美人隊)의 제등대경주(提燈大競走) 대회와, 30일의 기생대운동회로, 운동회 종목은 '공 맞추기'와 '바늘 꽂기', '술래잡기' 등이었으며, 폐막식 때는 기생들이 '줄다리기'를 했다고 한다. 「30일의 가정박람회, 기생대운동회」, 『매일신보』 1915년 10월 30일; 이경민, 앞의 책, 2005, 150~154쪽.
71 「개성미인투표수상」, 『매일신보』 1921년 7월 22일; 「조선인측상점의 경품부대매출 변장미인대(變裝美人隊)로 대선전」, 『매일신보』 1925년 10월 12일; 「변장미인탐색으로 혼잡을 극한 종로통」, 『매일신보』 1925년 10월 27일; 「미인투표 독자위안」, 『동아일보』 1926년 1월 28일; 「미

인현상투표」,『조선일보』1926년 2월 13일.

72 「소년 남자가」,『대한매일신보』1909년 7월 24일.

73 유길준,『서유견문』제14편 「개화의 등급」, 1895; 「재미있는 문답」,『독립신문』1899년 6월 20일.

74 「논설」,『독립신문』1897년 6월 24일.

75 전완길,『한국 화장 문화사』, 열화당, 1987, 58~61쪽.

76 김경미, 「식민지 문학의 여성 얼굴성 연구: 1920~30년대 여성화장 담론을 중심으로」, 성균관대학교 석사학위 논문, 2009, 3쪽.

77 구라부 백분(クラブ白粉) 광고,『매일신보』1923년 3월 8일.

78 미활석감 광고,『매일신보』1930년 6월 12일.

79 호카백분(ホーカ-白粉) 광고,『매일신보』1921년 5월 28일.

80 울금향, 「당세여학생독본」,『신여성』7(10), 1933.

81 장 보드리야르 지음, 이상률 옮김,『소비의 사회』, 문예출판사, 2004, 53쪽.

82 한양상회 광고,『매일신보』1910년 9월 10일.

83 Yamada Ayao, "Kesshohin Kokoku to sono jijin-e," *Kokokukai* 7(1), 1930; 존 클락 지음, 이상우·최승연·이수현 옮김, 「근대성의 색인들」,『제국의 수도, 모더니티를 만나다: 다이쇼 데모크라시에서 쇼와 모더니즘까지』, 소명출판, 2012, 51쪽 재인용.

84 미안백분 광고,『매일신보』1924년 4월 20일.

85 호카액 광고,『매일신보』1919년 10월 3일; 호카백분 광고,『매일신보』1919년 10월 17일.

86 藤波芙蓉,『新式化粧法』, 博文館, 1910; 무라사와 히로토 지음, 송태욱 옮김, 앞의 책, 2010, 178~179쪽 재인용.

87 구라부 백분 광고,『매일신보』1919년 8월 13일. '美人'으로 표기되던 문구는 미인 도안[구라부 화장품,『매일신보』1919년 9월 13일]과 사진

[구라부미신대현상(クラブ美身大懸賞), 『매일신보』 1933년 10월 4일] 등으로 교체되며 반복해서 재생산되었다.
88　장 보드리야르 지음, 이상률 옮김, 앞의 책, 2004, 189쪽.
89　차청오, 「내가 남자엿드면, 내가 여자엿드면: 요모저모로 쓸모 잇는 여자가 되리라」, 『별건곤』 10, 1927.
90　성학박사, 「양성미의 해부」, 『신여성』 3(11), 1925.
91　한긔자, 앞의 글, 1922.
92　「미인 제조 교과서」, 『신여성』 5(1), 1931.
93　한영창, 「부인화장선택에 대하여」, 『신여성』 5(3), 1931.
94　이돈화, 「교외별전」, 『개벽』 53, 1924.
95　「사형이냐 무죄냐, 김정필의 공판은 십일에 열려, 그날은 방청권까지 사용할 터」, 『시대일보』 1924년 10월 3일.
96　홍종인, 「미인과 그 심성」, 『여성』 1(3), 1936.
97　오류촌거사, 「법정에 선 독살미인 김정필」, 『삼천리』 6, 1930.
98　이서구, 「엉터리 업시 만들어 내는 신문 기자의 미인제조비술」, 『별건곤』 15, 1928; 「일시 소문 높던 여성의 최근 소식: 일세를 흔동한 김정필」, 『조선일보』 1928년 1월 7일.
99　홍종인, 앞의 글, 1936; 「미인과 의상미」, 『여성』 1(6), 1936.
100　「가을의 화장법」, 『여성』 4(11), 1939.
101　이태준·박순천, 「현대여성의 고민을 말한다」, 『여성』 5(8), 1940.
102　이서구, 앞의 글, 1928.
103　「응접실」, 『동아일보』 1929년 10월 6일.
104　「여성의 매력」, 『여성』 3(10), 1938.
105　금학향유 광고, 『조선일보』 1934년 2월 5일.
106　우테나바니싱크림(ウテナ雪印クリーム) 광고, 『동아일보』 1932년 5월 30일.

2. 미인 조건

1 김옥균은 『치도약론』(1883)에서 위생의 개념과 중요성을 설파하며, 거리 청결에 관한 감시와 처벌을 순검에게 맡길 것을 주장했고, 박영효는 1883년 최초로 치도 사업을 실시하고 갑오개혁 이후 경찰 업무에 위생 경찰 사무를 정착하게 했다. 1906년 통감부가 설치된 이후 조선의 위생 경찰은 사실상 무력해지며, 1909년 '경찰권 이양' 후 일본의 위생 경찰이 이를 대체했다. 이영아, 『육체의 탄생: 몸, 그 안에 새겨진 근대의 자국』, 민음사, 2008, 72쪽; 유길준, 『서유견문』제11편 양생규칙, 1895; 신규환, 『질병의 사회사』, 살림출판사, 2006.
2 이승원·오선민·정여울, 『국민국가의 정치적 상상력』, 소명출판, 2003, 44쪽.
3 「외국 통신」, 『독립신문』, 1897년 4월 6일.
4 박성진, 『한말-일제하 사회진화론 연구』, 한국정신문화연구원 박사학위 논문, 1998, 18~20쪽.
5 해운자, 「진보하라 동포여」, 『대한매일신보』 1908년 9월 27일; 이영아, 앞의 책, 2008, 37~40쪽.
6 「논설」, 『독립신문』 1897년 6월 24일; 1897년 10월 16일.
7 「논설」, 『독립신문』 1896년 5월 2일; 권보드래, 앞의 책, 2012, 52~53쪽.
8 「논설」, 『독립신문』 1896년 11월 7일.
9 『통감부문서』권1, 1906년 7월 12일; 김려실, 『투사하는 제국 투영하는 식민지: 1901~1945년의 한국영화사를 되짚다』, 삼인, 2006, 67쪽 재인용. 조선에 관한 총독부의 시책에서도 위생은 근대적 가치로 개념이 규정되는 한편 식민지 정책의 시혜로 선전되었다. 위생과 의료에 관한 이토 히로부미의 관점은 국가가 개인에 우선한다는 국가 유기체설에서 비롯된 것으로, 위생은 국가적 기획이자 국가 발전의 척도로 간주되었다.

10 일본 메이지 정부는 '국체'를 굳건히 확립하기 위해 "전 세계로부터 지식을 추구"했으며, 이때 구미에 파견한 이와쿠라 사절단의 나가요 센사이(長與專齋)가 위생 개념을 도입했다. 일본 내 서양 의학의 선구자이며, 메이지 정부 내무성의 초대 위생국장을 지낸 나가요는 독일어인 'Gesundheit pflege'를 일본어 '위생(衛生)'으로 번역했는데, 이 단어는 문자 그대로 '생명을 지킨다'는 의미로, 고대 중국 장자의 「경상초편(庚桑楚篇)」에 등장하는 구문을 차용한 것이었다. 이영아, 앞의 책, 2008, 72쪽. 일본을 통해 위생이라는 개념을 수입한 조선에서도 처음에는 건강과 삶을 지키기 위한 모든 행위를 위생의 범주에 포함했다.
11 「위생문답」, 『태극학보』 5, 1906; 이영아, 앞의 책, 2008, 74쪽 재인용.
12 「위생: 위생의 근원은 만복의 성취」, 『가정잡지』 4, 1906; 이영아, 앞의 책, 2008, 74쪽 재인용.
13 「논설」, 『독립신문』 1896년 5월 19일; 고미숙, 『위생의 시대: 병리학과 근대적 신체의 탄생』, 북드라망, 2014, 88~93쪽.
14 「교육입국조서(教育立國詔書)」 1895년 2월 2일.
15 「기서(寄書)」, 『대한매일신보』 1908년 3월 25일; 권보드래, 앞의 책, 2012, 45쪽 재인용.
16 유은생·강병옥, 「위생」, 『태극학보』 1, 1906; 「심리문답」, 『소년한반도』 1, 1906; 이영아, 앞의 책, 2008, 70~87쪽 재인용.
17 이영아, 앞의 책, 2008, 84쪽.
18 문일평, 「체육론」, 『태극학보』 21, 1908.
19 「대영국학사 록 씨의 교육의견」, 『대한매일신보』 1906년 1월 5일; 권보드래, 앞의 책, 2012, 47~48쪽 재인용.
20 「서호문답」, 『대한매일신보』 1908년 3월 12일.
21 「덕육과 지육과 톄육 즁에 톄육이 최긴홈」, 『대한매일신보』 1908년 2월 11일; 류근수, 「체육을 의론함」, 『대한매일신보』 1909년 2월 5일; 이승

원·오선민·정여울, 앞의 책, 2003, 80~81쪽 재인용.

22 「위생설: 운동 및 수면」, 『소년한반도』3, 1907; 이영아, 앞의 책, 2008, 108쪽 재인용.

23 『만세보』1906년 7월 18일.

24 유길준, 「여자 대접하는 예모」, 『서유견문』, 1895; 이영아, 앞의 책, 2008, 137~138쪽 재인용.

25 宋若昭, 『女論語』第1 立身, 第3 學禮; 국사편찬위원회 엮음, 앞의 책, 2011, 249쪽 재인용.

26 '신남성'이라는 용어는 근대를 통틀어 『동아일보』 기사에도 세 번밖에 등장하지 않는다.

27 신여성의 출현은 본래 영국 빅토리아 후기에 시작해 전 세계로 확산한 세계적 현상이었다. 신여성은 중등 교육이나 고등 교육을 받은 초기 세대로, 새로운 가치와 태도를 추구하는 존재를 뜻했다. '신여성'은 경제적 독립을 추구하고 기존의 결혼 제도에 문제를 제기하며 자신의 의지를 적극적으로 표현한 진취적 집단을 가리킨다. 김수진, 『1920~30년대 신여성담론과 상징의 구성』, 서울대학교 박사학위 논문, 2005, 39쪽.

28 팔봉산인, 「소위 신여성 내음새」, 『신여성』2(6), 1924.

29 「우리 신여자의 요구와 주장」, 『신여자』2, 1920.

30 소춘, 「요때의 조선 신여자」, 『신여성』1(2), 1923; 소춘, 「당신들은 신여자 중의 신여자: 요때의 조선 신여자」, 『신여성』2(3), 1924; 김경재, 「여학생 여러분에게 고하노라: 특히 생활운동에 착안하라」, 『신여성』4(4), 1926. 이케다 시노부 지음, 김혜신 옮김, 「식민지 '조선'과 제국 '일본'의 여성표상」, 『확장하는 모더니티: 1920~30년대 근대 일본의 문화사』, 소명출판, 2007, 282~283쪽.

31 일본의 신여성 운동은 메이지 시대의 여성 교육 이념인 '양처현모'에 대한 도전이자 참정권 등 정치적 권리를 쟁취하고자 한 여성 운동으로, 서

구의 영향을 받아 정치 사회적 권리를 주장하는 페미니즘 운동을 전개했다. 최현주, 「일본 근대 여성의 신여성론 연구: 1910년대를 중심으로」, 서강대학교 석사학위 논문, 1998, 6쪽.

32　김경일, 『여성의 근대, 근대의 여성』, 푸른역사, 2004, 33~36쪽.

33　청해백, 「남녀의 동등론」, 『여자지남』1, 1908; 박용옥, 『한국 여성 근대화의 역사적 맥락』, 지식산업사, 2001, 277~298쪽; 서지영, 『경성의 모던걸』, 여이연, 2013, 94쪽.

34　「논설」, 『독립신문』 1896년 4월 7일; 5월 12일.

35　엄미옥, 『여학생, 근대를 만나다』, 역락, 2011, 41쪽. 1908년 이전에도 1886년 미국인 선교사가 조선 최초의 여성 교육 기관인 이화학당을 창설한 이래, 1889년 정신학교, 1898년 배화학교, 1903년에는 숭의여학교가 설립되고, 1906년에는 사립 민간 교육 기관인 진명학교와 숙명여학교가 세워졌다.

36　산운, 「여자 교육의 필요」, 『여자지남』1, 1908.

37　엄미옥, 앞의 책, 2011, 44쪽.

38　김경일, 앞의 책, 2004, 273~290쪽.

39　박정애, 「초기 '신여성'의 사회진출과 여성교육」, 『여성과 사회』11, 창작과비평사, 2000, 16쪽.

40　김경일, 앞의 책, 2004, 281, 283쪽, 표2, 3 참조.

41　조선총독부에서 집계한 1930년도 여성 문맹률은 92.04퍼센트(남성 63.92퍼센트)에 달했다. 박정우, 「일제하 언어민족주의: 식민지 시기 문맹 퇴치 한글보급운동을 중심으로」, 서울대학교 석사학위 논문, 2001, 14쪽 표2 참조.

42　유중교, 『성재집(省齋集)』권34; 이영아, 『예쁜 여자 만들기』, 푸른역사, 2011, 60쪽 재인용.

43　「논설」, 『만세보』 1906년 11월 23일; 「부인의 개명진취」, 『매일신보』

1912년 5월 14일.

44 김원주,「부인 의복 개량에 대하야 한 가지 의견을 드리나이다(1)」,『동아일보』1921년 9월 10일.

45 『제국신문』1907년 6월 19일; 9월 11일.

46 안석주,「의복 문제: 미관상으로 보아서」,『신여성』2(11), 1924; 유팔극,「여자 의복 개량 문제에 대하야: 반듯이 곳칠 것이 여러 가지」,『신여성』2(11), 1924.

47 김일엽,「의복과 미감」,『신여성』2(11), 1924.

48 이화교장미국인 아편설라,「이, 멧가지만 곳쳤스면! 입는 이들의 생각할 멧 가지」,『신여성』2(11), 1924.

49 유수경,『한국여성양장변천사』, 1990, 150쪽.

50 「오래 살랴면 짜른 치마 닙으라고」,『동아일보』1928년 10월 3일.

51 세창양화점 광고,『동아일보』1921년 10월 19일; 학우양화점 광고,『신여성』4(5), 1926.

52 「조선 여자의 십 년간 의복, 속발, 화장의 변화」,『동아일보』1929년 1월 1일.

53 나도향,「환희」,『동아일보』1922년 11월 23일.

54 「팔백만의 단발미인」,『매일신보』1925년 11월 8일.

55 장발산인,「단발여보」,『별건곤』9, 1927.

56 신현규,『기생, 조선을 사로잡다: 일제 강점기 연예인이 된 기생 이야기』, 어문학사, 2010, 107~113쪽.

57 장발산인, 앞의 글, 1927.

58 허정숙,「나의 단발과 단발 전후」,『신여성』3(10), 1925; 김활란,「남녀토론: 여자 단발이 가한가 부한가」,『별건곤』18, 1929.

59 옥호서림 광고,『대한매일신보』1909년 9월 3일. 깁슨 걸은 미국의 삽화가 찰스 데이나 깁슨(Charles Dana Gibson)이 그린 1890년대에 유행한

의상 스타일의 여성상으로, 당시 미국 패션 걸의 전형이 되었다.
60 조중환 지음, 박진영 엮음, 『장한몽』, 현실문화연구, 2007, 486쪽; 「단장록」, 『매일신보』 1914년 1월 11일.
61 「단발낭(1)」, 『동아일보』 1922년 6월 22일; 장발산인, 앞의 글, 1927.
62 복면자, 「경성 명물녀 단발낭 미행기: 아모리 숨기랴도 나타나는 이면」, 『별건곤』2, 1926.
63 「여학생제복과 교표문제」, 『신여성』1(2), 1923.
64 「창조성의 마비」, 『동아일보』 1923년 12월 9일.
65 송작생, 「변장기자암야탐사기」, 『별건곤』3, 1927; 최혜실, 『신여성들은 무엇을 꿈꾸었는가』, 생각의나무, 2000, 189쪽 재인용.
66 「창간사」, 『신여자』1, 1920.
67 「신구충돌의 대비극: 혼인애화 '희생된 처녀'」, 『신여자』1, 1920; 「처녀의 가는 길」, 『신여자』1, 1920; 「어느 소녀의 사(死)」, 『신여자』2, 1920; 엄미옥, 앞의 책, 2011, 134~135쪽.
68 최초의 근대적 개혁인 갑오개혁(1894) 이후 발의된 의안에는 "남자 20세, 여자 16세 이상을 결혼하도록 한다"라고 규정했으나 결혼과 관련된 법률이 일상에 정착하는 데 이러한 법 규칙만으로는 부족했다. 이 금령이 일상의 혼속 변화를 끌어내지 못하자 1907년 8월 15일 순종은 다시 '조혼 금지와 혼인이 가능한 연령에 대한 범위'에 관한 조칙을 내어, "금래에 일찍 혼인하는 폐가 국민의 병원이 막심한 고로 연전에 금령을 선포하였으며 지금까지 실시치 못하였으니 (중략) 남자의 나이 만 17세와 여자의 나이 만 15세 이상으로 비로소 가취하되 각별히 준행하여 어김이 없게" 할 것을 제도화했다. 고미숙, 『연애의 시대: 근대적 여성성과 사랑의 탄생』, 북드라망, 2014, 31~31쪽.
69 『대한매일신보』 1907년 12월 11일; 이승원·오선민·정여울, 앞의 책, 2003, 49쪽 재인용.

70 「논설」,『독립신문』1896년 6월 6일.

71 일본에서 '연애(戀愛)'라는 번역어의 최초 용례는 나카무라 마사나오(中村正直)의『서국입지편(西國立志編)』(1870~1871)으로 전한다. 柳父章,『飜譯語成立事情』, 岩波新書, 1982, 95쪽; 류종렬·남부진·이태숙·정혜영,「근대의 성립과 연애의 발견」,『한국문학논총』43, 2006, 144쪽 재인용; 유억겸 외,「연애, 결혼, 이혼문제 좌담회」,『신동아』5(5), 1935; 이훈구,「연애결혼론」,『여성』3(12), 1938.

72 嚴本善治,「婦人の地位」,『女學雜誌』2, 1885; 류종렬·남부진·이태숙·정혜영, 위의 논문, 2006, 145쪽 재인용.

73 김지영,『연애라는 표상』, 소명출판, 2007, 289쪽.

74 권보드래,『연애의 시대』, 현실문화연구, 2003, 12쪽; 김지영, 위의 책, 2007, 42~54쪽.

75 조중환,「쌍옥루」,『매일신보』1912년 7월 20일.

76 조중환,「장한몽」,『매일신보』1913년 5월 21일.

77 이광수,「혼인에 대한 관견」,『학지광』12, 1917.

78 이광수,「재생」,『동아일보』1925년 7월 31일.

79 이광수,「재생」,『동아일보』1924년 12월 30일.

80 서지영,「계약과 실험, 충돌과 모순: 1920~30년대 연애의 장」,『여성문학연구』19, 2008, 141쪽.

81 이광수,「재생」,『동아일보』1924년 11월 9일.

82 주 81과 같음.

83 이광수, 앞의 글, 1917.

84 최상현,「연애의 의의」,『조선문단』10, 1925; 김지영, 앞의 책, 2007, 66~67쪽 재인용.

85 염상섭,「너희들은 무엇을 어덧느냐」,『동아일보』1923년 9월 17일.

86 양백화,「현대의 남자는 엇더한 여자를 요구하는가」,『신여자』1, 1920.

87　김동환,「미인 내가 조케 생각하는 여자: 잘 웃고 잘 우는 여성」,『별건곤』19, 1929.

88　이성환,「지상토론 현하 조선에서의 주부로는 여교출신이 나흔가 구여자가 나흔가」,『별건곤』16·17, 1928.

89　「새로 류행하는 양식화장」,『조선일보』1925년 3월 29일; 유소제,「삼분간에 될 수 잇는 녀학생 화장법」,『신여성』5(4), 1931.

90　방인근,「어머니」,『조선문단』1, 1924; 김지영, 앞의 책, 2007, 196~197쪽 재인용.

91　샌드라 리 바트키 지음, 윤효녕 옮김,「푸코, 여성성, 가부장적 권력의 근대화」, 케티 콘보이·나디아 메디나·사라 스탠베리 엮음,『여성의 몸, 어떻게 읽을 것인가?』, 한울, 2001, 223쪽.

92　무명초,「생명을 좌우하는 유행의 마력」,『신여성』5(10), 1931.

93　박노아,「십년후 유행」,『별건곤』25, 1930.

94　권구현,「새해에 올 유행 중의 한가지: 신유행 예상기」,『별건곤』11, 1928.

95　윤성상,「유행에 나타난 현대여성」,『여성』2(1), 1937.

96　이덕무,「청장관전서(靑莊館全書)」권30,「사소절」권6「부의」1 '복식'; 국사편찬위원회 엮음, 앞의 책, 2011, 244쪽 재인용.

97　서강백,「진실한 여성미는 이러타」,『여인』1(1), 1932.

98　차영수,「삼십사년 유행타령」,『신가정』2(12), 1934.

99　임정혁,「여자유행계의 일년」,『신가정』1(12), 1933.

100　안석주, 앞의 글, 1924.

101　김일엽, 앞의 글, 1924.

102　홍양명,「유행제안: 횡대행렬」,『여성』1(1), 1936.

103　「유행계를 찾어서(상) 유행은 누가 지어내나?」,『동아일보』1937년 6월 3일.

104 김기림, 「도시풍경 12(상)」, 『조선일보』 1931년 2월 21일.

105 가시마 시게루 지음, 장석봉 옮김, 『백화점의 탄생: 봉 마르셰 백화점, 욕망을 진열하다』, 뿌리와이파리, 2006.

106 함윤성, 「시대상: 촌언철어」, 『실생활』1(1), 1931.

107 김기림, 「봄의 전령: 북행열차를 타고」, 『조선일보』 1933년 2월 22일.

108 김춘희, 「봄을 실고오는 유행품들」, 『여성』2(4), 1937.

109 김기림, 「그 봄의 전리품」, 『조선일보』 1935년 3월 18일.

110 임인생, 「모던이즘」, 『별건곤』25, 1930.

111 北澤秀一, 「モダンガールの表現」, 『女性改造』第2卷第4号, 1923; 「モダーン・ガールの出現」, 『女性』第6卷第2号, 1924.

112 박영희, 「모던껄·모던뽀이 대논평: 유산자사회의 소위 '근대녀', '근대남'의 특징」, 『별건곤』10, 1927.

113 김기진, 「요사히 신여성의 장처(長處)와 단처(短處)」, 『신여성』3(6), 1925.

114 유광열, 「모던껄·모던뽀이 대논평: 모던이란 무엇이냐」, 『별건곤』10, 1927.

115 박영희, 앞의 글, 1927.

116 「말쑥한 신사 숙녀 만들기에 얼마나한 돈이 드냐?」, 『삼천리』7(11), 1935.

117 안석주, 「모껄 제3기, 1932년 모껄시위행렬」, 『조선일보』 1932년 1월 19일.

118 「모던걸의 길어가는 치마」, 『동아일보』 1929년 11월 28일; 「파리 여와 미용」, 『동아일보』 1934년 3월 27일; 「봄의 뉴 패숀 새로 유행하는 스커트」, 『동아일보』 1934년 1월 30일; 「첫 봄의 아라모드」, 『동아일보』 1934년 2월 6일.

119 경기와 동덕은 1930년부터 흰 블라우스에 감색 스커트로 구성된 양장

주 399

교복을 채택했으며, 1931년 숙명 역시 흰 블라우스와 감색 점퍼스커트에 흰 양말, 자주색 리본을 단 흰 모자를 교복으로 지정했다. 덕성과 배화 등 대부분 학교에서 양장 교복을 채택했지만 진명과 이화는 긴 저고리와 짧은 치마인 개량 한복을 계속 착용했다. 「조선유행 여의 감상회」, 『조선일보』 1934년 6월 16일.

120 임정혁, 「개량형 속치마와 속바지: 옷맵시를 돋우려면 속옷부터 개량」, 『여성』 2(8), 1937; 하난공, 「여름에 편한 양장」, 『여성』 5(8), 1940.

121 「만추풍경: 호귀의 출몰」, 『조선일보』 1933년 10월 25일.

122 임정혁, 「봄을 꾸미는 마음」, 『여성』 1(1), 1936; 윤성상, 앞의 글, 1937.

123 탕고도란(タンゴドーラン) 광고, 『신동아』 1935.

124 구라부 백분 광고, 『매일신보』 1921년 12월 6일; 홍종인, 「미인과 의상미」, 『여성』 1(6), 1936.; 이태준·박순천, 앞의 글, 1940.

125 구라부 양급 화장품 광고, 『매일신보』 1935년 9월 4일; 헤치마크림(ヘチマクリーム) 광고, 『매일신보』 1935년 11월 16일.

126 화왕샴푸(花王シャンプー) 광고, 『매일신보』 1934년 5월 31일; 『조선일보』 1934년 6월 29일.

127 「드러오는 돈에서 딱 잘라 저금하고, 흥정에는 외상 말고 맞돈으로, 배척할 것은 파메넨트」, 『조선일보』 1938년 5월 3일.

128 배성용, 「여자의 직업과 그 의의」, 『신여성』 3(45), 1925.

129 신영철, 「현하에 당면한 조선여성의 3대난: 수학, 취직, 결혼 모다가 난관」, 『신여성』 5(10), 1931. 당시 엘리트 전문직 여성은 1퍼센트도 안 되는 규모였으며, 취업한 여성 대다수가 농수산업에 종사했다. 1930년대 여성 취업률은 40퍼센트대에 머물렀는데, 1935년에는 취업한 여성의 91퍼센트 정도가 농수산업에 종사했으며, 근대적 산업 부문에 취업한 여성 비율은 10퍼센트에도 미치지 못했다. 김경일, 앞의 책, 2004, 342~354쪽.

130 이성환, 「부인과 직업전선」, 『신여성』6(3), 1932.
131 「어떠커구 백여야 사진에 잘 나올까」, 『조선일보』1937년 10월 30일.
132 「직업녀성이 될 분은 아러 두서야 합니다」, 『매일신보』1938년 2월 26일.
133 「결혼 시장을 차저서, 백화점의 미인 시장」, 『삼천리』6(5), 1934. 각 백화점의 점원들을 비교하는 기사에서, 동아는 수수한 것이 특징이며, 화신은 인물이 수수해 결혼율이 낮고, 인물로는 부유층을 대상으로 하는 미쓰코시가 가장 좋은데, 이들은 7~8개월 정도 근무하면 곧 결혼해 백화점을 그만둔다고 했다. 이러한 기사는 이들에 관한 대중의 높은 관심을 반영했다고 할 수 있다. 최병택·예지숙, 『경성리포트』, 시공사, 2009, 110~111쪽.
134 서지영, 앞의 책, 2013, 123쪽.
135 최정희, 「데파트 애화: 니나의 세 토막 기억」, 『신여성』5(11), 1931.
136 이선희, 「여인명령」, 『조선일보』1938년 1월 27일; 이선희·김사량, 『월북작가 대표문학 5』, 단음출판사, 1989, 204쪽 재인용.
137 「만혼 타개 좌담회」, 『삼천리』5(12), 1933.
138 「결혼 시장을 차저서, 백화점의 미인 시장」, 『삼천리』6(5), 1934.; 「'데파트껄'의 비애」, 『조선일보』1931년 10월 11일.
139 「도시의 생활 전선」, 『제일선』2(6), 1932; 권창규, 『상품의 시대』, 민음사, 2014, 431~432쪽 재인용.
140 최학송, 「모던껄·모던뽀이 대논평: 데카단의 상징」, 『별건곤』10, 1927.
141 박영희, 앞의 글, 1927.
142 박팔양, 「모던껄·모던뽀이 대논평: 모던뽀이 촌감」, 『별건곤』10, 1927; 성서인, 「모던껄·모던뽀이 대논평: 현대적(모던) 처녀」, 『별건곤』10, 1927; 「근래에 차차 생기는 '모던껄'이란?」, 『조선일보』1927년 3월 31일.

143 안석주, 「가상소견, 모던껄의 장신운동」, 『조선일보』 1928년 2월 5일. 「요새 조선의 7.7 불가사의」, 『별건곤』5, 1927; 양백화, 「여학생과 금시계, 수감수상(隨感隨想)」, 『별건곤』10, 1927.
144 서지영, 앞의 책, 2013, 84~85쪽.
145 윤성상, 앞의 글, 1937; 「휴지통」, 『동아일보』 1936년 3월 26일.
146 안석주, 「여성8태: 모던껄」, 『조광』3(5), 1937.
147 성동생, 「조선에 모던껄이 잇느냐」, 『동아일보』 1929년 5월 25일.
148 서지영, 앞의 책, 2013, 25~26, 86쪽.

3. 미인 제조

1 문호 개방 후 서구와 관계를 맺으며 가장 먼저 변화한 것이 화장으로, 쇼켄 황태후가 솔선하여 일본의 전통 화장법을 버리고 서구풍을 따랐다. 무라사와 히로토 지음, 송태욱 옮김, 앞의 책, 2010, 173~174쪽. 광고 속 황태후의 신식 복장은 전통과 대비되는 서구적 근대화의 산물이며 개화와 문명의 기표였다. 구라부 광고는 과거에서 벗어나 근대적 미의식을 선도한 황태후의 도상을 통해 상류 사회뿐 아니라 서구화에 따른 계몽과 문명화의 이미지를 함께 담고자 했던 듯하다.
2 '클럽(club)'을 의미하는 '구라부'를 화장품 상표 이름으로 지은 까닭은 화장품 소비자, 즉 외래품을 선망하고 외국어 어감에 흥미를 느꼈던 젊은 여성의 감각에 맞췄기 때문이다. '클럽'은 이미 '구락부(俱樂部)'로 통용되고 있었으나, 화장품 이름은 가타카나로 표기했다. 오리지나루 역시 오리지널(Original)의 일본식 발음을 가타카나로 옮긴 것이다.
3 方一柱, 「戦前期の朝鮮における日本の広告: 大正期(1913-1926)の「京城日報」の新聞広告を中心に」, 『コミュニケーション科学』20, 2004.
4 홍선표, 앞의 글, 2009, 145쪽.

5   이케다 시노부 지음, 김혜신 옮김, 앞의 책, 2007, 246~252쪽.
6   에도 시대에 출판된 『도풍속화상전』(1813)을 통해 '미인 그림'에 등장하는 당시의 미의식을 살필 수 있다. 책에는 미인이 되기 위해 해야 하는 얼굴과 손발 관리, 머리 손질, 얼굴의 결점을 보완하는 화장법 등이 실려 있어 당시 화장 풍습이 대중에게도 일반적으로 보급되었음을 보여 주며, 다이쇼 시대까지 책이 출판되면서 근대 화장관에도 크게 영향을 미쳤다. 『大阪資料 古典籍室 小展示』77, 大阪府立圖書館, 2007. 우키요에 미인도는 바로 당대 미의식에 적합한 화장법으로 성형된 여성상이라고 할 수 있다.
7   「美人画考現学」, 『芸術新朝』35(8), 1984, 18~19쪽.
8   山中古洞, 「美人畵變遷と東西両都」, 『新小說』16:10(1911. 10); 島崎柳塢, 「新美人畵論」, 『繪畵淸談』4(1913. 4); 하마나카 신지 지음, 최재혁 옮김, 「일본 미인화의 탄생, 그리고 환영」, 『미술사학보』25, 2005, 215~216쪽 재인용.
9   姫路市立美術館 印刷博物館 編, 『大正レトロ·昭和モダン廣告ポスターの世界: 印刷技術と廣告表現の精華』, 國書刊行會, 2007, 77쪽.
10 구라부 화장품 광고, 『경성일보』1918년 2월 22일.
11 구라부 백분 광고, 『경성일보』1919년 4월 5일.
12 박경미, 「일제강점기 화장품 광고에 나타난 여성상의 미의식 고찰」, 전남대학교 석사학위 논문, 2003, 39~40쪽.
13 홍선표, 앞의 글, 2009, 118~123쪽; 〈그림 일등〉, 『매일신보』1917년 6월 19일; 〈여름의 미인〉, 『매일신보』1917년 6월 21일.
14 홍선표, 앞의 글, 2009, 145~158쪽.
15 서범석 외, 『근대적 육체와 일상의 발견』, 경희대학교출판국, 2006, 92쪽.
16 동양목 광고, 『중외일보』1928년 10월 22일; 한국광고단체연합회, 『한

국광고 100년』, 한국광고단체연합회, 1996, 19쪽.

17 「아름다워지는 화장법」,『동아일보』, 1925년 5월 19일; 5월 27일; 6월 2일; 6월 9일.

18 이 시기 일본 화장품 광고의 홍수 속에서 국산 화장품인 "부인화장계의 픠왕" 박가분도 한국 전통 여성상을 모델로 앞가세워 광고를 시작했다. "박가분을 애용하시는 각위에게, 조선 사람은 조선 것을 아모조록 만니 씁시다"라는 문구처럼 국산 화장품을 애용하자며 애국심에 호소하는 광고 문구를 게재했다. 박가분 광고,『매일신보』1921년 1월 21일.

19 1920년대와 1930년대 초는 서양품에 대응하여 국산품을 사용하자는 물산 장려 운동이 전개되었던 시기로, 일본 식민지하에서 조선품은 일본 국산과 혼재될 수밖에 없었다. 권창규,『근대 문화자본의 태동과 소비 주체의 형성』, 연세대학교 박사학위 논문, 2011, 219~231쪽.

20 백문임,「감상의 시대, 조선의 미국 연속영화」,『조선영화와 할리우드』, 소명출판, 2014, 26쪽; 유선영,「황색 식민지의 서양영화 관람과 소비실천, 1934~1942: 제국에 대한 '문화적 부인'의 실천성과 정상화 과정」,『언론과 사회』13(2), 2005, 54~56쪽.

21 「활동사진 이약이: 현대는 활동사진의 세상이라는데 조선에는 그것이 언제 드러왓섯나」,『별건곤』2, 1926.

22 「영화계의 1년」,『조선일보』1926년 1월 1일.

23 「제한밧는 서양영화 금년부터 절반식, 일반취미와는 상거요원한 관계로, 극장관계자 등 비명」,『조선일보』1937년 1월 8일.

24 「조선문화 급 산업박람회 영화편」,『삼천리』12(5), 1940. 이는 1938년 총독부 조사에 따른 것임을 밝혔다. 노지승,「식민지시기, 여성 관객의 영화 체험과 영화적 전통의 형성」,『현대문학의 연구』40, 2010, 176쪽.

25 이서구,「경성의 짜쓰, 서울맛·서울정조」,『별건곤』23, 1929.

26 Cecil Beaton, "Hollywood," *Vogue*(1930. 2); 엘리자베스 하이켄 지음,

권복규·정진영 옮김, 『비너스의 유혹』, 문학과지성사, 2008, 127~128쪽 재인용.

27 박상엽·이무영·최병화·안회남, 「총각좌담회」, 『신여성』7(2), 1933.
28 이운곡, 「영화의 문화적 역할」, 『동아일보』1937년 10월 3일.
29 안석주, 「미국영화와 조선」, 『조광』5(7), 1939.
30 망중한인, 「여성미예찬」, 『신여성』3(9), 1925.
31 청대 미인의 눈과 눈썹을 품평한 『한정우기』의 '미안(眉眼)'에 따르면, 눈의 미추는 눈의 크기와 눈동자의 움직임, 검은자위와 흰자위의 비례관계라는 세 요소로 결정된다고 했으며, 가늘고 긴 눈의 여성은 성격이 상냥하며, 거꾸로 눈이 큰 여성은 못된 여자로 구분하기도 했다. 장징 지음, 이목 옮김, 앞의 책, 2004, 37쪽.
32 김여순, 「여인수필, 영화와 여학생(하)」, 『중외일보』1930년 3월 26일.
33 「현대미인배우의 특색미는 얼골 전체보다 일점에 있다」, 『동아일보』1937년 8월 19일.
34 구라부 백분 광고, 『매일신보』1920년 3월 13일; 1920년 5월 17일.
35 울금향, 앞의 글, 1933.
36 오숙근, 「구월화장」, 『여성』1(6), 1936.
37 '치파오'는 만주 여성들의 옷 스타일로 1911년 중국이 만주를 정복한 후 중국 여성들 사이에서 유행했다. 장미경, 「일러스트레이션과 광고 사회학의 관계」, 『디자인학연구』60, 2005, 32~33쪽. BAT는 월분패화를 인쇄하기 전에 중국 판매인들 사이에 예비 스케치를 돌림으로써 인기 가능성을 평가했는데, 중국 수용자들에게 다른 의미로 전달되거나 오해사는 일을 사전에 방지하기 위함이었다. 매해 광고의 인기는 급상승했고 미국 등지로 수출되기도 했으며, 중국 내에서도 폭발적 인기를 끌었다. 장미경, 「1900~1940년도 상해광고 포스터에 수용된 서구식 문화와 여성이미지」, 『디자인연구』7(1), 2004, 40쪽.

38 홍선표, 앞의 글, 2009, 146쪽; 정은선, 「1930~1940년대 중국 목판화에 미친 서구 미술의 영향」, 홍익대학교 석사학위 논문, 1999, 21쪽. 정만퉈(鄭曼陀)는 월분패화 양식을 구축한 중국 화가로 평가받으며 '목탄 담채화'라는 독특한 페인팅 기법으로 중국적 이미지의 사실화를 만들어 냈다. 리어우판 지음, 장동천·이현복·김종석·진혜정 옮김, 『상하이 모던』, 고려대학교출판부, 2007, 150~151쪽.

39 월분패화는 상하이 등지에서 활동하던 서양화 화가들의 생계유지 수단이 되었다. 20세기 월분패 화가로는 항즈잉(杭穉英), 진쉐천(金雪塵), 리무바이(李慕白), 진메이성(金梅生), 허이메이(何逸梅), 순사자(孫薩迦), 관후이눙(關惠農), 딩커런(丁可仁), 바이칭솽(白靑霜) 등이 있다. 광저우 황푸군관학교(黃埔軍校)에서 화보를 편집한 량딩밍(梁鼎銘)은 일찍이 상하이영미연초회사(上海英美煙草公司)의 월분패 연화(年畵)를 제작하기도 했다. 이경희, 『중국회화사 산책』, 제이앤씨, 2006, 264~265쪽.

40 김지혜, 「1910년대『매일신보』번안소설 삽화 연구: 〈장한몽〉과 〈단장록〉을 중심으로」, 이화여자대학교 석사학위 논문, 21~22쪽.

41 新居格, 「斷裁美學の一提言」, 『近代生活』1(5), 1929; 신하경, 『모던걸: 일본제국과 여성의 국민화』, 논형, 2009, 53쪽 재인용.

42 엘리자베스 하이켄 지음, 권복규·정진영 옮김, 앞의 책, 2008, 26~29쪽.

43 근대 서구에서도 미의 기준은 고전적 신체 모델로 상정되었다. 고전주의적 미학에 기반한 규범적 신체 모습은 그 이상을 그리스 조각의 몸에 둔 것이었다. 샌더 L. 길먼 지음, 곽재은 옮김, 『성형 수술의 문화사』, 이소출판사, 2003, 194~197쪽.

44 나이트 던랩의『인간의 아름다움과 인종적 개선』(1920)은 인종과 미에 관한 당시 인식을 담은 책으로, 우선 미를 '부정적 조건들'이 제거된 후에 가능한 '긍정적 조건'으로 규명했다. 엘리자베스 하이켄 지음, 권복규·정진영 옮김, 앞의 책, 2008, 234~243쪽.

45 이는 눈가를 절개해 일본인 특유의 가는 눈을 확대하고 코 부위 피부와 살을 들어내 콧대가 높아 보이도록 했으며 처진 아랫입술을 팽팽히 잡아당기는 시술을 통해 인종적 성형 가능성을 '성공적'으로 보여준 예였다. 『뉴욕타임스』 1926년 3월 8일; 엘리자베스 하이켄 지음, 권복규·정진영 옮김, 앞의 책, 2008, 268쪽 재인용.

46 홍종인, 앞의 글, 1936.

47 비지수는 이마에서 코를 거쳐 윗입술을 연결하는 선이고, 이를 반영한 안면각은 비지수와 턱에서 그은 수평선을 교차한 선이다. 이 선은 인간과 유인원을 구분하는 수단이 되었고, 나아가 이 분류법에 따라 유인원과 가까운 골상을 지닌 흑인들은 아름답지 않은 인종, 미개한 인종으로 낙인찍혔다. 샌더 L. 길먼 지음, 곽재은 옮김, 앞의 책, 2003, 121~126쪽.

48 인용 문구는 18세기 후반에 인상학 열풍을 불러일으켰던 요하나 카스퍼 라바터의 인상학 저서 일부로, 그는 "다공질의 신체 부위들의 성장은 습한 기후에서 틀림없이 증가할 것이다. 그로 인해 두꺼운 들창코와 소시지 입술이 나타난다. (중략) 흑인은 자신의 기후에 적합하다. 그들은 튼튼하고 살집이 많고 유연하나, 반대로 그의 모국이 내린 풍부한 양식 덕분에 게으르고 나태하며 느리다"라고 했다. 샌더 L. 길먼 지음, 곽재은 옮김, 앞의 책, 2003, 124~125 재인용.

49 「여인도」, 『신여성』5(10), 1931.

50 『부인』1(2), 1922.

51 샌더 L. 길먼 지음, 곽재은 옮김, 앞의 책, 2003, 141쪽.

52 早見君子, 『見違へる程美しくなる美容法と結髪』, 大興社, 1927; 무라사와 히로토 지음, 송태욱 옮김, 앞의 책, 2010, 185~186쪽 재인용.

53 「나진 코를 인공으로 높히는 이야기(1)」, 『조선일보』 1927년 5월 15일.

54 「코나즌 사람에게는 박화장이 뎍당」, 『동아일보』 1929년 3월 20일.

55 「화장비결」, 『여성』1(4), 1936.

56 「미인외과수술」,『중외일보』1928년 5월 12일.
57 「융비술도 일종의 모험」,『조선일보』1933년 12월 16일.
58 「지상이동좌담회, 해학 속에 실정: 청화의원 김은선 씨와 미용술을 중심으로」,『별건곤』28, 1930.
59 「위생문답」,『조선중앙일보』1935년 5월 1일.
60 『부인』1(2), 1922; 「나즌 코가 엇저면 높하짐닛가」,『조선일보』1925년 9월 6일.
61 앞의 기사,『동아일보』, 1929년 3월 20일.
62 「고국의 여름을 찾아온 개화기 최초의 미용사, 40여 년 전 종로에 미용실 차린 오엽주 여사」,『조선일보』1972년 4월 20일.
63 黃媛貞,〈美人圖十八詠〉題畵詩,『全明詞補編』, 浙江大學出版社, 2007, 1047쪽; 강경희, 앞의 글, 2012, 86쪽 재인용; 「영채 나는 눈은 다시 업는 큰 보배」,『동아일보』1929년 3월 25일; 「지상병원」,『동아일보』1935년 2월 16일.
64 김동인, 「예술가의 미인관: 강변 버들같이」,『삼천리』4(6), 1932.
65 『조선일보』1928년 9월 21일 자 사진에는 외꺼풀 눈이지만 1929년 2월 17일 자 사진에서는 안경을 착용하고 있는 것으로 보아 이 시기에 쌍꺼풀 수술을 했으리라고 추정한다. 이영아, 앞의 책, 2011, 184~189쪽; 샌더 L. 길먼 지음, 곽재은 옮김, 앞의 책, 2003, 139쪽.
66 「눈의 표정미, 눈은 마음의 창(하)」,『동아일보』1935년 6월 12일.
67 성대훈, 「오월의 여인: 오월 여인의 입, 박순찬(薄唇贊)」,『여성』2(5), 1937.
68 김택웅, 「유모어 소설: 남편의 변명」,『여성』2(7), 1937.
69 「안짱다리와 수중다리를 고칠 수 있다: 일녀가 다리살을 베어서 쭉 뽑은 다리가 되었다고」,『조선일보』1929년 7월 14일; 「첨단을 걷는 젖의 미용술: 크고 적은 젖이 마음대로 된대요」,『조선일보』1938년 6월 19일.

70 「미는 얼굴로부터 다리의 미로」, 『조선일보』 1929년 7월 18일.

71 안석주, 「미인을 차저, 서울의 어디 어디에 게신가」, 『삼천리』10(5), 1938.

72 「아츰을 굴므면 살이 찌고 저녁을 굴므면은 마른다」, 『매일신보』 1927년 9월 27일.

73 「미의 표준은 아래로! 각선미와 스타킹」, 『조선일보』 1936년 4월 10일.

74 김광변, 「오월의 여인: 오월여인의 다리, 입체적 서정시」, 『여성』2(5), 1937; 「脚線美とは何が」, 『京城日報』 1935년 6월 7일.

75 안석주, 「여성선전시대가 오면」, 『조선일보』 1930년 1월 12일; 「끽다점 평판기」, 『삼천리』6(5), 1934.

76 염상섭 외, 「여학생신유행 혁대시비」, 『신여성』2(11), 1924.

77 김기진, 「여학생신유행 혁대시비: 필요는 하지만」, 『신여성』2(11), 1924; 김석송, 「여학생신유행 혁대시비: 아기 배인 여자에게는」, 『신여성』2(11), 1924.

78 이는 전통적으로 한복에 어울리는 몸에는 가슴이 강조되지 않았기 때문인 것으로도 해석할 수 있다. 의복에서 편편한 가슴이 선호되는 현상은 일본의 기모노와 같다고 할 수 있다. 헤이안 시대의 쥬니히토에(十二單) 이래로 옷을 껴입어 몸의 굴곡을 없애고자 했으며, 큰 가슴 역시 기모노에 어울리지 않는다고 인식했으므로 가슴을 눌러 들어가게 함으로써 몸의 입체감을 피하려고 했다. 무라사와 히로토 지음, 송태욱 옮김, 앞의 책, 2010, 108쪽.

79 「말숙한 신사 숙녀 만들기에 얼마나한 돈이 드나?」, 『삼천리』7(11), 1935.

80 성서인, 「미인제조비법공개」, 『별건곤』15, 1928.

81 모든 미적 대상을 '미'의 이데아가 분유(分有)된 것으로 이해한 플라톤은 비례와 우주의 수학적 개념에 토대를 둔 기하학적 형태를 미의 원리로

보았다. 미가 비례와 동일시되는 것은 피타고라스 이후 더 확연하게 정립되었다. 만물은 질서를 가지고 있기 때문에 존재하고, 존재의 조건인 동시에 미의 조건인 수학적 법칙의 구현이기 때문에 질서 있게 구성되어 있으므로 조화에 관한 사고는 미의 생산을 위한 모든 규칙과 엄밀하게 결합되어 있다고 했다. 움베르트 에코, 이현경 옮김, 『미의 역사』, 열린책들, 2005, 48~63쪽.

82 한적선, 「여성미찬」, 『신가정』1(12), 1933.
83 박봉애, 「여성체격 향상에 대하야」, 『여성』2(1), 1937.
84 「처녀시절의 미용법은 무엇(2)」, 『동아일보』1930년 1월 4일.
85 「이상형의 미인」, 『신가정』2(9), 1934.
86 「리상적 얼굴」, 『조선일보』1934년 6월 8일.
87 「미인감정채점법을 미국 위생학 교수가 고안」, 『동아일보』1934년 12월 31일.
88 「미국에서 선출된 제일미인」, 『별건곤』8, 1927.
89 「세계의 표준은 서반아형미인」, 『매일신보』1927년 1월 30일.
90 「규중의 조선 녀성은 각선미가 웨업노」, 『동아일보』1931년 9월 29일.
91 앞의 기사, 『조선일보』1929년 7월 14일; 「굽은 다리를 올곳게 하는 데는」, 『조선일보』1929년 9월 29일.
92 흰 치아가 흰 피부와 함께 문명을 상징하는 기표였다는 점에서 미백 효과를 강조한 치마분(치약) 광고는 백색을 선망하는 인종주의적 미인관에 바탕을 두었다고 할 수 있다. 석감과 세분 광고 역시 피부 미백 기능을 선전하며 깨끗하고 청결한 것은 미이자 곧 근대와 문명을 상징한다고 강조했다.
93 「시국의 반영에 압장서 "처녀부대"는 명랑하다: 머리의 치장은 위생의 한 방식」, 『조선일보』1940년 1월 5일.
94 이영희, 「미용학의 근본문제」, 『신여성』6(10), 1932.

95 「어찌하여야 아름답고 튼튼해질까」,『조선일보』1932년 2월 24일.
96 「미용과 음식물의 관계는 퍽 깁다(3)」,『동아일보』1929년 9월 9일.
97 「처녀시절의 미용법은 무엇(1)」,『동아일보』1929년 12월 28일.
98 앞의 기사,『동아일보』1930년 1월 4일.
99 「식이 미용법: 살찐 것이 성화라면 이런 것도 해볼 일, '바나나'와 우유로 날씬하게 되는 법」,『조선일보』1934년 6월 24일.
100 김은실,『여성의 몸 몸의 문화 정치학』, 또하나의문화, 2001, 103~104쪽.
101 「현대적 화장술이 되는 음식물 미용법(1)」,『동아일보』1937년 10월 4일.
102 「현대적 화장술이 되는 음식물 미용법(2)」,『동아일보』1937년 10월 6일.
103 「현대적 화장술이 되는 음식물 미용법(3)」,『동아일보』1937년 10월 8일.
104 「현대적 화장술이 되는 음식물 미용법(5)」,『동아일보』1937년 10월 12일;「가정의학, 뱃속에서의 미용법: 살결의 미를 돋우어 주는 식물과 영양상의 주의」,『조선일보』1937년 4월 18일;「가정의학, 내부로부터 미용법: 살결의 미를 더하게 하는 식물과 영양상의 주의」,『조선일보』1939년 2월 14일.
105 「여위고 시픈 이는 석류물을 잡수시오, 지금 헐리우드에서 대류행」,『동아일보』1933년 2월 8일.
106 「뚱뚱보는 선생 될 자격이 없다」,『동아일보』1935년 9월 5일.
107 「미인의 조건」,『매일신보』1938년 10월 22일.
108 「운동과 톄됴는 적극뎍 미용술」,『조선일보』1928년 12월 6일.
109 「현대인으로 반듯이 알아야 할 미용체조법」,『삼천리』7(9), 1935.
110 서범석 외, 앞의 책, 2006, 95쪽.

111 「걷기 조흔 가을! 아가씨 다리들이여 꼿꼿하고 날쌔시라」, 『조선중앙일보』 1934년 9월 14일.
112 「근대 여성의 요선미: '요조숙녀'도 옛날 일, 미인이 되자면 허리로부터, 의학적으로 본 허리의 표정」, 『동아일보』 1935년 5월 2일.
113 박봉애, 앞의 글, 1937.
114 「체격을 조케하는 미용체조」, 『조선일보』 1937년 11월 2일.
115 「미인이 되랴면」, 『신가정』 3(9), 1935.
116 「제1회 하기체육강습회」, 『동아일보』 1932년 7월 16일. 당시 체조부 강습회비는 오십 전이었다.
117 「여성 사롱: 미의 표준은 건강에」, 『여성』 4(11), 1939.
118 이영희, 앞의 글, 1932.
119 「어찌하여야 아름답고 튼튼해질까: 새로운 미용법과 건강 증진법, 얼굴에 분이 미용법은 아니다」, 『조선일보』 1932년 2월 24일.
120 김신실, 「행보와 건강, 걸음쩨가 좋아야 맵시도 나고 몸에도 좋아」, 『여성』 5(12), 1940.
121 「다리의 건강미를 일층 훌륭케 하는 법, 경쾌한 보행 운동과 마찰이 필요」, 『동아일보』 1929년 4월 3일.
122 「어찌하여야 아름답고 튼튼해질까: 새로운 미용법과 건강 증진법, 얼굴에 분이 미용법은 아니다」, 『조선일보』 1932년 2월 24일.
123 김태식, 「여자와 수영」, 『신여성』 6(8), 1932; 곽정순, 「여자와 해수욕」; 박봉애, 「가정부인과 체육」, 『여성』 1(3), 1936.
124 이갑수, 「여자와 체육」, 『중명』, 1933; 김경일, 앞의 책, 2004, 202쪽.
125 김상용, 「하이킹 예찬」, 『여성』 1(1), 1936.
126 정근양, 「의학생으로 본 신여성」, 『여성』 2(2), 1937; 김경일, 앞의 책, 2004, 202쪽.
127 「건강증진시대」, 『매일신보』 1930년 6월 4일.

128 장 보드리야르 지음, 이상률 옮김, 앞의 책, 2004, 211~216쪽.
129 "(여성은) 나갈 때는 반드시 얼굴을 가리고, 만일 무엇을 살펴봐야 할 경우에는 반드시 모습을 감추어야 한다. (중략) 얼굴을 가리지 않은 채 나갔다가 사람을 만나면 고개를 숙이고 얼굴을 옆으로 비스듬히 돌려야지 정면으로 누구를 봐서는 안된다".『女論語』第1 立身, 第3 學禮; 국사편찬위원회 엮음, 앞의 책, 2011, 249쪽 재인용.
130 국사편찬위원회 엮음, 앞의 책, 2011, 238~239쪽. 여성뿐만 아니라 남성들도『소학』의 가르침에 따라 어른 앞에서 낯빛을 가리는 것을 예절로 삼았다.
131 이는 동아시아 유교 문화권에서 공유되었던 현상이다. 일본에서 감정을 얼굴에 드러내지 않는 전통은 헤이안 시대부터 시작되었으며, 에도 시대에 이를 까맣게 물들이는 풍습도 하얀 이를 눈에 띄지 않게 하는, 즉 입매를 감추는 풍습과 통하는 행위였다고 할 수 있다. 이처럼 감정 표출을 부정하는 것은 무사 문화와 결부되어,『무사도(武士道)』「극기(克己)」는 "희로애락을 얼굴에 드러내지 않는다는 말은 위대한 인물을 평할 때 쓰였다"라고 하며 얼굴에 감정을 드러내서는 안 된다고 기록하기도 했다. 무라사와 히로토 지음, 송태욱 옮김, 앞의 책, 2010, 272~273쪽; 홍선표, 앞의 책, 2014, 318쪽.
132 「표정시대: 입과 우슴의 연구」,『조선중앙일보』1934년 12월 5일.
133 홍종인,「미인과 사교」,『여성』1(9), 1936.
134 「안녕합쇼, 암 그렇지요」,『조선중앙일보』1936년 6월 7일.
135 성학박사,「양성미의 해부」,『신여성』3(11), 1925; 유선영,「육체의 근대화: 할리우드 모더니티의 각인」,『문화과학』24, 2000, 238쪽.
136 이서구, 앞의 글, 1929.
137 유광렬,「한양, 서울, 경성, 20년간의 변천을 돌아보며」,『삼천리』7(3), 1935.

138 김경미, 앞의 글, 2009, 33쪽.
139 「녀성의 표정미(1)」, 『조선일보』1926년 6월 9일.
140 김재은, 「편상일속(7): 표정」, 『동아일보』1927년 9월 30일.
141 「미인과 영화(1): 육체 표정은 영화의 보(寶): 관객과 감정 유희」, 『조선일보』1928년 5월 5일.
142 하소, 「영화가 백면상」, 『조광』3(12), 1937.
143 성동생, 「여성미의 표준」, 『동아일보』1929년 6월 25일; 김동환, 「미인 내가 조케 생각하는 여자: 잘 웃고 잘 우는 여성」, 『별건곤』19, 1929.
144 『신가정』3(11), 1935.
145 「눈의 표정미, 눈은 마음의 창(하)」, 『동아일보』1935년 6월 12일.
146 아름다운 입 모양을 만들기 위해 피해야 할 표정과 습관을 적은 기사도 소개되었다. 「얼골의 미추는 표정에도 달려요」, 『조선일보』1938년 11월 5일.
147 「손에도 표정이 잇어야만 한다: 얼굴만큼 손 화장이 필요」, 『동아일보』1929년 6월 1일; 「근대 여성의 요선미: '요조숙녀'도 옛날 일, 미인이 되자면 허리로부터, 의학적으로 본 허리의 표정」, 『동아일보』1935년 5월 2일; 김수진, 앞의 글, 2014, 76~77쪽.
148 이서구, 「가두에서 본 모던여성의 다섯 가지 타입」, 『신여성』5(1), 1931; 「허풍떠는 표정은 녀성의 자긔 표현」, 『동아일보』1932년 2월 15일.
149 관악산인, 「모던 수신교과서」, 『금강』1, 1933.
150 최찬식, 「활동사진을 관람하는 취미」, 『반도시론』1(1), 1917.
151 백문임, 앞의 글, 2014, 18쪽.
152 이서구, 앞의 글, 1929.
153 로아, 「새로운 경향의 여인점경」, 『별건곤』34, 1930.
154 남궁환, 「모던 여학생풍경」, 『신여성』5(4), 1931; 「부인의 미는 맨들기에 달렷슴니다」, 『조선일보』1932년 2월 7일.

155 현희순,「모던 수첩 1: 미인 되시려거든」,『삼천리』5(3), 1933.
156 한긔자, 앞의 글, 1922; 무見君子, 앞의 책, 1927; 무라사와 히로토 지음, 송태욱 옮김, 앞의 책, 2010, 187쪽 재인용.
157 입의 크기는 여성의 발언권을 의미했으므로, 작은 입과 까만 치아 등 소멸된 듯한 여성의 입은 가부장 중심의 전통 사회 속에서 여성의 권력과 지위를 말소하는 표징으로 해석된다.
158 『신동아』2(6), 1932.
159 「여성직장의 초년병(5): 명낭과 친절을 방패로 한 생활전선의 낭자군, 여사무원」,『조선일보』1939년 4월 13일.

4. 미인 대회

1 「삼천리일색」,『삼천리』3(9), 1931.
2 「미인투표경쟁, 동셔연쵸회사에서 시로히 시작되는 것」,『매일신보』, 1920년 11월 11일.
3 앞의 기사,『매일신보』1921년 7월 22일; 앞의 기사,『동아일보』1926년 1월 28일; 앞의 기사,『조선일보』1926년 2월 13일.
4 관람객들은 원형 계단을 걸어 오르면서 각 층에 전시된 미인의 사진을 감상·품평했으며, 높은 순위에 오른 예기들의 사진은 당시 해외 판매용 사진첩『도쿄의 게이샤(Celebrated Geysha of Tokyo in Collotype)』(1892)로도 제작되었다. 佐伯順子,『明治(美人)論』, NHK出版, 2012, 13~20쪽.
5 1901년『히노데신문(日出新聞)』의 '게이힌 오미인투표(京浜五美人投票)'는 "예기, 동기(半玉), 창기(娼妓), 여급(女中), 여배우(女義太夫)"를 대상으로 한 미인 투표였으며,『분게이구라부(文藝俱樂部)』의 '대현상백미인 사진대모집(大懸賞百美人寫眞大募集)' 역시 투표 범위를 화류계 여성으로 한정했다.『日出新聞』1901년 5월 27일;『文藝俱樂部』13(1), 1907;

井上章一, 『美人コンテスト百年史』, 朝日新聞出版, 1997, 56~62쪽 재인용.

6 「기자추행」, 『황성신문』 1910년 4월 7일; 「시사평론」, 『대한매일신보』 1910년 4월 10일.

7 1883년 『도쿄니치니치신문(東京日日新聞)』에 소개된 '미인공진회'는 전국에서 사진을 모아 전시하고 용모에 등급을 매기는 미인 대회였다. 이런 용례를 바탕으로 '미스 아메리카' 선발 대회를 '공진회'로 의역한 듯하다. 미인 대회는 이 밖에도 '미인경기회(美人競技會)', '미인경염(美人競艶)', '미인경쟁(美人競爭)' 등의 이름으로 상용되었다. 『東京日日新聞』 1883년 12월 29일.

8 「미국미인 공진회의 대표 미인」, 『조선일보』 1925년 10월 25일.

9 미국에서 1927년 5월 21일에 열린 대회였지만 조선에는 3개월 후에 소개되었다. 대회는 1920년 텍사스 갤버스턴(Galveston)의 여름 축제 '스플래시 데이(Splash Day)'의 수영복 미인 대회에서 시작되었으며, 1926년부터는 '미스 유니버스'를 선발하는 '국제 미인 대회(International Pageant of Pulchritude)'로 개칭되었다. Candace Savage, *Beauty queens: a playful history*, New York: Abbeville Press, 1998, pp.11~77.

10 일본의 미인 대회 역시 체형이 강조된 서구 방식으로 변화해 가며, "아미유요(蛾眉柳腰)의 봉건 미인" 대신 "근대 의식으로 발광(發光)된 농후(濃厚)한 표정미(表情美) 육체미(肉體美) 재정의된 자태미(姿態美) 보행미(步行美)"로서 미인을 보고자 하는 움직임은 바로 "시대가 원하는 미인", 즉 시대적 미의식을 반영한 것이었다. 「懸賞近代美人寫眞募集」, 『婦人公論』(1929.7); 井上章一, 앞의 책, 1997, 117쪽 재인용.

11 당시 『시카고트리뷴』은 각국 신문사에 대표 미인의 사진을 요청하고 이들을 모아 세계 제일의 미인을 뽑는 대회를 시도했으나, 2년여 기간 동안 미국, 캐나다, 스웨덴 등 6개국의 미인 사진을 모으는 데 그쳤다. 하지

만 시카고트리뷴사가 신문사들에 보낸 전보로 인해 일본뿐만 아니라 세계 각국에서 미인 대회 개최가 촉진되는 결과를 낳았다. '일본일미인'은 지역별로 다섯 명씩 총 215명을 선발한 1차 심사를 1908년 1월 1일부터 『지지신문』에 게재하기 시작했고, 스에히로 히로코 역시 2월 4일 자에 소개되었다. 3월 1일 신문사에서 실시한 '미인사진최종심사(美人寫眞最終審査)'를 거쳐 선발된 스에히로 히로코 외 총 열두 명은 같은 달 5일 자 지면에 발표되었으며, 이날은 일본 '미스 대회'의 날로 지정되었다.

12 井上章一, 앞의 책, 1997, 115~123쪽.
13 Candace Savage, 앞의 책, 1998, pp.11~77.
14 井上章一, 앞의 책, 1997, 8~31쪽.
15 井上章一, 『美人論』, 朝日文藝文庫, 1995, 19~31쪽.
16 佐伯順子, 앞의 책, 2012, 55~56쪽.
17 『婦人世界』(1931. 2); 井上章一, 앞의 책, 1997, 83쪽 재인용.
18 『週刊朝日』(1931. 1. 20); 『婦人世界』(1931. 2). 일본의 미인 사진 대회는 1920년대 후반부터 급증하기 시작한다. 1929년에는 『아사히 그래프(アサヒグラフ)』와 『후진코론(婦人公論)』, 『요미우리신문(読売新聞)』에서 미인 대회가 기획되었으며 1930년에는 일본전보통신사(日本電報通信社)에서 전국 신문 300여 곳으로부터 각부의 미인을 모집해 독자 투표로 1위를 선정했다. 井上章一, 앞의 책, 1997, 87~93쪽.
19 「미인문첩」, 『경성일보』 1918년 2월 23일~3월 1일.
20 이와 관련된 기사는 지면에 연속해서 실리며 사회적 반향을 일으켰다. 「풍기문란한 경인통학생」, 『동아일보』 1928년 1월 27일; 「소위 미인 투표로 경인친목 분개」, 『조선일보』 1928년 2월 4일; 「불량 학생의 육박전」, 『조선일보』 1928년 2월 8일; 「불량학생배 횡포거익자심」, 『동아일보』 1928년 2월 10일.
21 'Miss Korea'와 '미쓰 코레아', '三千里一色' 중 '삼천리 일색'이 가장 많이

표기되었다. 단어의 생소함을 줄이기 위해서였는지 6월 호에 「기미시대 전후의 신여성」으로서 "삼천리의 일색이자 영어, 음악이 천재이든 박인덕"을 소개하며 삼천리 일색을 의도적으로 사용했다. 이 밖에도 『삼천리』는 3주년 기념호에 '동아조선양신문사장공천(東亞朝鮮兩新聞社長公薦)' 투표도 기획하며 독자들의 참여를 부탁했다.

22 7월로 기획했던 3주년 기념호가 만보산사건(萬寶山事件)으로 인해 10월로 연기되면서, 삼천리 일색은 6월 15일이던 마감 기일을 9월 15일로 늦추고 7월과 9월에도 대대적으로 참여를 홍보했다. 「본지삼주년기념 특대호발행예고」, 『삼천리』16, 1931; 「삼천리일색」, 『삼천리』3(9), 1931.

23 특선으로 선정된 최정원은 이후 카프(KAPF)의 문인 이갑기와 결혼해 소설 「낙동강」을 발표하기도 했다. 문인, 간호사로 활동한 신여성으로, 해방 직후 남편과 함께 월북했다. 차선 3인, 박부봉(朴芙峯), 엄신혜(嚴信惠), 백순득(白順得)과 입선은 최성옥(崔成玉), 이향숙(李鄉淑), 송청자(宋靑子) 등 열 명이 함께 발표되었다. 「삼천리일색 발표」, 『삼천리』3(10), 1931.

24 「여우 언파레이드 영화편: 시들지 안는 인조화 김연실 양」, 『동아일보』 1931년 8월 6일.

25 『매일신보』와 『조선일보』에도 '미스 조선' 기사가 실렸는데, 『매일신보』가 『경성일보』처럼 일본인과 조선인 당선자를 함께 소개한 반면, 『조선일보』는 조선인 당선자 이명숙만을 보도했다. 「당선된 미스 조선, 경성에 이명숙 양」, 『조선일보』 1931년 10월 21일; 「미스 조선 두 려인 대판 매일 주최」, 『매일신보』 1931년 10월 22일.

26 모던일본사 지음, 홍선영·박미경·채영님·윤소영 옮김, 「미스 조선 심사평」, 『일본잡지 모던일본과 조선 1940』, 어문학사, 2009, 320~323쪽.

27 준 미스 조선에 당선된 김영애는 전남 목포의 정명여고 출신으로 이후

화가 문재덕(文在悳)과 결혼했으며, 정온녀는 일본 여자미술전문학교를 졸업한 후 6·25 때 월북한 여류 화가로 추정된다.

28 정온녀가 "내지인과 비교해 전혀 손색없는 미인"으로 평가된 것은 그녀의 사진이 다른 입상자와 달리, 웨이브 머리와 양장 차림의 서구적 스타일로 촬영된 것과 무관하지 않으며, 야마카와 슈호는 웨이브 머리와 한복이라는 이질적 차림을 한 이순진의 전신사진을 가리켜 "근대 문명이 발전해 가는 조선의 모습"으로 묘사하기도 했다. 야마카와 슈호, 「기생의 미」, 『일본잡지 모던일본과 조선 1939』, 윤소영·홍선영·김희정·박미경 옮김, 어문학사, 2007, 128~129쪽; 도고 세이지, 「기생」, 『일본잡지 모던일본과 조선 1939』, 윤소영·홍선영·김희정·박미경 옮김, 어문학사, 2007, 330쪽.

29 「조선판 서문」, 『일본잡지 모던일본과 조선 1939』, 어문학사, 2007, 72쪽.

30 「'삼천리 일색' 발표」, 『삼천리』 3(10), 1931.

31 「대매 미쓰 조선 표창식을 거행」, 『매일신보』 1931년 10월 24일; 「미쓰 조선 표창식」, 『조선일보』 1931년 10월 24일.

32 Candace Savage, 앞의 책, 1998, pp.11~77.

33 정진석, 『한국언론사』, 나남, 1990, 553~561쪽.

34 이는 전통적 신분 의식에 기인하며, 예기를 미인으로 칭했던 일본의 영향을 받은 것이지만, 당시 기생에 관한 대중의 높은 관심과 매체의 적극적 호출 역시 간과할 수 없다. 조선연구회 엮음, 앞의 책, 2007, 5~17쪽.

35 앞의 기사, 『동아일보』 1923년 12월 9일.

36 한귀자, 앞의 글, 1922.

37 「여학생신문: 미쓰 조선에 당선된 어엽븐 아가씨 두 분, 한 분은 경성의 이명숙 양, 한 분은 대전의 최정원 양」, 『신여성』 5(11), 1931.

38 「부인직업 문제」, 『신여성』 4(2), 1926.

39 앞의 기사, 『조선일보』 1939년 4월 13일.

40 앞의 기사, 『매일신보』 1938년 2월 26일.

41 앞의 기사, 『조선일보』 1939년 4월 13일.

42 김재은, 앞의 기사, 『동아일보』 1927년 9월 30일; 앞의 기사, 『동아일보』 1927년 2월 18일~3월 5일; 앞의 기사, 『매일신보』 1928년 4월 3일 ~4월 7일; 이서구, 앞의 글, 1931; 「첨단 여성의 모던 표정술」, 『신여성』 6(4), 1932.

43 앞의 기사, 『조선중앙일보』 1934년 12월 5일; 「표정에 매력이 잇어야 현대적인 미인」, 『동아일보』 1937년 10월 5일.

44 조선총독부 철도국, 「흥아의 교통」, 『일본잡지 모던일본과 조선 1939』, 2007, 314~315쪽; 조선총독부 철도국, 『일본잡지 모던일본과 조선 1940』, 2009, 294쪽. 1939년 『모던일본』 조선판은 '만주 사변 저축 채권'을 상품으로 한 특별대현상을 기획했는데, 이는 일본과 조선, 만주, 중국의 열차 시간표를 계산해 "10월 20일 오전 3시 25분에 경성역을 기차로 출발하면, 도쿄역에 도착하는 최단 시간은 며칠 몇 시가 될까"를 맞히는 것이었다. 『일본잡지 모던일본과 조선 1939』, 2007, 492쪽. 1920년대 기생 사진엽서에는 "조선 여행에서 가장 인상에 남는 것이 무엇이냐고 물으면 누구나 기생이라 할 정도로 조선 기생은 대단히 매력적이다"라는 문구가 쓰이기도 했다. 권행가, 「일제시대 우편엽서에 나타난 기생 이미지」, 『미술사논단』 12, 2001, 91쪽 재인용.

45 「이명숙 양과 미쓰 조선」, 『신여성』 5(11), 1931.

46 수영복 차림이라고 했지만 누드 사진을 보내는 응모자도 많았다고 한다. 『犯罪公論』(1932.4); 井上章一, 앞의 책, 1997, 115~123쪽 재인용.

47 『중앙일보』는 전시의 암울한 분위기를 바꿔 보기 위해 부산에서 여성 경염 대회를 개최했는데, 본선에서 비공개로 수영복 차림의 몸매를 심사했다. 1등 당선자인 '미스 대한'으로 숙명여대 재학생이었던 강귀희

(姜貴姬)가 선정되었다.

48 일본에서 수치가 미와 결부되기 시작한 때는 1927년 『후진코론』이 여배우 이리에 다카코(入江たか子)의 신체 사이즈를 게재하면서부터다. 그녀의 신장은 162센티미터, 가슴 82센티미터, 허리 64센티미터, 엉덩이 88.5센티미터로 소개되었고 이는 곧 미인의 표준이 되었다. 井上章一, 앞의 책, 1997, 115~123쪽; 무라사와 히로토 지음, 송태욱 옮김, 앞의 책, 2010, 219~221쪽.

49 앞의 기사, 『동아일보』 1930년 1월 4일.

50 신체 다음으로 꼽힌 용모는 "삼천리의 일색에 할인업시 특선될 여자"라고 명기해 '삼천리 일색'인 최정원을 으뜸으로 뽑았음을 알 수 있다. 이 밖에도 미의 표준으로 "청신미"가 요구되었는데, 그 예로 "쎈치멘탈에서 버서난 다정한 여자", "남을 위하야는 울지언정 자기를 위하야는 눈물을 흘닐 줄 모르는 여자", "굿세인 척하고 약한 여자보다 약해 보이면서 굿세인 여자", "육체보다 마음이 숙성한 여자" 그리고 마지막으로 "이야기를 듯고도 호기심을 가지지 안는 여자"라고 했다. 또한 기사는 삼천리 일색으로 그 기준을 마련해 준 "삼천리 주간과 고선(考選)하신 제선생에 쏘 한번 그 수고를 빔니다"라고 했다. 최독견, 「미의 조건」, 『삼천리』 3(12), 1931.

51 코레아(Korea)는 식민 지배 이전인 1890년대부터 해외에서 조선을 이르는 말로 사용했던 명칭이다. "미 국무성과 영국의 왕립지리학회는 우리가 차용한 이 땅의 이름을 조리 있게 Korea로 표기하기 시작했던 것이다", The Korea Repository(1892. 5); 이영호, 「국호영문표기, Corea에서 Korea로의 전환과 의미」, 『역사와 현실』 58, 2005, 351쪽 재인용.

52 『大阪每日新聞』 1929년 10월 19일; 『京城日報』 1929년 10월 20일; 『매일신보』 1929년 10월 21일; 『조선일보』 1929년 10월 26일. 1931년 대표 미인 대회 최승희에 관한 기사는 다음과 같다. 「전국미인투표에 최승

희 녀사를 추천」, 『매일신보』 1931년 6월 30일; 「누가 대표미인, 최승희 여사도 인선」, 『매일신보』 1931년 8월 2일; 「전국대표미인 선정에 최승희 양 4등 당선」, 『매일신보』 1931년 9월 24일.
53 「全國代表 女性健康美本社特選」, 『京城日報』 1932년 12월 29일.
54 「대학가 '5월 여왕' 어디서 무얼하나」, 『경향신문』 1990년 4월 23일.

참고문헌

신문과 잡지

『대한매일신보』,『대한민보』,『독립신문』,『동아일보』,『매일신보』,
『시대일보』,『제국신문』,『조선중앙일보』,『중외일보』,『조선일보』,
『협성회회보』,『황성신문』
『개벽』,『부인』,『별건곤』,『삼천리』,『신가정』,『신동아』,『신여성』,
『신여자』,『여성』,『여인』,『조광』,『중앙』,『청춘』,『혜성』,『태극학보』
『경성일보』,『시사신문』,『대판매일신문』

국내 도서

강명관,『그림으로 읽는 조선 여성의 역사』, 휴머니스트, 2012
고미숙,『계몽의 시대: 근대적 시공간과 민족의 탄생』, 북드라망, 2014
고미숙,『연애의 시대: 근대적 여성성과 사랑의 탄생』, 북드라망, 2014
고미숙,『위생의 시대: 병리학과 근대적 신체의 탄생』, 북드라망, 2014
고연희 엮음,『명화의 탄생 대가의 발견: 한국회화사를 돌아보다』, 아트북스, 2021

고연희 엮음, 『동아시아 미술, 젠더(Gender)로 읽다: 한중일 여성을 생각하는 11개의 시선』, 혜화1117, 2023
국사편찬위원회 엮음, 『'몸'으로 본 한국여성사』, 경인문화사, 2011
국학자료원 엮음, 『한국근대여성의 일상문화』1-9, 국학자료원, 2004
권보드래, 『연애의 시대: 1920년대 초반의 문화와 유행』, 현실문화연구, 2003
권보드래, 『한국 근대소설의 기원』, 소명출판, 2012
권창규, 『상품의 시대』, 민음사, 2014
권창규, 『인조인간 프로젝트: 근대 광고의 풍경』, 서해문집, 2020
기무라 료코 지음, 이은주 옮김, 『주부의 탄생: 일본여성들의 근대와 미디어』, 소명출판, 2013
김경일, 『여성의 근대, 근대의 여성』, 푸른역사, 2004
김려실, 『투사하는 제국 투영하는 식민지: 1901~1945년의 한국영화사를 되짚다』, 삼인, 2006
김수진, 『신여성, 근대의 과잉: 식민지 조선의 신여성 담론과 젠더정치, 1920~1934』, 소명출판, 2009
김승구, 『식민지 조선의 또 다른 이름, 시네마 천국』, 책과함께, 2012
김은실, 『여성의 몸, 몸의 문화정치학』, 또하나의문화, 2001
김주리, 『모던 걸, 여우 목도리를 버려라: 근대적 패션의 풍경』, 살림출판사, 2005
김주리, 『근대소설과 육체: 한국근대소설의 몸지도』, 한국학술정보, 2009
김지영, 『연애라는 표상: 한국 근대소설의 형성과 사랑』, 소명출판, 2007
김진송, 『서울에 딴스홀을 허하라: 현대성의 형성』, 현실문화연구, 1999
김태수, 『꽃가치 피어 매혹케 하라: 신문광고로 본 근대의 풍경』, 황소자리, 2005
김태환 외, 『조선의 풍경, 근대를 만나다』, 채륜서, 2014

나리타 류이치 외 지음, 연구공간 수유+너머 '일본 근대와 젠더 세미나팀'
　　옮김, 『근대 지의 성립』, 소명출판, 2011
나혜석 외, 서경석·우미영 엮음, 『신여성, 길 위에 서다』, 호미, 2007
단국대학교 동양학연구소 엮음, 『근대 한국의 일상생활과 미디어』, 민속원,
　　2008
리어우판 지음, 장동천·이현복·김종석·진혜정 옮김, 『상하이 모던: 새로운
　　중국 도시 문화의 만개, 1930~1945』, 고려대학교출판부, 2007
마정미, 『광고로 읽는 한국 사회문화사』, 개마고원, 2004
모던일본사, 『일본잡지 모던일본과 조선 1939』, 어문학사, 2007
모던일본사, 『일본잡지 모던일본과 조선 1940』, 어문학사, 2009
무라사와 히로토 지음, 송태욱 옮김, 『미인의 탄생』, 너머북스, 2010
문정희, 『모던·혼성: 동아시아의 근현대미술』, 한국미술연구소, 2014
박계리, 『모더니티와 전통론: 혼돈의 시대, 미술을 통한 정체성 읽기』, 혜안,
　　2014
사사키 겡이치 지음, 민주식 옮김, 『미학사전』, 동문선, 2002
샌더 L. 길먼 지음, 곽재은 옮김, 『성형 수술의 문화사』, 이소출판사, 2003
서범석 외, 『근대적 육체와 일상의 발견』, 경희대학교출판국, 2006
서유리, 『시대의 얼굴: 잡지 표지로 보는 근대』, 소명출판, 2016
서지영, 『역사에 사랑을 묻다: 한국 문화와 사랑의 계보학』, 이숲, 2011
서지영, 『경성의 모던걸』, 여이연, 2013
소래섭, 『에로 그로 넌센스: 근대적 자극의 탄생』, 살림출판사, 2005
소래섭, 『불온한 경성은 명랑하라: 식민지 조선을 파고든 근대적 감정의
　　탄생』, 웅진지식하우스, 2011
신명직, 『안석영 만문만화 연구』, 연세대학교 박사학위 논문, 2001
신인섭·김병희, 『광고로 보는 한국 화장의 문화사』, 김영사, 2002

신인섭, 『한국 근대 광고 걸작선 100: 1876~1945』, 커뮤니케이션북스, 2007
신하경, 『모던걸: 일본제국과 여성의 국민화』, 논형, 2009
엄미옥, 『여학생, 근대를 만나다』, 역락, 2011
엘리스 K.팁튼 지음, 존 클락 엮음, 이상우·최승연·이수현 옮김,
    『제국의 수도, 모더니티를 만나다: 다이쇼 데모크라시에서 쇼와
    모더니즘까지』, 소명출판, 2012
엘리자베스 하이켄 지음, 권복규·정진영 옮김, 『비너스의 유혹』,
    문학과지성사, 2008
연구공간 수유+너머 근대매체연구팀, 『신여성』, 한겨레신문사, 2005
오창섭, 『근대의 역습: 우리를 디자인한 근대의 장치들』, 홍시커뮤니케이션,
    2013
와카쿠와 미도리 지음, 건국대학교 대학원 일본문화·언어학과 옮김, 『황후의
    초상』, 소명출판, 2007
요시미 순야 외 지음, 연구공간 수유 + 너머 '일본근대와 젠더 세미나팀' 옮김,
    『확장하는 모더니티: 1920~30년대 근대 일본의 문화사』, 소명출판,
    2007
움베르트 에코 지음, 이현경 옮김, 『미의 역사』, 열린책들, 2005
유선영 외, 『한국의 미디어 사회문화사』, 한국언론재단, 2007
유수경, 『한국여성양장변천사』, 일지사, 1990
이경민, 『기생은 어떻게 만들어졌는가』, 사진아카이브연구소, 2005
이경희, 『중국회화사 산책』, 제이앤씨, 2006
이상우, 『동양미학론』, 시공아트, 2012
이승원, 『학교의 탄생: 100년 전 학교의 풍경으로 본 근대의 일상』,
    휴머니스트, 2005
이영아, 『육체의 탄생: 몸, 그 안에 새겨진 근대의 자국』, 민음사, 2008

이영아, 『예쁜 여자 만들기』, 푸른역사, 2011
이효덕 지음, 박성관 옮김, 『표상 공간의 근대』, 소명출판, 2002
이희복·김대환, 『광고로 읽는 여성: 1930년대 잡지광고에 비친 여성의 모습』, 한경사, 2007
장 보드리야르 지음, 이상률 옮김, 『소비의 사회』, 문예출판사, 2004
장징 지음, 이목 옮김, 『미녀란 무엇인가』, 뿌리와이파리, 2004
장파 지음, 유중하 옮김, 『동양과 서양, 그리고 미학』, 푸른숲, 1999
전완길, 『한국 화장 문화사』, 열화당, 1987
정진석, 『언론조선총독부』, 커뮤니케이션북스, 2005
조선연구회 엮음, 『조선미인보감』, 민속원, 2007
최혜실, 『신여성들은 무엇을 꿈꾸었는가』, 생각의 나무, 2000
한국광고단체연합회, 『한국광고 100년』, 한국광고단체연합회, 1996
한국미술연구소 한국근대시각문화연구팀, 『모던 경성의 시각문화와 일상』, 한국미술연구소, 2018
한국영상자료원 한국영화사연구소 엮음, 『신문기사로 본 조선영화』1911~1926, 한국영상자료원, 2008~2014
한국정신문화연구원 엮음, 『신여성』, 청년사, 2003
한민주, 『불량소녀들』, 휴머니스트, 2017
홍선표 엮음, 『동아시아 미술의 근대와 근대성』, 학고재, 2009
홍선표, 『한국 근대미술사』, 시공아트, 2009
홍선표, 『조선 회화』, 한국미술연구소, 2014
『고백: 광고와 미술, 대중』, 일민미술관, 2012
『광고 그리고 일상: 광고로 보는 근대의 삶과 문화: 1876-1945』, 부산근대역사관, 2004
『한국의 신문광고 100년』, 신문박물관, 2004

『한국의 신문소설 100년: 신문소설에서 근대의 일상으로』,
　　부산근대역사관·신문박물관, 2005

국내 논문

고지마 가오루 지음, 최경현 옮김,「근대 일본에서 관전의 역할과 주요
　　작품분석」,『미술사논단』13, 2001
공성수,『근대 소설의 형성과 삽화 연구』, 서강대학교, 박사학위 논문, 2014
권행가,「일제시대 우편엽서에 나타난 기생 이미지」,『미술사논단』12, 2001
권창규,『근대 문화자본의 태동과 소비 주체의 형성』, 연세대학교 박사학위
　　논문, 2011
김경미,「식민지 문학의 여성 얼굴성 연구: 1920~30년대 여성화장 담론을
　　중심으로」, 성균관대학교 석사학위 논문, 2009
김미선,「1920~30년대 '신식' 화장담론이 구성한 신여성에 관한 여성주의
　　연구」, 이화여자대학교 석사학위 논문, 2005
김수진,『1920~30년대 신여성담론과 상징의 구성』, 서울대학교 박사학위
　　논문, 2005
김수진,「한국 근대 여성 육체 이미지 연구: 1910~30년대 인쇄미술을
　　중심으로」, 이화여자대학교 석사학위 논문, 2014
김지혜,「1910년대『매일신보』번안소설 삽화 연구: 〈장한몽〉과 〈단장록〉을
　　중심으로」, 이화여자대학교 석사학위 논문, 2009
김지혜,「미인만능, 한국 근대기 화장품 신문 광고로 읽는 미인 이미지」,
　　『미술사논단』37, 2013
김지혜,「미스 조선, 근대기 미인대회와 미인 이미지」,『미술사논단』38, 2014
김지혜,『한국 근대 미인 담론과 이미지』, 이화여자대학교 박사학위 논문,

2015

김지혜, 「신윤복〈미인도〉의 부상」, 『대동문화연구』109, 2020

김지혜, 「한국 근대 시각매체로 본 소녀의 탄생」, 『대동문화연구』118, 2022

김진두, 『1910년대 '매일신보'의 성격에 관한 연구』, 중앙대학교 박사학위 논문, 1996

마정미, 「근대의 상품광고와 소비, 그리고 일상성」, 『문화과학』45, 2006

맹현정, 「『별건곤』의 일러스트레이션 연구」, 서울대학교 석사학위 논문, 2012

목수현, 「근대광고 50년: 자본주의의 식욕과 배탈」, 『광고의 신화, 욕망, 이미지』, 현실문화연구, 1992

목수현, 「욕망으로서의 근대」, 『아시아문화』26, 2010

문정희, 「전람회 시대: 『경성일보』(1906~1945)의 미술자료」, 『미술사논단』38, 2014

박경미, 「일제강점기 화장품 광고에 나타난 여성상의 미의식 고찰」, 전남대학교 석사학위 논문, 2003

박계리, 「일제시대 '조선 향토색'」, 『한국근현대미술사학』4, 1996

박계리, 『20세기 한국회화에서의 전통론』, 이화여자대학교 박사학위 논문, 2006

박계리, 「『매일신보』와 1910년대 전반 근대 이미지」, 『미술사논단』26, 2008

백문임, 「감상의 시대, 조선의 미국 연속영화」, 『조선영화와 할리우드』, 소명출판, 2014

서유리, 『한국 근대의 잡지 표지 이미지 연구』, 서울대학교 박사학위 논문, 2013

유선영, 「육체의 근대화: 할리우드 모더니티의 각인」, 『문화과학』24, 2000

유선영, 「황색 식민지의 서양영화 관람과 소비실천, 1934~1942: 제국에 대한 '문화적 부인'의 실천성과 정상화 과정」, 『언론과 사회』13(2),

2005

윤소라, 「일제강점기 조선인 여성의 시각화와 이미지 생산」, 이화여자대학교 석사학위 논문, 2013

이기리, 「일제시대 광고와 제국주의」, 『미술사논단』12, 2001

이인범, 「예술용어와 예술현장: 한국 근·현대 예술의 기원과 성격」, 『미학·예술학 연구』20, 2004

이희복, 「1930년대 여성 잡지광고에 비친 여성의 이미지」, 『커뮤니케이션학 연구』15(3), 2007

장미경, 「1900~1940년도 상해광고 포스터에 수용된 서구식 문화와 여성이미지」, 『디자인연구』7(1), 2004

장미경, 「일러스트레이션과 광고 사회학의 관계」, 『디자인학연구』60, 2005

최현주, 「일본 근대 여성의 신여성론 연구: 1910년대를 중심으로」, 서강대학교 석사학위 논문, 1998

하마나카 신지 지음, 최재혁 옮김 「일본 미인화의 탄생, 그리고 환영」, 『미술사학보』25, 2005

홍선표, 「한국 개화기의 삽화 연구」, 『미술사논단』15, 2002

홍선표, 「한국 근대미술의 여성 표상: 탈성화와 성화의 이미지」, 『한국근대미술사학』10, 2002

홍선표, 「화용월태의 표상: 한국 미인화의 신체 이미지」, 『한국문화연구』6, 2004

홍선표, 「근대적 일상과 풍속의 징조: 한국 개화기 인쇄미술과 신문물 이미지」, 『미술사논단』21, 2005

국외 논저

Candace Savage, *Beauty queens: a playful history*, New York: Abbeville Press, 1998

Carol Dyhouse, *Glamour: Women, History, Feminism*, London: Zed Books; New York: Palgrave Macmillan, 2010

Elissa Stein, *Beauty queen: here she comes*, San Francisco: Chronicle Books, 2006

Elwood Watson & Darcy Martin, *There she is, Miss America: the politics of sex, beauty, and race in America's most famous pageant*, New York: Palgrave Macmillan, 2004

Sarah Jane Downing, *Beauty and cosmetics, 1550-1950*, Oxford, UK: Long Island City, NY: Shire, 2012

高階秀爾,『美人畵の系譜: 心で感じる「日本繪畵」の見方』, 小學館, 2011
南伸坊·金子國義·栗田勇,『芸術新朝: 美人画考現學』35(8), 1984
タニ·バーロウ·伊藤るり·坂元 ひろ子,『モダンガールと植民地的近代』, 岩波書店, 2010
大伏肇,『近代日本広告史: 資料が語る』, 東京堂出版, 1990
柀野八束,『近代日本のデザイン文化史 1868-1926』, フィルムアート社, 1992
三好一,『日本のポスター: 明治大正昭和』, 紫紅社, 2003
細野正信 監修,『近代の美人画』, 京都書院, 1988
垂水千恵 編,『コレクション·モダン都市文化: モダンガール』, ゆまに書房, 2006

兒島薫,「文展開設の前後おける「美人」の表現の変容について」,
　　『近代畫説』16, 2007
井上章一,『美人論』,朝日新聞出版, 1995
井上章一,『美人コンテスト百年史』,朝日新聞出版, 1997
佐藤朝美 編,『コレクション・モダン都市文化:美容・化粧・装身』,
　　ゆまに書房, 2009
佐伯順子,『明治美人論』,NHK出版, 2012
竹内幸絵,『近代広告の誕生:ポスターがニューメディアだった頃』,青土社,
　　2011
和田博文 編,『コレクション・モダン都市文化:資生堂』,ゆまに書房, 2006
黒岩比佐子,『明治のお嬢さま』,角川学芸出版, 2008
姫路市立美術館・印刷博物館 編,
　　『大正レトロ昭和モダン廣告ポスターの世界:
　　印刷技術と廣告表現の精華』,國書刊行會, 2007
『ダブル・インパクト:明治ニッポン美』,東京藝術大學大學美術館, 2015
『美しき日本,大正・昭和の旅』,
　　東京都歴史文化財團・東京都江戸東京博物館・毎日新聞社, 2005
『浮世絵美人くらべ:ポーラ文化研究所コレクション』,ポーラ文化研究所,
　　2004
『和モード:日本女性,華やぎの装い』,サントリー美術館, 2007
宋家麟 編,『老月份牌』,上海画報出版社, 1997